교양의 조건

한글 맞춤법

최병선

역락

교양의 조건, 한글 맞춤법

초판1쇄 발행 2009년 12월 31일 | **재판1쇄 발행** 2013년 4월 22일

지은이 최병선

펴낸이 이대현 | **편집** 이소희

펴낸곳 도서출판 역락 | **등록** 제303-2002-000014호(등록일 1999년 4월 19일)

주소 서울 서초구 반포4동 577-25 문창빌딩 2층

전화 02-3409-2058(영업부), 2060(편집부) | **FAX** 02-3409-2059 | **이메일** youkrack@hanmail.net

ISBN 978-89-5556-743-4 03710

정가 15,000원

* 잘못된 책은 교환해 드립니다.

처음 강의실에서 '한글맞춤법'을 강의한 이후 벌써 십 년 넘는 시간이 흘렀다. 맞춤법 관련 책을 들고 나름대로 열심히 가르치려는 의욕은 넘쳐 있었는데 그것만으로 학생들의 얼굴을 밝게 만들기는 역부족이었다. 흥미롭게 유도하기에는 내용 자체도 어렵고 따분했으며 교재는 교재대로 너무 어렵기만 했다. 그래서 이론에 대한 해설이 정심한 책보다는 친숙하게 찾아볼 수 있는 책을 엮어보고 싶은 욕심이 생겼다. 그런 소박한 동기에서 시작하여 책을 여러 차례 고쳐 내던 가운데 강의가 끝난 뒤에도 찾아볼 수 있는 내용이 담겨 있는 책, 전공과 무관하게 일상 언어생활에도 도움이 될 수 있는 책을 엮으라는 주변의 요청이 있었다.

맞춤법은 어렵다. 최근 들어 우리말을 배우고자 하는 외국인들의 수가 급증하면서 한국어의 존대법 조사와 어미가 어렵다는 등의 토로가 이어지는데 빠지지 않는 불만거리가 또한 맞춤법이다. 문자 없는 외국에 전수하기에 가장 좋은 문자인 우리 한글이지만 맞춤법이라는 규정만은 교양의 척도이면서 동시에 익히는 사람들에게 고통을 주기도 하는 모양이다. 맞춤법 즉 정서법의 수준은 학습 정도와 관심의 정도에 따라 결정되는 것이 일반적이다. 평소 얼마나 관심을 갖고 올바르게 쓰기 위해 노력하였느냐가 곧 맞춤법의 수준 차이로 이어진다는 것이다. 내용을 엮으면서 맞춤법에 대한 관심을 끌어내고 한편으로는 학습의 동기가 될 수 있는 책이 되기를 바랐는데 아무쪼록 이 바람이 이루어지길 바랄 뿐이다.

이 책은 교육현장에서 틈틈이 메모하고 생각한 것을 정리한 것에서 시작하여 초기 작업의 부족함을 깁고 더한 것이다. 다른 책에서 보이는 상세함과 깊이를 담고 싶은 욕심이 일 때마다 이를 본받고 싶은 마음이 생겼다. 하지만 어렵지 않고 정리가 잘 된 내용을 담는다는 목표가 있었기 때문에 욕심을 접을 수 있었다. 이 책은 한국어문규정 가운데 학습이 필요한 부분들을 각각 1부와 2부로 나누어 구성하였다. 1부에서는 생활에서 꼭 알아두어야 할 어문 규정들과 현장에서 질문을 많이 받았던 내용들을 다루었다. 어휘와 관련하여 혼란을 빚는 경우들에 도움이 될 수 있도록 단어들을 제시하고 오류를 바로 잡아 두기도 하였다. 2부에서는 '한글맞춤법'을 국어국문학 전공과 관련하여 설명해 보았다. 너무 다양한 이견들이 존재하는 경우에는 맞춤법이 규범이라는 점을 고려하여 현행 맞춤법의 장점을 강조하는 방향으로 기술하기 위해 노력하였다. '표준발음법'을 비롯한 기타 규정들은 꼭 필요하다고 여겨지는 것들만을 1부에서 요약적으로 제시하였고 다만 '표준어 사정 원칙'은 맞춤법과 관련이 있는 점을 고려하여 2부에서 다루었다.

이전 작업들을 토대로 이루지는 작업이므로 그래도 좀 쉽지 않을까 하는 기대와는 달리 무절제하게 늘어만 가는 분량, 이전 기술에 대한 불만 등이 더해지면서 자꾸만 마무리가 지체되기만 하였다. 그 어려움의 끝을 소담하고 효율적인 꾸밈으로 일궈준 편집자 이소희 님께 고맙다. 이 모든 과정 속에서 저자의 편에 서서 따뜻한 후원으로 독려해 준 도서출판 역락의 이대현 사장께는 마음의 빚을 무겁게 지고 말았다. 감사드린다. 작은

일에도 돌아보면 언제나 감사와 부담이 남는 것인가 보다. 입력과 교정
과정에서 오히려 달갑게 성의를 보여준 심민희, 이상숙 선생들에게는 몇
끼 식사로는 때울 수 없는 신세를 지고 말았다.

　언제나처럼 컴퓨터 옆에 커피 한 잔을 가져다 놓을 줄 아는 아내와 삐
뚤삐뚤 일기를 쓰기 시작하더니 어느새 논술이 어렵다며 투정을 부릴 만
큼 커 버린 유진이에게 이 책이 도움과 기쁨이 되기를 바란다.

2009년 겨울

최 병 선

제1부

교양의 조건, 맞춤법

어느 날, 대학 국문과에 30년 가까이 계신 선생님께 전화가 걸려 왔다. "최 선생! 귀거리가 맞는 말인가, 아니면 귀걸이가 맞는 말인가?"

'귀걸이'가 맞는 말이라고 답을 드렸더니 너무나 의아해 하신다. 그리고 한 가지를 덧붙여 '귀고리'도 맞는 답이라고 말씀드렸더니, 더욱 어리둥절해 하셨다. 그리곤 "우리 땐, 귀거리가 맞는 말이었는데……." 하시며 무안해 하신다. 선생님께서 말씀하시는 '우리 때'는 언제였을까?

철자, 즉 맞춤법과 관련한 실수를 꼽을 때, 현재 그 사람이 해당 분야에 종사하지 않는 이상은 고등학교 때까지의 문법 지식이 기준이 된다. 맞춤법이 현재의 모습으로 바뀐 지도 어느덧 20여 년이 지났으니 중장년층 이상에서 나올 수 있는 오류, 혼란이다.

그럼 모든 연령층에게 혼란을 줄 수 있는 문제 하나를 더 확인해 보자.

부산회집

흔히 볼 수 있는 간판이다. 맞는 말일까, 틀린 말일까? 판단을 내리기에 주의할 점은 '회'라는 글자의 색깔이 다르다는 사실이다. 즉, 원래 '부산집'이라는 상호로 등록이 되어 있으면서 '회'를 취급한다는 것을 강조하기 위해 중간에 끼워 넣은 것인지 혹은 원래 상호가 '부산회집'인지에 따라 맞을 수도 틀릴 수도 있다는 것이다. 전자의 경우라면 맞는 것이고, 후자의 경우라면 '부산횟집'이라고 해야 맞는 것이 된다. 이유는 '사이시옷'과 관련이 있다.

길을 걸으며 이런 문제들에 대하여 생각해 본 적이 있는지 궁금하다. 한 골목 안에 늘어서 있는 '횟집'들을 보더라도 간판 표기는 천차만별이다. 이런 것들을 지적할 수 있는 지식 쌓기는 어려운 일이 아니다. 표기의 원리와 규칙을 제시하는 한글맞춤법의 규정 몇 개만 익혀두면 되는 것이다.

제 1 장

일상생활과 어문 규정

언어는 변한다. 그 변화의 방향이 단순하지 않고 또한 생동감이 넘치기 때문에 자못 유기체와 같은 느낌을 받기도 한다. 언어의 이러한 변화가 반영되지 않았다면 오늘날 우리 국어는 〈훈민정음〉의 방식과 '용비어천가, 월인천강지곡' 따위의 중세 문헌 표기, 근대의 언문 자료들에서 발견되는 표기들을 따르고 있을지도 모를 일이다.

언어의 변화 못지않게 이러한 언어를 담아 적을 수 있는 표기 방식에 대한 연구도 백 년 이상 지속되어 왔다. 연구의 역사와 더불어 해당 규범도 역시 같은 변화를 보이고 있다. 이 변화를 인정하지 않고는 현실 언어생활에서 소외될 수밖에 없다.

음성언어보다 문자언어의 구사 정도가 오히려 교양을 재는 척도가 될 수 있음을 생각해 볼 필요가 있다. 이러한 사실들을 바탕으로 현실 생활에서 맞춤법을 위시한 어문 규정들로 인해 생길 수 있는 문제를 찬찬히 짚어 보고 또 그 규정들의 원리에 대해 살펴보기로 한다.

많은 순간, 헷갈리는 철자가 머리를 갸우뚱하게 만드는 우리 한글이지만 그렇다고 영어를 비롯한 외국어만큼 어렵지는 않다. 전혀 생소한 단어를 듣고 그대로 옮겨 쓰기를 한다면 국어와 영어 그리고 불어 등을 대상으로 할 때, 정확하게 쓸 확률이 가장 높은 언어는 무엇일까? 거의 대부분의 사람들은 우리 국어를 지목할 것이다. 왜? 자신이 모국어로 하는 말의 표기 수단이기 때문이다. 쉽게 읽고 쓴다는 측면에서 보더라도 한글은 매우 우수한 문자이다. 다만 문자이기 때문에 가독성可讀性을 높이기 위해 몇 가지 규칙과 약속을 정해야 했고 이것이 소위 맞춤법이 된 것이다.

얼마 전, 이웃나라의 유력한 정치인이 연설하는 도중에 글자를 잘못 읽어서 구설수에 오른 적이 있다. 우리나라에서는 적어도 이런 부담은 없으니 얼마나 다행인가. "생전 처음 보는 단어야."라는 말은 종종 하지만 "생전 처음 보는 글자야."는 없다. 이 사실 역시 한글이 지닌 문자로서의 우수성을 보여주는 예이다.

문자가 문자로서의 역할을 잘 감당하기 위해서는 표기의 통일성을 위한 규범이 필요하고 이러한 규범의 총화가 맞춤법으로 실현된다. 우리가 흔히 '한글맞춤법'이라고 칭하는 이 규범은 사실 '한국어문규정'을 의미하는 경우가 많다. 수사법으로 치면 제유법이 적용된 예가 된다. 가령 '사글세와 삭월세' 중 어느 것이 맞는 것이냐는 질문은 '한글맞춤법'이 아닌 '표준어규정'과 관련이 있다. 그러므로 우리말과 관련된 규정들을 구분하는 안목을 기른 연후에 그 내용들에 접근하는 것이 적절하다.

1. 한국어문규정의 구성과 특징

‘한국어문규정’이란, 말 그대로 한국어와 관련된 규정들을 의미한다. 단순히 쓰기와 관련된 부분만이 규정 내부에 존재하는 것이 아니라 말하기, 듣기, 쓰기, 읽기의 네 영역이 모두 포함되어 있다. 다시 말해 우리 문법 연구의 총화가 바로 ‘한국어문규정’인 셈이다. 이러한 어문 규정은 몇 가지의 하위 분야로 구분되어 있다.

일반적으로 대중들은 맞춤법이란 단어를 흡사 한국어문규정과 동일시하여 사용하는 경향이 있다. 심한 경우에는 일반 문법[1]까지도 맞춤법으로 대체하여 부르는 경우도 심심찮게 발견할 수 있는 실정이다. 그런가 하면 지나친 분리 의식을 가지고 이 단어를 사용하기도 한다. 실제로 “난 맞춤법과 띄어쓰기에 관한 얘기만 들으면 머리가 아파져.”와 같은 엄살 섞인 불평을 자주 듣는다. 그런데 이 말은 잘못된 것이다. 〈한글 맞춤법〉에는 띄어쓰기도 하부 범주로 포함되어 있기 때문이다.

---

1) 일반적으로 문법이라고 하면 해당 언어의 규칙과 특성을 모두 묶어 연구하는 분야를 의미한다. 당연히 문어만이 아닌 구어도 대상이 되는데 오히려 구어 쪽에 더 비중을 두는 것이 일반적이다. 이 가운데 맞춤법이란 쓰기와 관련한 극히 작은 범주에 속하는 것이므로 둘을 동일시하는 것은 오류이다.

이 가운데 특히 글쓰기와 문서 작성 등 어문 생활과 가장 밀접한 관련을 지니고 있는 규정은 〈한글맞춤법〉이다. 그리고 우리나라에 처음으로 어문 규정으로 생겨난 것도 1933년에 조선어학회에서 제정하고 공포한 〈한글 맞춤법 통일안〉[2]이었다. 이러한 점들이 현재까지도 '맞춤법'을 모든 어문 규정을 지칭하는 대명사로 인식하게 하는 데 영향을 준 것이라 하겠다.

어느 날, 여행사의 홈페이지를 찾아 여행 정보를 얻고자 했는데 '푸켓'으로 알고 있던 태국의 Phuket이 '푸껫'으로 표기되어 있는 것을 보게 되었다. 그런데 여전히 여행사들의 여행 상품 광고들을 살피다 보면 '푸켓'과 '푸껫'의 두 가지가 다 사용되고 있음을 종종 발견하게 된다. 물론 이 지명은 '푸껫'이라고 적고 읽는 것이 옳다.

외국어 고유명사 혹은 외래어들을 적는 방식에 변화가 생긴 원인은 최대한 해당 국가의 발음에 가깝도록 표기하고자 하는 노력들이 반영된 결과[3]이다. 이 사항은 맞춤법이 아닌 〈외래어 표기법〉의 범주에 속하는 것

---

2) 지금의 한글학회를 말하는데 당시의 정확한 명칭은 〈한글 마춤법 통일안〉이었다.
3) 이러한 외래어 사정에 관련한 일들은 '정부·언론 외래어 심의 공동 위원회'에서 담당하고 있다. 예로 든 푸껫의 경우는 타이(Thai) 어(語)에서 지명 등의 발음을 영문으로 표기하

이며 새로 문물이 들어오면서 같이 들어오는 말도 많으니 언제나 어휘 수용에 신경을 써야 하는 부분이다.[4]

실제로 외래어 표기에 대한 수준이 어떤지 점검하는 의미에서 다음 문제들을 살펴보기로 한다.

[예제] 올바른 외래어 표기

■ 다음 외래어 표기 가운데 올바른 것을 고르시오.

1. 다음 주까지 리포트 / 레포트report를 제출하십시오.
2. 내일 이사회에서 프리젠테이션 / 프레젠테이션presentation을 해야 한다.
3. 현재 월가의 멀티플 / 멀티풀 익스펜션 / 익스팬션[5]을 분석하는 중이지.
4. 몽고 / 몽골은 이번 가을에 꼭 가보고 싶은 나라야.
5. 가톨릭 / 카톨릭Catholic의 큰 별이 떨어졌다.
6. 팜플렛 / 팸플릿pamphlet도 흥행의 중요한 요소이다.
7. 이 지역에서는 클랙션 / 클랙슨klaxon을 울리시면 안 됩니다.
8. 퓨즈 / 휴즈fuse 좀 갈아 주세요.
9. 나가면 호치켓 / 호치키스 좀 사다 줘.
10. 이젠 리더쉽 / 리더십leadership을 갖춘 인재들이 필요하다.

고자 했을 때, 영어에서는 [ㄲ]을 표기할 수 있는 알파벳이 없기 때문에 생긴 문제를 바로 잡은 것이라 할 수 있다. 참고로 타이 어는 자모의 종류도 우리와 차이를 보이지만 특히 중국어와 같이 성조 언어의 특성을 지니고 있어서 발음에 주의가 필요하다.

4) 특히 인명이나 지명에서 유의해야 할 필요가 있는데, 똑같은 한자로 적었는데 일본인들의 이름은 일본어 원음에 가깝도록 적거나 불러주면서 중국인들에게는 그렇지 못한 경우들이 있음을 왕왕 발견할 수 있다. 즉, '德川家康'은 '도쿠가와 이에야스'라고 적거나 부르는데 '毛澤東'[Mao Ze Dong]은 '모택동'이란 식으로 부르는 경우를 말한다. 한자가 같더라도 읽는 방식이 다르다면, 특히 고유명사의 경우엔 원음에 맞게 발음하는 것이 마땅한 일이다.

올바른 표기는 리포트, 프레젠테이션, 멀티플 익스펜션, 몽골, 가톨릭, 팸플릿, 클랙슨, 퓨즈, 호치키스, 리더십이다.

몇 문제 정도를 정확하게 알고 있었을까? 이 문제 중에서 6개 이상을 혼란 없이 정확하게 알고 있었다면 외래어 표기 수준이 높은 축에 든다고 할 만하다. 문제의 답 중에 4번의 경우는 몽고蒙古와 몽골Mongol이 다 맞을 수 있다. 그런데 중국식으로 보아 맞는 표기인 몽고는 중국이 몽골을 비하하는 의미에서 부르는 이름이다. 그러므로 '몽고'라는 명칭으로 부르는 것은 몽골 사람들에게는 실례가 될 수도 있다. 이러한 예는 중국문화권의 영향을 받은 것이 원인이 되어 생긴 것이니 단순한 언어의 문제가 아니라 역사와 문화가 함께 영향을 끼친 것이다. 곧 표기와 명칭 등에는 특히 이런 문화적인 요소들이 복합적으로 작용할 수 있다는 것에 유의할 필요가 있다는 것이다.

이러한 〈외래어 표기법〉뿐 아니라 〈국어의 로마자 표기법〉 또한 녹록치 않은 어려움을 안고 있다. 2009년 6월에 있었던 국립국어원의 토론회 자료를 보면 우선 외국에 나가 활동하고 우리 선수들 가운데 축구의 박지성 선수는 Park, 골프의 박세리 선수는 Pak으로 자신의 성을 표기하고 있다고 한다. 그런가 하면 여권旅券에 영문 표기된 성姓을 살펴보니 '박朴'의 표기가 Park, Pak, Bak으로 제각각 쓰여 있고, 그 가운데 현행 규범에 맞는 표기인 Bak는 1.8%에 불과하다고 한다.6)

---

5) Multiple Expansion이란 주식의 가치 즉 주가가 싼지 비싼지를 가늠할 때 가격 대비 수익률 등 여러 요인들을 복합적으로 산정하는 것이다. 멀티플이 낮을수록 주가가 싸다는 의미로 해석되며 다시 말해 투자 가치가 높은 것으로도 해석될 수 있다.

6) 자세한 사항은 국립국어원의 인터넷 홈페이지인 http://www.korean.go.kr의 내용을 참고할 것.

이러한 현실은 오랜 기간을 로마자의 일정한 알파벳으로 자신의 성씨 표기로 삼아왔던 관례 같은 것 때문이라고 돌리기에는 조금 문제가 있다. 그렇다면 규범에 어긋나더라도 같은 성씨의 표기는 동일해야 하며 조금의 예외도 없이 통일되어 나타났어야 할 것이다.

그리고 지명, 국명의 경우도 그 쓰임에 관심을 기울여야 할 부분이다.

그렇다면 다음 단어들은 어떻게 적어야 할까? 지명을 중심으로 몇 가지에 대해 살펴보기로 하자.

[예제] 국어의 로마자 표기

■ 다음 제시된 단어들을 로마자로 옮겨 적으시오.

1. 구리 → Guri
2. 왕십리 → Wangshimni
3. 신라 → Silla
4. 학여울 → Hangnyeoul
5. 압구정 → Apgujeong
6. 해돋이 → haedoji
7. 대방동 → Daebang-dong
8. 종로3가 → Jongno 3(sam)-ga
9. 울릉 → Ulleung
10. 세운 → Seun 혹은 Se-un

전체를 관류하는 기본 원칙은 국어의 표준 발음법에 따라 적는다는 표기법 제1장 제1항의 내용이다. 다시 말하면 철자를 중심으로 적는 것이

아니라 실제 발음을 기준으로 로마자 표기를 실행해야 한다는 점이다. '왕
십리'를 [왕심니]로 적고 '해돋이'를 [해도지]로 적는 이유가 여기에 있다.

이후에 심층 과정에 해당하는 2부에서 다시 자세히 설명하겠지만 이러
한 내용들을 잘 알고 도로 표지판이나 유적지의 영문 표기 등을 살피면
한층 쉽게 내용을 이해할 수 있을 것이다.

이상에서 개략적으로 살핀 것처럼 우리 어문 규정들은 쓰기와 관련된
전영역과의 연관 속에서 원리와 규정을 제시해 두고 있다. 우리 말, 우리
문자라고 해서 알파벳에 대한 이해만으로 쓸 수 없는 것은 통일성을 갖추
기 위해 일관된 규정들을 마련해 두고 있기 때문이다. 이러한 원칙들을
쉽게 이해하기 위해서는 학습이 필요한 것이다.

2. 생활 속의 맞춤법

어느 초등학교 교사에게 학부모가 전화를 걸어 심하게 항의를 했다고
한다. 어떻게 아이들에게 맞춤법 하나 제대로 못 가르치느냐는 내용이었
다. 자신의 실수가 있었나 싶어 놀란 교사가 조심스럽게 연유를 물었더니,
아이가 받아쓰기 한 것을 보여주기에 보니 맞는 것이 틀렸다고 되어 있더
라는 것이다. 문제가 된 단어는 '연둣빛'이었다. 아이가 '연두빛'이라고 썼
기에 교사는 '연둣빛'이라고 바로 잡아준 것을 오히려 책망하는 내용이었
다. 거기에 덧붙여 하는 얘기가 '연두색'이라고도 분명히 쓰지 않느냐며
쓰는 방식의 예가 가까이 있는데 이런 것도 제대로 살피지 않으면 어떻게

아이를 맡기겠냐는 흥분하더라는 것이었다.

조금은 황당하기까지 한 이런 예들은 어디에서든 쉽게 만날 수 있다. '요사이'의 준말이 '요새'인 것으로 보아 '금세'가 아니 '금새'가 맞는 표기일 것이라고 잘못 유추하는 경우를 비롯해서 아이를 가리키는 말이니 '칠삭둥이'가 아닌 '칠삭동이'가 맞을 것이라는 주장도 주변에서 흔히 만날 수 있다.

교육 현장의 경우를 보면, 한 학생이 과제물에 모두 '있슴'이라고 표기를 해 왔기에 물었더니 군대에서 그렇게 쓴다는 것이었다. 왜 그렇게 써야 한다고 생각하냐고 했더니 오히려 한심하다는 표정으로 '-읍니다' 형태가 모두 없어지고 '-습니다'로 통일되었으니 그 동명사형도 '음'이 아닌 '슴'으로 통일해 써야 할 것 아니냐는 것이었다.7)

위에서 예든 경우들을 직접 겪게 된다면 어떤 답변을 해 줄 수 있을까? 이런 사람들은 대부분 나름대로의 근거를 갖추고 있기 때문에 무조건 "맞춤법에는 이렇게 되어있다." 혹은 "이건 아니고 저것이 맞다."는 식으로 말해 봐야 빈축만 살 뿐이다. 그리고 이런 식으로 근거를 대면서 맞다고 주장하면 자신이 갖고 있던 믿음조차도 흔들린 경험은 없었는지 한번 생각해 볼 일이다.

맞춤법의 모든 항목들과 그것들을 지배하는 원리를 분명하게 이해하고 있지 않는다면 한글 표기 전체에 대해 자신감을 보이긴 어렵다. 실제로 불쑥불쑥 던져지는 갑작스러운 질문들이 부모로서, 선생으로서 혹은 국문학 전공자로서 또는 연장자로서의 우리들 자신을 당혹스럽게 하는 일들이

---

7) 위의 예든 단어들에서는 '연둣빛, 금세, 칠삭둥이, 있음'이 맞는 말이다.

비일비재한 것이 현실이다.

　그런가 하면 우리글의 철자법에 익숙해지기 위한 것이 맞춤법의 원리에 정통한 것만으로 가능한 것이 아니다. 이를 확인하기 위하여 다음 질문에 맞는 답을 제시해 보자.

[예제]

1. '좇는'과 '쫓는'은 어떻게 다른가?
2. '홀몸'과 '홑몸'의 차이는?
3. '육개장'과 '육계장' 중 맞는 말은?
4. '채신머리'와 '체신머리' 중 맞는 말은?
5. '깜냥'의 뜻은?
6. '짧다'의 발음은 [짤따]인가, [짭따]인가?

　위의 질문들은 한글 어휘력에 대한 내용이 주된 것들이고 정서법 즉 철자가 맞는지를 확인하는 것은 3, 4번 문항 정도에 불과하다. 6의 경우는 〈표준어규정〉의 2부 '표준 발음법'에 해당하는 질문이 된다. 그 외의 것들은 단순한 맞춤법의 문제가 아니라 어휘에 대한 정확한 의미를 알고 있는지를 묻는 것들이다.

　국어에서 [ㅔ]와 [ㅐ]가 그 발음의 변별성辨別性을 잃어가는 것과 같은 현상들이 늘어나면서 듣기만 해서는 그대로 옮겨 적는다는 것이 어려운 일이 되고 있다. 한글이 소리글자라면 당연히 상대방이 하는 모든 말들을 자연스럽게 글로도 옮길 수 있어야 할 텐데 그러다 보면 맞춤법과는 충돌

이 생긴다.[8]

일반 언중들 사이에 정서법에 어려움을 느끼지 않을 정도로 숙련되기 위해서는 어느 정도의 노력이 반드시 필요하다는 의식이 확산되어 있다면 이 문제는 쉽게 해결될 수도 있다. 그런데도 여전히 우리들 주변에서는 철자, 띄어쓰기, 표준어 따위의 문제가 혼란과 오류 속에 표류하고 있다.

가장 문제가 되는 것은 아무래도 언어 사용을 정확하게 하려는 시도들이 너무나 부족하다는 것이다. 실제 생활 용어들에서도 그렇고, 대기업에서 만들어 낸 광고 문안을 비롯, 건물 외벽에 커다랗게 붙어 있는 현수막에서도 틀리게 쓰인 철자들을 찾아내기란 그리 어려운 일이 아니다.

물론 오랜 상호의 경우는 그 표기 자체로 고유명사가 될 수 있는 것이기 때문에, 그리고 상호에 맞춤법의 변화를 받아들일 경우 소위 브랜드 가치라는 것이 떨어질 수 있기 때문에 바꾸기를 권장하는 것에는 무리가 뒤따른다.[9]

보기 생활 속에서 발견되는 오류

- 어서 오십시요. – 오십시오
- 하던말던 내 알 바 아니야. – 하든 말든

---

8) 근대의 문헌들을 보면 소리대로 적은 표기들을 많이 발견할 수 있는데 이 사실은 그 당시의 표기가 통일성 없이 전개되었다는 것을 증명해 주는 예가 되기도 한다. 실제로 이러한 예들이 현재 인터넷에서, 소위 네티즌들의 채팅 언어에서 특히 많이 발견된다.

9) 대표적인 예로 '오뚜기'가 있다. 현행 맞춤법을 기준으로 하자면 이는 틀린 표기라서 당연히 '오뚝이'라고 고쳐주는 것이 옳겠지만 그럴 경우, 최소 몇 년간은 이 상표가 가지는 정통성에 손상이 가는 것을 피하기 어렵다. 그런데 로마자 표기의 경우, '오뚜기'와 '오뚝이'가 모두 'oddugi'로 같다는 사실도 흥미롭다.

- 칼재비(칼국수+수제비) – 칼제비(각주)
- 김치찌게 전문 – 김치찌개
- 얼큰하기론 육계장이 최곱니다. – 육개장
- 내가 대신할께. – 대신할게
- 메세지를 남겨 주세요. – 메시지
- 설정되어 있슴 – 있음
- 식사하고 있읍니다. – 있습니다
- 정교하게 이루어져야 할 작업들이 사람에서 로보트로 교체되어 가는 현실
  – 로봇

위의 예들은 실제 우리 생활에서 많이 발견할 수 있는 오류들이다. 이외에도 시나 감성적 언어에서 쓰일 수 있는 '뜨락'[10] 같은 단어들도 어문 규정에 따르면 잘못 사용된 어휘이다. 그러나 이러한 특수한 예들을 제외하고는 대부분 우리가 잘못 알고 있기 때문에 잘못 사용하는 경우가 많다.[11]

새 어문 규정이 1989년에 발효된 것임을 고려한다면 적어도 30대 중반 이전의 사람들에게는 '우리가 학교 다닐 때는…….'이 통하지 않는다. 그리고 특징적인 변화를 보이는 몇 가지 사항들이 계속 공지되고 있는 현실을 감안한다면, '아니, 이걸 언제 이렇게 바꿨지.'도 좀 궁색한 변명이 될

---

10) 뜨락은 명사 '뜰'의 잘못된 말이다.

11) 그 대표적인 예가 '설렁탕'의 잘못인 '설농탕'이다. 이 단어는 설렁탕의 잘못 쓰인 예가 되는데 이렇게 적게 된 데에는 몇 가지 이유가 있는 듯하다. 첫째는 눈처럼 희고 농도가 짙다는 의미에서 사용하는 예가 있다. 실제로 이 이름으로 상호를 정한 경우를 왕왕 발견할 수 있는데 대체로의 설명이 다 이런 식이었다. 둘째는 이 음식의 유래와 관련이 있다. 조선 시대에 임금들이 선농단(先農壇)이란 곳에서 그 해 농사가 잘되기를 바라는 제사를 드리고 친히 밭을 가는 소위 친경(親耕) 의식이 있었다 한다. 행사를 마치고 끓여서 먹은 국밥을 선농탕이라 했고 그 후 발음 변화가 일어나서 설농탕이 되었다고 주장하는 의견들이 있다.

수밖에 없다.

맞춤법이 바뀐 지도 20년 이상의 세월이 흘렀고, 거의 하루도 빠짐없이 우리 문자를 대하는 현대인으로서 단어의 철자를 바로 쓰는 것은 필수 교양이 될 것이다.

3. 맞춤법과 글쓰기

현대 사회는 표현을 중시한다.

자기 표현을 어떻게 하느냐에 따라 지원 회사에 당락이 결정되기도 하고 입사 후에도 성공의 여부가 결정될 수도 있다. 대학을 중심으로 소위 커뮤니케이션 센터communication center와 같은 기관을 만들어 학생들에게 말하기, 쓰기 능력의 증진 계기를 제공하려는 시도들이 늘어나는 것만 보더라도 표현 영역의 중요성을 실감할 수 있다. 프레젠테이션, 토론, 토의, 브레인스토밍brainstorming 등 말하기의 영역과는 다르게 자기소개서, 리포트 등의 글쓰기 영역에서는 맞춤법이 중요한 역할을 한다.

글은 일단 창의적이고 논리적이어야 한다. 최근에 어디서나 글에 대한 강좌를 듣게 될 때면, 이 두 가지를 매우 강조하는 것을 확인할 수 있다. 물론 완성된 글에 대한 교정과 교열이 언제나 뒷받침되는 것도 사실이지만 최근의 경향이 지나치게 내용과 논리 쪽으로 치우쳐 있음을 부인하기는 어렵다.

글이란 것이 의사전달 혹은 의사소통을 위하여 쓰이는 것이고, 그러기에 읽는 이에게 깊은 인상을 심어줄 수 있도록 내용 선택과 논리의 흐름에 신경을 써야하는 것은 당연한 일이다. 그러나 이러한 내용과 논리의 문제 이전에 잊어선 안 될 것은 그 글을 포장하는 것이라 할 수 있는 형식, 그 가운데에서도 정서법과 올바른 어휘 선택 등의 문제이다.

〈왕자와 거지〉라는 이야기를 기억하고 있을 것이다. 닮은 두 소년이 장난삼아 옷을 바꿔 입었을 때부터 비록 짧은 시간이었지만 달라져 버리기 시작하는 그들의 운명에서 무엇을 느꼈는가? 조금 동떨어진 이야기 같기도 하지만 글의 형식면이 어떠하나에 따라 같은 내용도 충분히 다르게 평가될 수 있다.

다음의 예문들을 보자.

[문장에서의 오류] 관련 예

① 첫머리에 다음에 나오는 글들을 쓰려고 의도하진 않았다. 내가 이해하게끔 좀더 정확히 말하자면 이것이 오랜 시간을 요하는 것이라는 것도 모른 체, 일련의 분석 결과를 쫓아가기 위해 글을 시작했다.

② 가상이 되는 실제적인 것이 되도록 많은 가능성을 가진 구현들 중의 하나로서 형태의 개념을 제안한다.

위의 예문은 번역문에서 일부를 발췌해 본 것이다.[12] 그냥 보아서는 아

---

12) 문장 구성뿐만 아니라 정서법 상으로도 틀린 내용들이 있지만 그대로 두었다. '모른 체, 쫓아가기' 등은 '모른 채'와 '좇아가기' 등으로 고쳐야 한다.

무 문제가 없다. 그러나 무슨 말인지 이해하기는 매우 어렵다. 책을 사기 위해 앞부분 몇 쪽을 정독해 보는 것이 보통인데, 이렇게 된 책을 보고서 원래 있던 책꽂이에 다시 꽂지 않을 사람이 몇이나 될까? 원래의 내용이 아무리 주목받을 만하고 호평을 얻고 있다 한들 해독이 힘들어 한쪽으로 밀어 두게 될 책을 구입할 독자는 드물 것이다.

그렇다면 무엇이 예문의 문장을 이해하기 어렵게 만드는 것일까? 그것은 다름 아닌 문장 구성의 오류와 어휘 선택의 문제에서 오는 것이다. 비록 사전에는 해당 단어의 뜻이 예문에 제시된 것처럼 되어 있더라도 우리말에서 실제로 사용될 때 그렇지 않다면, 번역자는 그 점을 고려하여 최대한 우리말에 가깝게 어휘를 선택했어야 할 것이다.

그것만이 아니다. 문장을 자세히 살펴본다면, 문장의 구성 방식이 제대로 되어있지 않다는 것을 확인할 수 있을 것이다. 단어들의 부드럽지 못한 연결, 이 점 역시 문장의 오류로 지적되는 대표적인 문제이다. 이들 외에도 주어와 서술어의 불일치, 지나치게 긴 문장의 구사 등 여러 가지 오류들이 있는데 유연한 글쓰기를 위해서는 당연히 극복되어야 할 문제이다.

이러한 문제점들이 여과 없이 그대로 원고지 위에 소위 '논술 고사, 자기 소개서' 등으로 드러나 있다고 가정해 보자. 글 쓴 사람의 창의성과 논리가 오히려 다른 사람보다 뛰어난 경우라고 해도 이미 탈락이나 감점을 면하기 어려운 처지에 놓일 것은 명약관화한 일이다.

이러한 예들을 보더라도 글에서 형식의 면을 간과할 수는 없다. 그런데도 현실적으로는 철자법, 띄어쓰기, 표준어, 외래어 표기 등 한글 어문 규정에 대한 얘기만 나오면 '골치 아프다, 우리 맞춤법은 너무 어렵다' 등의 반응이 대부분이다. 그럴 경우 던지고 싶은 질문은 '과연 제대로 우리글에 대해서 알아보려 시도해 본 적이 있느냐?'는 것이다.

4. 정서법 수준 향상 전략

일정 연령 이상이 되면 누구도 글을 대하지 않은 채 하루를 보내기란 어렵다. 말 안 하고 고작 하루를 버티기 어렵듯 글도 우리 주변에서 매일 접하는 의사소통의 도구가 되는 셈이다. 그러나 읽는 것이야 그냥 읽으면 되는 일인데, 뭔가 길게 쓰라고 하면 왠지 망설여지게 된다. 이 문제는 물론 단순한 정서법의 문제가 아니다. 이 경우는 글 전체의 구성을 비롯, 문장 짜임새에 대한 자신감의 결여에서 오는 고민거리가 더 심각하다.

글 구성에 대한 것은 또 한국어의 문장 구성 원리 및 간결하게 쓰는 법 따위를 통해 따로 다루어야 할 문제이므로 그 심각성에서 잠시 벗어나 보기로 하고 여기서는 우선적으로 짧은 공문이나 순간적인 단어의 혼란 등에서 벗어날 수 있는 방법들을 제시해 보기로 한다.

1) 메모하는 습관 갖기

현대는 정보화 시대이다. 그러나 '정보화'라는 말이 '인터넷이나 컴퓨터'와만 직접적인 연관을 갖고 있다고 생각하는 사람들이 더러 보이는 것은 안타까운 일이다. 여기에서 더 나아가 손에 필기구라고는 잡을 일이 거의 없는 사람들에게 메모를 요구한다면 지나친 일이라 여길 수도 있다. 그러나 잘 생각해 보면 보통 헷갈리는 어휘들이 계속, 반복적으로 우리 자신을 괴롭히는 경향이 있다. 이러한 경우가 생겼을 때마다 우선은 무엇을 모르고 있는지를 그리고 올바른 것은 무엇인지를 확인하기 위해 일차적인 작업으로 메모하는 습관을 기르라는 것이다.

메모는 글쓰기 외에도 여러 가지 면에서 효용성을 지니고 있다. 독서를 하면서 책에 남겨두는 메모는 일반적으로 단락의 요약, 핵심어 그리고 해당 부분을 보면서 떠오른 생각 등이 중심을 이룬다. 그리고 단어에 대한 정확한 이해가 부족할 때, 혹은 단어의 철자가 자신이 아는 것과 다를 때에 눈에 잘 띄게 남겨두는 밑줄 하나도 메모가 될 수 있다. 결국, 이 내용과 형식에 대한 메모들은 독서의 효용성을 높이는 역할을 한다.

2) 사전을 가까운 곳에 두기

중장년층에 해당하는 사람들에게 대학에서 쓰던 국어소사전들은 이젠 거의 쓸모가 없다. 간단한 어휘들의 뜻 정도는 물론 해결해 주겠지만, 바뀐 맞춤법이나 표준어에 대한 규정들이 전혀 반영되지 않았으니 정확성에서 문제를 보인다. 그러므로 이번 기회에 어휘 수가 많은 사전으로 바꾸는 것도 좋을 듯하다.

어휘 뜻풀이 사전이 가장 일반적이긴 하지만 용도에 따라서는 〈띄어쓰기 사전〉이나 〈동의어 사전〉처럼 다양한 사전류들이 존재하므로 이런 것들도 비치해 두면 나름대로 도움을 받을 수 있다.

이번 작업을 통해 다시 확인하게 된 사실인데 사전마다 동일한 어휘에 대한 설명이 다르게 되어 있는 예들이 상당수 존재한다는 것이다. 가령,

‘(발길에) 차이다 / 채이다’의 경우, 어떤 사전에서는 ‘채이다’를 ‘차이다’의 잘못 쓰인 예로 설명하고 있고 그에 반하여 다른 사전에서는 ‘채이다’를 세 항목으로 나누어 설명할 만큼 비중 있게 다루고 있기도 하다. 그런가 하면 사이시옷에 대한 견해 차이가 반영되어 사전마다 표제어가 다르게 올라 있다는 문제가 있다. 이런 점들을 잘 고려하여 사전을 선택하는 것이 좋겠다.

일단 이렇게 사전을 가까이 두고 어휘의 문제가 발생하게 되면 바로 찾아보는 습관을 기르게 된다면 일반적인 어려움들은 쉽게 극복할 수 있을 것이라 생각한다.

3) 인터넷 활용하기

인터넷에서 대중성이 강한 웹사이트나 검색 전문의 사이트들에서는 모두 ‘한글맞춤법’이라고 검색어를 입력하면 상당히 많은 정보들을 찾을 수 있다. 만일 궁금증이 일거나 특별한 원리에 대한 관심, 혹은 요즘 사람들은 어떤 사항들에 관심을 많이 갖는지를 확실하게 알고 싶다면 ‘국립국어원’의 사이트를 이용해 보는 것도 좋다.

인터넷 상에서 보면 의외로 우리 국어에 대해 관심과 애정을 가진 사람들이 많이 있다는 점에 대해서 놀라게 될 것이다. 이런 인터넷 기행을 통해 궁금증도 풀고, 다양한 어휘들을 섭렵해 보고 적절한 표현의 예들을 생동감 있게 확인해 보는 것도 좋은 일이라 생각한다.

4) 글 많이 읽기

어휘력을 높이고 더불어 상식 기반을 다지는 것에는 역시 독서만한 것이 없다. 맞춤법이란 것은 문자를 쓰는 것에서의 문제만이 아니라 읽을 때의 문제도 함께 고려한 것이라 볼 수 있다. 즉, '어떻게 하면 독서의 효용성을 높일 수 있을까?'는 문제 역시 맞춤법에서는 매우 중요한 문제가 된다.

신문, 잡지 그리고 소설을 위시한 문학 작품들을 많이 접하게 되면 어휘들이 눈에 익숙해져 쉽게 맞춤법을 익힐 수 있다는 장점이 있다. 그것만이 아니라 자신이 알고 있던 것과 다른 경우를 보면, 위에서 제시한 방법들을 통해 하나하나 해결해 가는 재미를 느낄 수도 있다.

제 2 장

기본 규정들의 이해와 적용

이 장에서는 어문 규정의 경계를 구분하지 않고 일상생활에서 알아두면 편리한 내용들을 추려서 알기 쉽게 설명해 두었다. 특히 혼란을 많이 겪고 있는 내용들을 중심으로 이해하기 쉽게 원리와 예를 제시하였다. 이를 바탕으로 글쓰기, 프레젠테이션 자료의 작성 등에서 자주 부딪힐 수 있는 문제들을 극복할 수 있을 것이다.

보통 철자법에서 혼란을 많이 가져오는 단어들을 보면 사잇소리 규정과 두음 법칙[13]과 관련되어 있거나 규정에서 예외로 처리되어 있는 경우에 나타나는 예들이 많다. 원리와 복잡한 내용들은 2부에서 '국어 어문 규정'

---

13) 1987년 1월 5일에 북한의 어문 규정인 <조선문화어규범>이 개정되어 지금까지 시행되고 있다. 그런데 북한의 규범에서는 사이시옷과 두음 법칙 관련 규칙들이 지켜지지 않고 있는 것이 특징이다.

을 종합적으로 살필 때 다루기로 하고 여기에서는 우선 일상에서 만나게 되는 문제들을 쉽게 풀이해 보았다.

1. 사이시옷

현행 맞춤법 규정 가운데 가장 혼란이 많은 내용을 들라고 하면 주저 없이 들 수 있는 것이 바로 '사이시옷'이다. '사이시옷'은 현행 〈한글맞춤법〉 제30항에 해당하는 내용으로 상당히 복잡한 것처럼 보이지만 실제로는 몇 가지 내용들을 암기하고 있으면 쉽게 해결될 수 있는 것들이다.

일차적으로 '사이시옷'이 표기에 반영될 수 있는 조건에 대하여 살펴보기로 한다. 이 조건들은 이해와 더불어 암기해 두는 것이 유용하다. 특히 마지막 예외에 속하는 두 음절의 한자어 여섯 개는 반드시 외워야 하는 것들이다.

[사이시옷이 들어갈 수 있는 조건]

- 전제조건 1. 합성어일 것(단, '한자어＋한자어'의 결합은 제외됨)
- 전제조건 2. 앞말이 모음으로 끝난 경우
- 해당사항－전제조건 1과 2를 모두 충족시킨 다음, 아래 각 항에 해당될 경우
  ① 뒷말의 첫소리가 된소리로 나는 것 : 귓밥, 냇가, 귓병, 전셋집, 장밋빛

② 뒷말의 첫소리 'ㄴ, ㅁ' 앞에서 'ㄴ'소리가 덧나는 것 : 아랫니, 잇몸, 빗물, 곗날, 훗날, 툇마루
③ 뒷말의 첫소리 모음 앞에서 'ㄴㄴ'소리가 덧나는 것 : 뒷일, 나뭇잎, 깻잎, 훗일, 예삿일
\# 예외 : 두 음절로 된 아래 6개의 한자어(전제조건 1을 충족시키지 못함)
－곳간(庫間), 셋방(貰房), 숫자(數字), 찻간(車間), 툇간(退間), 횟수(回數)

사이시옷이 들어갈 수 있는 환경은 우선 전제조건 1과 2를 순차적으로 충족시킨 다음, 선택조건인 ①, ②, ③ 중 하나와 일치해야 한다. 그렇게 되면 사이시옷을 앞 단어 마지막 음절에 표기한다는 것이 바로 이 조건들이다. 이 조건들에 관련하여 세부적인 내용들을 살피기로 한다.

첫째, 사이시옷 관련 사항들 중 전제조건 두 가지는 반드시 그리고 동시에 지켜져야 할 것들을 의미한다. 두 가지 가운데 하나라도 만족하지 못하면 '해당 사항'의 내용들을 살필 필요가 없다. 이유는 쉽게 설명할 수 있다.

우선 순서를 바꾸어 전제조건 2를 보면, 앞말이 모음으로 끝나지 않고 자음으로 끝난다는 것은 받침이 이미 존재한다는 것을 표현한 것이다. 즉 사이시옷이 들어갈 자리가 없으므로 혹 일반 사항들을 충족시킨다 하더라도 무의미하다는 것을 의미한다. '손재주, 발바닥, 바람결, 산새, 아침밥, 등불' 등이 그 예가 된다.

한편, '전제조건 1'은 우선 합성어_{合成語}[14]일 것이라는 조건을 충족시켜

야 하는데 여기서 한 가지 유의할 점이 있다. 그것은 '한자어+한자어'의 결합은 비록 합성어라 하더라도 사이시옷을 쓸 수 없다는 사실이다. 다음 예들을 보자.

위의 보기에 대비되는 단어들은 거의 비슷한 의미를 지니고 있으며, 거의 비슷한 빈도로 쓰이고 있는 단어들이다. 또 이 단어들은 합성어이면서 '해당사항' 중 ①의 조건을 모두 만족시킨다. 차이가 있다면 앞의 단어들인 전세방傳貰房과 처가댁妻家宅은 결합 단어들이 모두 한자어라는 점이고 뒤에 오는 단어들은 '전세傳貰+(ㅅ)+집'의 예를 보듯 '한자어+우리말'의 결합 구조를 가지고 있다는 점이다. 그런데도 우리말인 '집'과 결합된 단어들에는 사이시옷이 들어가고 '방房'과 '댁宅'처럼 한자어와 결합한 단어에는 사이시옷이 들어가지 않는다.

이런 현상이 사이시옷 표기에 반영되는 이유는 사이시옷이 원래 우리말과 관련된 현상이기 때문이다. 중국어에는 이러한 사이시옷과 관련한 발

---

14) 합성어란 독립된 의미를 지니고 문장에서 홀로 쓰일 수 있는 단어들끼리 만나서 이루어진 복합어의 일종이다. 그러므로 '접두사+단어', '단어+접미사'와 같은 형태는 합성어가 아니다. 합성어 여부를 판별하는 가장 쉬운 방법은 구성 요소들을 각각 떼어 내었을 때, 각각이 독립된 의미와 자격을 지닌 단어로 문장에서 사용될 수 있는지를 살피는 것이다. 위에 예든 '손재주'의 경우는 '손'과 '재주'를 따로 떼 내어 독립된 단어로 사용할 수 있다. 그러나 접사와 단어의 결합인 파생어의 경우에는 그렇지 못하다. '잔재주'의 예를 보면, '재주'는 '재주가 많다'에서 보듯 독립되어 쓰일 수 있지만, '잔-'은 그럴 수 없다.

음 규칙들이 존재하지 않으므로 중국어에 근원을 둔 한자어는 사이시옷 관련 규칙에서 일단 제외되어야 한다. 즉, 우리말에만 존재하는 규칙이기 때문에 한자어들만으로 이루어진 결합이라면 혹 다른 조건들을 모두 만족시킨다 하더라도 사이시옷이 들어갈 수 있는 가장 기본적인 자격을 갖추지 못했다는 점이 문제가 된 것이라 보면 된다.

둘째, 뒷말이 '쌀, 뼈, 띠' 등과 같이 원래부터 첫소리가 된소리로 되어 있거나 '층, 탈'처럼 거센소리[15]로 되어 있는 단어들과 결합하여 합성어를 이룬 경우에도 사이시옷을 받쳐 쓰지는 않는다.

> **보기** **사이시옷이 들어가지 않는 합성어**
>
> 보리쌀, 갈비뼈, 허리띠, 위층, 배탈

이러한 이유는 사이시옷이 앞서 언급한 것처럼 발음 변화를 반영한 표기이기 때문인데 맞춤법이나 기타 변화를 나타나는 경우에 '-(으)로 나는 경우'라는 표현이 이를 보여준다. 곧, '물이 얼음으로 변하다.'는 문장을 예로 들어보면 '-(으)로'라는 조사는 변화의 방향의 나타내는 것[16]이 일반적이다. 그러므로 '-(으)로'는 원래 아니던 것이 새로운 것으로 바뀌는 것

---

15) 자음을 구분하는 여러 가지 방법들 가운데 '예사소리, 된소리, 거센소리'로 구분하는 예가 있다. 예사소리는 평음(平音)이라고도 하며 'ㄱ, ㄷ, ㅂ' 등이 해당된다. 된소리는 흔히 경음(硬音)이라 하는데 'ㄲ, ㄸ, ㅃ' 등이다. 끝으로 거센소리는 유기음(有氣音) 또는 격음(激音)이라고도 하며 'ㅋ, ㅌ, ㅍ' 등을 지칭하는 용어이다.

16) 여기에 대당(對當)하는 한자어는 '화(化)'이다. 우리말 규칙을 표현하는 한자 용어들을 보면 '구개음화(口蓋音化), 경음화(硬音化), 자음동화(子音同化)' 등이 있는데 이들은 결국 구개음이 아니던 것이 구개음이 되었다는 식의 변화를 설명하고 있다.

을 의미한다고 할 수 있는데 '된소리로 나는 경우' 등의 표현은 원래 된소리가 아닌 것이 된소리가 되었다는 사실을 의미한다. 그렇다면 원래 된소리인 것은 다시 된소리로 변할 수가 없으니 조건에서 탈락이 되고, 거센소리는 'ㅊ'의 'ㅊㅊ'이 없는 것으로 보아 알 수 있듯 본질적으로 된소리가 없기 때문에 조건에 부합될 수 없다.

셋째, 사이시옷을 넣을 때는 현실 발음이 중요하다. 그러므로 단어의 발음을 신중하게 검토해 볼 필요가 있다. 이 셋째의 현실 발음 관련 사항은 해당사항과 관련되는 문제이다. 가령 '예사+일'의 경우를 생각해 보자. 이 두 단어는 결합하고 나면 [예산닐]로 발음된다. 전제조건 1과 2를 만족시키고 해당사항 ③을 충족시키므로 사이시옷을 넣어서 '예삿일'이라고 표기해야 맞는 것이 된다.

이 사실은 한국어 토박이라는 것을 다행스럽게 생각해야 하는 점이기도 하다. 오랜 세월을 자연스럽게 익혀온 우리말이기에 별로 어렵지 않게 그리고 조금만 신경을 쓰면 해결할 수 있는 문제이기 때문이다. 하지만 외국어로써 한국어를 배우는 사람들에게는 우리가 영어 단어의 철자와 발음을 함께 외우고 익혀야 하듯이 학습해야 할 과제가 된다.

넷째, 위에서 제시한 예외 여섯 가지는 반드시 외워 두어야 한다. 아직도 '개수個數, 초점焦點, 허점虛點'을 '갯수, 촛점, 헛점'으로 쓰는 오류를 범하는 예들을 흔히 발견할 수 있다. 굳이 문제를 따져 본다면 이 단어들은 전제조건 1에 모두 어긋나기 때문이다. 중복되는 내용이지만 사이시옷이 예외적으로 허용되는 한자어는 오직 다음의 여섯 개뿐이다.

위 단어들의 특징은 의미상 '공간과 수'에 관련되어 있다는 점이다. 이 점이 6개 단어를 기억하는 조건을 더욱 압축시켜 줄 수 있을 것이다.

지금까지의 내용들을 확인하기 위해 다음의 문제를 해결해 보자.

[표] 사이시옷 넣기의 조건 점검

	점검 내용	대상 어휘					
		나무+가지	잔+걸음	뒤+끝	깨+잎	계+날	전세+방
1	합성어인가?	○	×	○	○	○	○
2	결합요소 중 적어도 하나 이상이 우리말인가?	○	*	○	○	○	×
3	앞말이 모음으로 끝났는가?	○	*	○	○	○	*
4	뒷말의 첫소리가 된소리 / 거센소리가 아닌가?	○	*	×	○	○	*
5	해당사항 ①, ②, ③ 가운데 충족되는 내용이 있는가?	①	*	*	③	②	*
6	결과	나뭇가지	잔걸음	뒤끝	깻잎	곗날	전세방

※ ×는 조건에 맞지 않음, ○은 조건에 맞음을 나타내며 *는 고려대상이 아님을 뜻함.

표에 나타난 점검 사항들은 일단 상위 조건을 만족시키지 못하면 그 외의 다른 조건들을 고려의 대상이 아님을 보여준다. 특히 '잔걸음, 전세방'의 예를 통해 확인할 수 있는데 여기에 덧붙일 수 있는 내용은 해당 조건 중 어느 하나라도 만족시키지 못하면 사이시옷과는 무관한 어휘가 된다는 사실이다.

한편, 전제조건 1과 2는 선택적인 것이 아니라 무조건 지켜져야 할 조건이고 이 조건들이 지켜졌을 때 해당사항 ①, ②, ③은 수의적隨意的으로 작용한다는 점도 기억해 두어야 한다.

2. 두음 법칙의 예외들

여기서 언급할 내용은 〈한글 맞춤법〉 3장 5절의 두음 법칙頭音法則과 관련된 사항이다. 두음 법칙과 관련된 기타 자세한 것들은 2부에서 다루게 될 것이지만 현실적으로 혼동이 많이 되는 내용들만을 우선적으로 살피고자 한다.

간략하게 그 개념을 살피자면 두음 법칙이란 말 그대로 단어의 첫머리에 오는 자음과 관련된 규칙으로 'ㄹ, ㄴ'이 단어의 첫머리에 올 때 일어나는 현상이다. 원리와 규칙성에 대해서는 역시 2부의 〈한글 맞춤법〉에서 다룰 것이지만, 그 가운데 예외적인 것으로 혼란을 주는 표기들에 대해 우선적으로 살펴보기로 한다.

1) 렬/률의 표기

참석률 / 참석율, 인하률 / 인하율

위의 표기의 예에서 맞는 것은 무엇일까? '참석률, 인하율'이 각각 맞는 표기이다. 그렇다면 이 둘이 맞는 표기가 될 수 있는 근거는 어디에 있을까?

비록 외래어 등에서의 예외가 일부 있기는 하지만 두음 법칙과 관련하여 볼 때, 'ㄹ'이 단어의 첫머리에 나타날 수 없는 것은 우리말의 절대 규정이라고 할 수 있다. 그러나 단어의 첫머리 위치가 아닌 이상 이 규정은 무의미하다. 그럼에도 불구하고 이런 예외적인 규정이 있어서 일상에서의 혼란을 야기하고 있으니 이 규정은 가능한 기억하고 있어야 한다.

대표적인 것으로는 한자 '率'은 '비례 / 헤아릴 률'이라는 뜻과 음을 갖고 있는데 단어에서의 위치와 환경에 따라 표기의 형태가 달리 나타난다. 이런 차이를 보이는 근거가 바로 위의 표기 원칙에 있다.

보기 **단어 안 위치의 률(率) 표기**

① 실패율(失敗率), 비율(比率), 지원율(支援率), 지지율(支持率), 백분율(百分率), 할인율(割引率), 생존율(生存率)
② 격률(格率), 경쟁률(競爭率), 성공률(成功率), 참석률(參席率), 합격률(合格率), 사망률(死亡率)

위의 예들은 특히 혼란을 많이 보이는 어휘들을 예시해 보인 것들이다.

그러나 위의 원칙을 잘 기억해 두고 있으면 오직 그 원칙에 의해서 '율/
률' 가운데 하나로 결정된다는 것을 확인하는 과정에 지나지 않음을 알 수
있다.

'율/률'의 표기가 한자 '率'에만 적용되는 것이 아니다. 이외에도 법률法
律, 규율規律, 전율戰慄 등에서 볼 수 있듯이 모든 '률'자에 적용될 수 있는
규칙이다.

한편, 이와 같은 조건으로 표기해 주어야 할 것으로 '렬'이 있다.

보기의 ①은 'ㄴ'과 모음 뒤에서 '열'로 표기하는 단어들의 예를, ②는
그 외 자음들의 뒤에서 '렬'로 표기하는 예들을 보여주고 있다. 이 표기의
원칙 역시 '률'과 다를 바가 없다.

어떤 사람이 "그러면 '정열情熱'도 '정렬'로 써야겠네요?"라고 질문을 던
진 적이 있다. 일견하기로는 옳은 질문처럼 보이겠지만 문제는 '열熱'의 원
음이 '렬'이 아닌 '열'이라는 것에 있다. 즉 원래 '렬'이었던 음이 '열'로 바
뀌어 표기되는 것을 의미하는 것이지, '열'이 원음인 문자까지 되돌려 '렬'
로 쓰라는 것은 아니다. 이 사항에서 기억해 두어야 할 것은 두음 법칙 관
련 사항들은 원음이 'ㄹ'이었는지를 중시해서 한자음들을 살필 것도 요구
된다는 점이다.

2) 의존명사에서의 예외

의존명사依存名詞[17]는 흔히 관형사 등 수식어가 없으면 홀로 쓰일 수 없는 명사를 일컫는 말이다. '것, 데, 바, 체' 등이 많이 쓰이는 의존명사라 할 수 있는데, 이들 외에 단위를 나타내는 단어들에서 의존명사의 예들을 많이 찾아볼 수 있다. 이들 가운데 두음 법칙의 적용을 받지 않고, 원음原音을 위치와 상관없이 표기하는 예들이 있다.

[두음 법칙에서 예외적인 의존명사들]

① 냥(兩), 냥쭝, 년(年)―〈한글 맞춤법〉 10항 관련 규정
② 리(里), 리(理)―〈한글 맞춤법〉 11항 관련 규정

주로 단위와 관련된 의존명사들에서 예외를 허용하고 있음을 알 수 있다. 주의할 사항은 해당 한자어가 포함되는 모든 단어들에서 적용되는 것은 아니라는 점이다. 다음 문장들을 유의해서 보기로 하자.

① 이번 여름에 친구와 〈나니아 연대기(年代記)[18]〉를 봤다.
② 2010년도(年度)에는 정말 좋은 일이 많았으면 좋겠다.
③ 금번 회계연도(會計年度) 결산은 일찍 시작해야 할 것 같다.

---

17) 달리 불완전명사라고도 하는데 자립적으로 쓰일 수 없는 명사들을 의미한다.
18) 연대기란 역사적으로 중요한 사건들을 연대순으로 적은 기록을 말한다. '년대기'의 경우는 북한말에 해당한다.

①의 경우는 '연대기'가 단순한 자립명사, 보통명사에 해당하므로 일반적인 두음 법칙의 적용을 받아 '年'의 발음과 표기가 '연'이 된 것이다. 그런데 ②는 2010이라는 차례를 나타내는, 다르게 표현하면 단위가 포함되어 있으므로 의존명사이면서 단위명사가 된다. 그러므로 의존명사로서의 '년'과 같은 예외가 인정되어 '년도'라고 쓰게 되는 것이다. 한편 ③은 일정한 해를 편의상 구분한 것으로 자의적으로 정해질 수 있는 해를 나타내는 명사이기 때문에 두음 법칙의 적용을 받아 '연도'로 쓰이게 된다.

위의 예와 보기에서 보아 알 수 있듯이 규정의 예외 사항들에는 같은 한자어이면서도 쓰임과 기능에 따라 표기가 달라질 수 있음을 언제나 유의해야 한다.

3. 단어 결합 시 소리가 덧나는 경우

우리말에는 홀로 쓰일 때에는 표기와 발음이 전혀 드러나지 않으면서 다른 단어와 결합하여 쓰일 때는 불현듯 나타나는 경우들이 있다. 당연히 언어생활에서는 혼란을 가중시키는 요인들이 된다. 우선 다음의 예에서 올바르게 쓰인 예들을 찾아보기로 하자.

['수-'의 쓰임과 표기]

① 수놈 / 숫놈 →

② 수개 / 수캐 / 숫개　→

③ 수개미 /수캐미 /숫개미　→

④ 수양 / 숫양　→

　예에서의 올바른 표기는 각각 '① 수놈, ② 수캐, ③ 수개미, ④ 숫양'이다. 암수를 나타내는 단어들이 이렇게 복잡하다면 전체 규정들을 다 이해하려면 얼마나 어려울까 하는 생각에 지레 겁먹을 필요는 없다. 이것 역시 일부의 특수한 예이기 때문에 여기서 소개한 것일 뿐이다.

　이러한 예는 '수-'에만 국한된 것이 아니고 몇 가지 한정된 단어들에 나타나는 것들이 있으므로 그 이유와 관련 어휘들을 기억해 두어야 한다. 참고로 이 내용은 〈한글 맞춤법〉 제31항과 〈표준어 규정〉 1부 7항과 관련이 있다.

1) 'ㅂ'소리가 덧나는 경우

　두 단어가 결합할 때 'ㅂ'발음이 추가되어 나타나는 경우가 몇몇 어휘들에서 발견된다. 그런데 이러한 어휘들이 무작위로 혹은 불규칙하게 나타나는 것이 아니라 정해진 몇 개의 어휘들에 한정해서 나타난다는 점에 유의한다면 이 문제가 그렇게 복잡한 것이 아니라는 것을 알 수 있다.

　역사적으로 거슬러 올라가면 현재 1음절인 단어가 2음절로 발음되었음을 확인할 수 있는 증거들이 있다. 그런가 하면 현대와의 중간 단계에서 영어의 'split, strike' 등에서처럼 자음이 음절 초 위치에서 연속적으로 발

음되던 시기가 있었다. 대표적인 예들이 현대어에서 '쌀, 때(時), 씨(種)'에
대당對當하는 중세어 '쌀, 빼, 삐'였다. 그런데 단순히 표기로만 초성의
'ㅂ'이 존재했던 것이 아니고 실제 이 'ㅂ'이 발음되었던 것인데 평소에는
흔적을 보이지 않다가 다른 단어와의 결합에서는 흔적들을 보인다.

> **보기** 단어 결합 시 'ㅂ'이 덧나는 예들 ─ 특히 '쌀, 때, 씨'와 관련
>
> ① 멥쌀(메+쌀) / 좁쌀(조+쌀) / 햅쌀+(해+쌀) / 입쌀(이+쌀) / 찹쌀(차+쌀)
> ② 입때(이+때) / 접때(저+때)
> ③ 볍씨(벼+씨)
> ④ 댑싸리(대+싸리)

우리나라의 경우 많은 사람들이 영어의 strike[straik]를 '스트라이크'로
읽으면서 자음을 단독으로 발음하기가 어렵다고 한다. 그 이유가 영어와
우리말의 차이에서 비롯되는 것인데 현재 우리말에는 자음을 단독으로 발
음하는 현상이 없기 때문이다. 그러나 단독으로 발음을 하려고 하면 우리
도 'ㅅㅌ라잌'으로 발음할 수 있다. 다만 우리에게 이런 발음 습관이 없기
때문에 어렵게 느껴질 뿐이다.

흔히 '빼'의 'ㅃ'을 어두자음군語頭子音群 혹은 음절초자음군音節初子音群이
라고 한다. 약간의 이견은 존재하지만 15세기경에는 이를 [psd]로 발음했
을 것이라는 데는 대체로 의견이 모아지고 있다. 이때 발음되었을 'ㅂ'의
흔적이 어휘들에 숨어서 남아있었고 현재도 그대로 적용되고 있는 것이다.

평소에 이런 의문들을 가져본 적은 없었는지 묻고 싶다. '햇곡식, 햇밤,

햇과일' 등 다른 단어들과의 결합에서는 '햇-'으로 나타나면서 왜 유독 '햅쌀'에서는 '햅-'일까? 바로 이 의문의 답이 이 내용과 관련이 있는 것이다.

2) 'ㅎ'소리가 덧나는 경우

'ㅂ'소리가 덧나는 경우보다 일상적으로 더 많은 혼란을 겪는 것이 바로 단어 결합 시에 'ㅎ'소리가 덧나는 경우이다. 'ㅎ'소리가 덧난다는 말은 실제적으로는 결합 전의 'ㄱ, ㄷ, ㅂ'이 결합 후에 각각 'ㅋ, ㅌ, ㅍ'으로 바뀌는 현상을 의미한다.

이 현상의 대표적인 것이 앞서 언급한 '암, 수'와 관련된 내용으로 이것들에 대해서는 〈한글 맞춤법〉 제31항과 〈표준어 규정〉의 표준어 사정 원칙 7항에서 함께 언급하고 있다. 이들 역시 역사적으로 '숳, 앓'처럼 과거에 'ㅎ'이 단어에 존재했던 것들로 이와 같은 것으로 '머리, 안, 살' 등이 있다. 보통 이러한 단어들을 묶어서 'ㅎ종성체언'이라고 부르기도 한다.

> **보기** ㅎ종성체언의 예들 – 암(雌), 수(雄), 살(肉), 머리(首), 안(內)
>
> ① 머리카락(머리+가락)
> ② 살코기(살+고기)
> ③ 안팎(안+밖)
> ④ 수컷, 수캐, 수탉, 수퇘지, 수평아리, 수캉아지, 수톨쩌귀, 수탕나귀, 수키와
> ⑤ 암컷, 암캐, 암탉, 암퇘지, 암평아리, 암캉아지, 암톨쩌귀, 암탕나귀, 암키와

①~⑤의 예들에서 보아 알 수 있는 것은 소위 ㅎ종성체언에서 'ㅎ'이 발

음을 드러내기 위해서는 뒤따르는 단어의 시작이 반드시 'ㄱ, ㄷ, ㅂ'이어
야 한다는 점이다. 예를 들어 '수소'와 '암소'의 경우는 'ㅎ'소리가 덧나지
도 않지만 덧나더라도 표기할 방도가 없으니 당연히 원형을 갖추어 결합
하는 것이다.

'안(ㅎ)-'의 경우는 부인婦人을 나타내는 중세어 표기가 '안해'였다는 점
에 주목할 필요가 있다. 이후에 'ㅎ'약화 현상[19]으로 탈락이 일어나고 그
결과 오늘날 '아내'로 자리를 잡았다. 이 사실들은 중세와 근대를 이어오
는 문헌들에서 쉽게 확인할 수 있다.

주의할 점은 암수 특히 수컷을 이르는 '수-'와 관련이 있다. 앞에서 언
급한 문제들에서 알 수 있듯이 여러 가지 경우의 수들이 있는데 이 예들
을 잘 기억해야 한다.

[수컷을 나타내는 접두사 '수-'의 쓰임]

1. 보통의 경우 '수-'로 통일하여 사용한다.(원칙)
2. 수키와, 수캐 등 몇 가지 예에서는 'ㅎ'소리가 덧나는 것을 표기에
   반영한다.
3. '숫양, 숫염소, 숫쥐'의 세 경우에만 '숫-'을 사용한다.(예외)

---

19) 모음 사이에서 일어나는 ㅎ약화 현상과 탈락 현상은 'ㅎ종성체언'을 이해하는 데 도움
    을 준다. 현대어에서도 '좋아'를 예로 들어보면 표기와 달리 [조아]로 발음되는데 이는
    약화와 탈락의 증거가 될 수 있다. 그런데 '좋다'의 경우는 발음이 [조타]로 나타나 'ㅎ'
    이 뒤따르는 'ㄷ'과 결합하여 'ㅌ' 발음이 된다는 것을 보여준다. '안해'가 '아내'로 변
    화해 온 과정도 이를 근거로 이해하면 도움이 될 것이다.

2의 경우에 해당하는 어휘의 예들은 위의 ㅎ종성체언의 예들에서 보인 ④의 단어들로 국한된다.

지금 이 쓰임에 대한 지식을 바탕으로 처음에 제시한 '수놈 / 숫놈, 수개 / 수캐 / 숫개' 등의 예들을 설명해 본다면 '수놈'의 경우는 오해의 소지가 약간 있다. 실제 발음을 살피면 [순놈]으로 실현되므로 흡사 '사이시옷' 첨가의 조건에 부합하는 것처럼 보일 수도 있기 때문이다. 문제는 비록 모음으로 끝나고 뒷말의 첫소리 'ㄴ' 앞에서 'ㄴ'소리가 덧나는 경우에도 속하지만 '수-'가 단일어 즉 '단어'의 자격을 갖춘 것이 아니라 '접두사'이기 때문에 합성어 구성의 조건을 충족시키지 못한다. 곧 파생어이기에 'ㅅ'은 첨가될 수도 없고 아예 고려의 대상도 되지 않는다.

한편, 언제나 예외는 존재하는 것이지만 이 '양, 염소, 쥐'와 결합할 때만 적용되는 '숫-'의 쓰임 예들은 꼭 기억해 두어야 한다.

4. 띄어쓰기

띄어쓰기spacing word의 대원칙은 기능과 의미상 독립적인 단어들은 구별하여 적는다는 점이다. 조사와 어미 그리고 접사 등 의존형식에 해당하는 것들은 모두 앞말에 붙여 쓰지만 그 외의 경우는 띄어 쓰도록 하는 것이 원칙인 셈이다.

사실상 맞춤법과 관련하여 가장 혼란스러운 부분이 '띄어쓰기'라고 해도 과언이 아닐 것이다. 한 단어의 띄어쓰기로 인하여 논쟁이 생기고 논문이 발표될 정도라면 그 혼란이 어느 정도인지 충분히 짐작이 갈 만하다.

한글이 창제되던 당시의 문헌들을 보면 띄어쓰기란 존재하지 않았다. 근대를 지나 개화기 등을 지나며 독서의 능률을 높이기 위해 만들어진 것이다. 눈에 쉽게 글이 들어오게 해서 문장의 의미 해독을 더욱 쉽게 하자는 취지에서 시행되는 것이 바로 띄어쓰기인 것이다.

현재 국어의 띄어쓰기와 관련한 규정은 〈한글 맞춤법〉 제41항에서 제50항까지 모두 10개항에 걸쳐 제시되어 있다. 그러나 이 항목들이 현실 띄어쓰기의 모든 것을 완벽하게 규정하고 있다고 보기는 어렵다. 가장 일반적인 원칙들만을 제시하고 있을 뿐, 실제 구체적인 문제들을 해결하기에는 부족한 면들이 많다. 예외적인 것, 원칙과는 달리 허용 사항이 많은 것 등도 문제라고 할 수 있다.

100%를 만족시키는 것은 아니지만 띄어쓰기의 대체적인 원칙을 제시해 보이면 다음과 같다.

> **[한글 띄어쓰기의 기본 원칙]**
>
> 자립성을 가진 명사, 대명사, 부사 등의 단어들은 띄어 쓰고, 조사와 어미 등의 의존적인 것들은 윗말에 붙여 쓰는 것을 원칙으로 한다.

결국 한글 띄어쓰기에서 가장 중요한 원칙은 단어의 자립성 여부에 있다. 즉, 자립적인 단어들은 띄어 쓸 수 있지만 그렇지 못한 것들, 예를 들어 의존적인 것들은 띄어 쓸 수가 없다.

단어가 자립성을 갖는다는 것은 보통 문장에서나 일상 대화에서 단독으로 쓰일 수 있다는 것을 의미한다. 이런 자립성 여부로 구분하는 띄어쓰기 원칙에 한 가지 예외가 있는데 이것이 바로 의존명사依存名詞이다. 의존명사는 제 홀로 쓰이지 못하고 언제나 수식어[20]의 도움을 받아야 쓰일 수 있는 명사들로 '것, 따름, 뿐, 척, 데, 체, 양, 만' 등이 있다. 이들은 자립성을 갖지는 못했지만 앞말과 언제나 띄어 쓴다.

띄어쓰기와 관련한 규정들에 대한 자세한 설명들은 2부에서 다루기로 하고 여기서는 일상적으로 의문을 많이 드러내는 용례들을 중심으로 살펴보기로 한다.

1) 숫자 및 단위 관련 띄어쓰기

〈한글 맞춤법〉 제43항의 내용은 "단위를 나타내는 명사는 띄어 쓴다."는 것이며, 제44항의 내용은 수를 적을 때는 '만萬' 단위로 띄어 쓴다고 언급하고 있다. 이 두 가지 내용을 적용하여 몇 가지 예를 들어 보이면 다음과 같다.

> **보기** 수와 단위 관련 띄어쓰기
>
> 12,3456,7898원 → 십이억 삼천사백오십육만 칠천팔백구십팔 원
> 스물아홉 개
> 논 서너 마지기
> 소 한 마리

---

20) 문법적인 용어들에서는 보통 '수식어(修飾語)'보다는 '관형어(冠形語)'라는 표현을 많이 쓴다. 두 용어는 결과적으로 보면 다른 말의 의미를 한정한다는 면에서 같다고 할 수 있다.

예에서 보듯 '원, 개, 마지기, 마리' 등의 단위명사와 수를 나타내는 말
은 띄어 쓰는 것을 원칙으로 한다. 한편, 순서를 나타내는 경우나 아라비
아 숫자와 함께 쓰는 경우는 단위명사와 붙여 쓰는 것도 허용한다는 규정
이 있다. 오히려 이 경우는 원칙보다 허용 규정의 방식이 더 많이 적용되
는 현실이다.

[수와 단위 관련 띄어쓰기의 허용 규정들]

① 29 개(원칙) / 29개(허용)
② 제2 차 시험(원칙) / 제2차 시험(허용) / 제 2차 시험(오류)
③ 육 층(원칙) / 육층(허용) / 6층(허용)

②의 예는 오히려 수와 단위의 문제보다 '제'의 띄어쓰기로 혼란이 많은
예들인데, 이 경우의 '제第-'가 접두사이기 때문에 이어서 오는 말과 붙여
쓰는 것이 당연히 옳다. 그리고 ③의 경우는 5층 다음에 6층이 있고, 6층
다음에 7층이 있다는 식의 순서를 나타내는 말이므로 '순서 제시어+단위
명사'의 결합으로 해석되어 '육층'으로 붙여 쓰는 것도 옳은 것이 된다.

2) 이름과 호칭, 관직명 띄어쓰기

성과 이름은 붙여 쓰는 것을 원칙으로 한다. 현행 맞춤법이 이전 맞춤
법과 차이를 보이는 대표적인 규정이다. 드물기는 하지만 아직도 성과 이
름을 띄어 쓰는 사람들이 있다. 학계 일부에서는 여전히 이 경우의 띄어

쓰기를 주장하는 경우가 있지만, 표기의 통일을 위한 〈한글 맞춤법〉에서 성과 이름을 붙여 쓸 것을 분명하게 규정하고 있으므로 여기에 따르는 것이 옳다. 이 부분에서도 물론 예외는 존재한다. 남궁南宮, 독고獨孤, 황보皇甫 등과 같은 복성復姓일 경우에는 성과 이름을 띄어 쓸 수도 있다.

> **보기** 성과 이름의 띄어쓰기
>
> ① 최치원, 이순신, 서경덕, 황진이
> ② 황보지봉(원칙) / 황보 지봉(허용), 독고탁(원칙) / 독고 탁(허용)

성과 이름을 붙여 쓰는 것은 일견 타당성을 가지고 있다. 띄어쓰기의 개별적 단위가 되는 대다수의 어휘들이 하나의 개념, 하나의 의미를 지향하는 것이 일반적이다. 그러므로 한 사람을 지칭하는 이름은 붙여 쓰는 것이 당연한 것이 아닐까 하는 생각이다.

한편, 이름 뒤에 붙는 호칭어呼稱語와 관직명官職名은 띄어 쓰는 것이 원칙이다.

> **보기** 이름과 호칭어, 관직명의 띄어쓰기
>
> ① 김양수 씨, 남궁억 씨
> ② 내가 아는 <u>김 씨</u> 아저씨는 정말 좋은 분이다.
>   우리 <u>김씨</u> 문중의 자랑거리는 절개가 곧은 조상들이 많다는 것이다.
> ③ 우장춘 박사, 김 사장, 이 과장, 이 박사

지금도 이 '씨氏'의 쓰임에 대해서는 혼란이 많다. 그런데 ①과 ②의 경우를 보면 그 의문을 해결할 수 있다. 우선 '씨'는 의존명사와 접미사로 나뉘어 기능을 하고 있다. 특히 ②의 예를 보면 '김 씨 아저씨'에서의 '씨'는 의존명사로 성명이나 이름 뒤에 붙어 상대를 존대하는 뜻을 드러낸다. 여기에 반해 단순히 그 성씨 '김씨'의 '-씨'는 접미사로 쓰인 것이다. 즉 김해 김씨, 풍양 조씨, 전주 최씨 등에서 보아 알 수 있듯이 이때의 '-씨'는 특정 인물을 지칭하는 것이 아니라 전체 성씨를 의미하는 것이 되므로 붙여 쓰게 된다.

쉽게 이 문제를 해결하고자 한다면 '씨'의 앞말이 한 사람 즉 개인을 지칭하면 띄어 쓰고, 그렇지 않고 성씨 전체를 뜻하는 것이라면 붙여 쓰는 것으로 이해하면 된다.

다음의 예문으로 이해해 본다면 어떨까?

우리가 자주 보는 영숙 씨는 밀양 박씨 문중에서 자랑할 만한 재원이다.

3) 전문 용어 및 고유 명사의 띄어쓰기

전문 용어와 고유 명사는 단어별로 띄어 쓰는 것이 원칙이지만, 붙여 쓸 수 있도록 하는 허용 규정이 있다. 붙여 쓸 때, 고유 명사와 전문 용어의 차이라고 한다면 고유 명사는 단위별로 붙여 쓰는 것을 허용하고, 전문 용어는 전부를 붙여 쓴다는 점이다.

[고유 명사의 띄어쓰기]

① 한국 대학교 인문과학 대학(원칙)
   한국대학교 인문과학대학(허용)
   한국 대학교 인문과학대학(오류)
② 한국 원자력 연구소(원칙)
   한국원자력연구소(허용)
③ 국립 한국어 연구원(원칙)
   국립한국어연구원(허용)

보기 ①의 경우는 일반적으로 허용 규정에 해당하는 쓰임이 많이 보이는데 ②와 같은 경우는 간혹 '한국 원자력연구소'처럼 단위와 명칭 사이를 띄어 쓰는 경우들이 많이 발견된다. 일반적으로 원칙보다는 오히려 허용 규정이 전반적으로 표기 빈도수가 높다는 점이 특징이라 할 수 있다.

한편, 전문 용어[21]의 띄어쓰기는 다 띄어 쓰거나, 다 붙여 쓰거나 둘 중의 하나로 결정해야 한다는 것이 특징이다.

[전문 용어의 띄어쓰기]

① 관상 동맥 경화증(원칙)
   관상동맥경화증(허용)
② 중거리 탄도 유도탄(원칙)
   중거리탄도유도탄(허용)

---

21) 전문어(專門語)라고도 하는데 일반적으로 학술적인 분야나 해당 분야에서 특수하게 쓰이는 용어를 의미한다.

지금까지 봐 온 것으로 알 수 있듯이 명칭이나 용어들은 의미 단위별로 띄어 쓰는 것이 원칙이지만 몇 가지의 예외에서 보듯 어휘 자체가 결합하여 하나의 단위 혹은 의미를 구성하게 되면 다 붙여 쓸 수도 있다는 것이 허용 규정으로 추가된다.

한편, 고유 명사 가운데에서도 주의를 요하는 것이 외래어 중에서 외국어 지명을 표기하는 데에 있다. 이것과 관련된 사항은 〈외래어 표기법〉 제3절 1항에 직접 언급되어 있으므로 여기서 그 내용들을 살피고 확인해 두기로 한다.

[외국어 지명 표기의 띄어쓰기－〈외래어 표기법〉 제3절 1항]

'해', '섬', '강', '산' 등이 외래어에 붙을 때에는 띄어 쓰고, 우리말에 붙을 때에는 붙여 쓴다.

예 : 카리브 해　　북해　　발리 섬　　목요섬[22]

위에서 보듯 다른 지명의 경우, '알프스 산, 미시시피 강' 등 외국 지명에 우리말이 결합할 때에는 위의 예처럼 띄어 쓴다. 이러한 외래어 표기 규정은 비록 한 단위, 하나의 지명을 지칭하는 것이기는 하지만 본래의 음을 반영하여 표기할 때에는 우리말과 구분하여 적는다는 점에 특히 유의

---

[22] 목요섬은 오스트레일리아 퀸즐랜드 주(州)의 북쪽 연안(沿岸)의 토러스 해협에 있는 섬으로 원래 이름은 Thursday Island이다. 만일 이 섬의 이름을 '써스데이 섬'이라고 부르고자 한다면 당연히 앞의 지명과 우리말 '섬'은 띄어 써야 한다. 그런데 원래의 이름을 우리말로 번역하여 우리말화 했으므로 우리말 띄어쓰기의 규정을 따르도록 한 것이다.

해야 한다. 이 사실에는 예외나 허용 규정도 전혀 적용되지 않으므로 특히 주의를 기울일 필요가 있다. 추가적인 사실들을 포함시켜 예시해 보면 다음 보기와 같다.

보기 외래어 고유 명사와 한글 결합 시의 띄어쓰기

Rio Grande - 리오그란데 강
Mont Blanc - 몽블랑 산
利島(일) - 도시마 섬
玉山(중) - 위산 산
스웨덴 어
뉴욕 시

4) 의존명사의 띄어쓰기

의존명사는 비록 단독으로 쓰이지 못하고 자립적인 의미도 드러내지는 못하지만 그럼에도 불구하고 앞말과는 반드시 띄어 쓰는 것이 원칙임을 여러 차례 강조한 바 있다. 문제는 뒤 따르는, 곧 뒷말의 결합에서 붙여 쓰는 경우와 띄어 쓰는 경우를 구별하기가 혼란스럽다는 점과 의존명사와 연결어미, 조사 여부를 구분하기에 어려운 예들이 있다는 것이다. 이들에 대해 알고 있으면 글을 쓸 때의 혼란을 피할 수 있다.

가장 기본적인 문제는 국어 사용자들이 의존명사의 문법적 성질에 대하여 숙지하고 있느냐의 여부가 아니라 어떤 단어가 의존명사인지를 구분할 수 있느냐에 있다.

위에서 보인 밑줄 친 단어들은 명백한 의존명사들이다. 그렇지만 형태
는 동일하면서 경우에 따라 다르게 쓰이는 것들이 있어서 문제가 된다.

이 둘의 구분은 가장 혼란이 많은 경우에 속한다. 대체로 두 경우 모두
를 붙여 쓰는 쪽으로 자의적인 결론을 내리는 사람들이 많다. 두 가지를
구분할 때, 여러 가지 방법이 있겠지만 제일 좋은 방법은 '데' 뒤에 적당한
조사를 붙여서 읽어 보고 말이 되면 띄어 쓰고, 그렇지 않으면 붙여 쓰는
방법을 택하면 된다.

배가 아픈데 약 좀 먹어야겠다. (아픈데가)

도대체 아픈 데가 어딘지를 모르겠다.

어제와 같은 데로 가 보자.

사람은 같은데 행동이 달라졌다. (같은데가, 같은데로)

한편, '대로'의 쓰임 역시 잘 살펴보면 일차적으로 앞선 단어의 품사 혹은 기능 수행을 바탕으로 의존명사 여부를 가릴 수 있다.

이 둘은 앞선 '데'와는 다르게 의존명사와 조사를 구별하는 것이 관건이다. ①의 예들은 의존명사로서의 '대로'를 보여준다. 보기에서의 '대로'는 각각 '그 내용과 상태와 같이, 그 즉시, 그 상태에서' 등의 의미로 쓰이는데 앞선 관형어들의 한정限定을 받는다는 것을 알 수 있다.

이러한 ①과는 다르게 ②에서는 명사 뒤에 자리한 것만으로도 쉽게 조사인 것을 인지할 수 있다. 의미는 '-에 따라, 있는 그대로' 등이다.

이상에서 살핀 예들은 사실 극히 일부에 지나지 않는다. 혼란이 많은 단어들은 다시 3장에서 다루기로 한다.

5. 로마자 표기상의 문제들

〈국어의 로마자 표기법〉은 간결한 규정들로 이루어져 있으면서도 오류를 많이 범하는 영역들을 정리한 것이다. 혼란을 불러일으키는 경우가 있어서 언급하고 가야할 내용은 우리 이름을 영문으로 표기할 때 생기는 혼란상이다. 여기에도 물론 여러 복잡한 요인들이 작용하는데 예를 들어 여권旅券에 '박朴'을 표기한 예들에서 Park, Bak, Pak 등 매우 혼란을 보이고 있음을 정부기관의 조사로 확인된 바가 있다.

1) 국어의 로마자 표기

실제로 로마자 표기들을 보면 이름의 대문자 표기는 또 어떻게 해야 하는지 띄어쓰기는 어떻게 해야 하는지도 혼란을 겪고 있는 것이 현실이다. 일차적으로 현행 〈국어의 로마자 표기법〉에서 규정하고 있는 우리 자모의 올바른 로마자 표기를 정리해 보기로 한다.

[표] 국어 자모의 로마자 전환 종합

국 어	ㄱ	ㄴ	ㄷ	ㄹ	ㅁ	ㅂ	ㅅ	ㅇ	ㅈ	ㅊ
로마자	g, k	n	d, t	r, l	m	b, p	s	ng	j	ch
국 어	ㅋ	ㅌ	ㅍ	ㅎ	ㄲ	ㄸ	ㅃ	ㅆ	ㅉ	ㅏ
로마자	k	t	p	h	kk	tt	pp	ss	jj	a
국 어	ㅓ	ㅗ	ㅜ	ㅡ	ㅣ	ㅐ	ㅔ	ㅚ	ㅟ	ㅑ
로마자	eo	o	u	eu	i	ae	e	oe	wi	ya
국 어	ㅕ	ㅛ	ㅠ	ㅒ	ㅖ	ㅘ	ㅙ	ㅝ	ㅞ	ㅢ
로마자	yeo	yo	yu	yae	ye	wa	wae	wo	we	ui

국어의 기본 자음 14개와 경음 5개, 그리고 기본 모음 10개와 이중 모음 11개를 합쳐 모두 40개에 대한 해당 로마자 표기를 나타낸 것이다.

아직 생소하게 여겨지는 것들도 있겠지만 대체로의 원칙은 영어 알파벳에 없는 기호나 부호는 사용하지 않고 그 문자 체계 내에서 해결하겠다는 것이 원칙으로 작용함을 알 수 있다. 그럼에도 불구하고 여전히 'ㄱ' 등 몇 개의 자음에서는 두 개의 대응 문자가 있고, 그런가 하면 'k'의 경우는 쓰임이 받침의 'ㄱ'과 'ㅋ'으로 함께 쓰이는 모순을 보이기도 한다.

이러한 대응 관계에서 혼란의 우려가 있는 몇 가지를 제시하여 〈국어의 로마자 표기법〉의 설명과 함께 살펴보기로 한다.

2) 한 글자의 두 표기

이전 로마자 표기법의 특징은 이미 1984년에 표음주의表音主義 원칙을 채택하였다는 것과 유성음有聲音과 무성음無聲音을 구분하여 표기한 것 등이라 할 수 있다. 그런데 이 방식은 로마자 표기라기보다는 오히려 국제음성기호國際音聲記號[23]의 방식을 최대한 반영하려는 듯한 특징을 보인다. '김포'의 표기를 [Kimp'o]로 했던 예를 보더라도 [p]에 첨가된 어깨점은 실제 로마자의 알파벳 표기법과는 무관하다.

이런 문제들을 개선하고 최대한 현행 발음과 표기의 특징을 반영한다는 관점에서 시도한 것이 현행 표기법의 장점이다. 그런데 자음에서 [ㄱ, ㄷ, ㄹ, ㅂ은 표기를 2가지로 하도록 규정되어 있다.[24]

---

23) 국제음성기호는 흔히 발음기호라고 알려져 있는 것을 말한다. 보통 IPA라고 많이 표현하는데 이는 International Phonetic Alphabet의 약자이다. 영어 사전의 발음 표기에서 볼 수 있는 [ə, ʃ, ʒ, θ] 등도 여기에 속한다.

이들에 관련된 사항들을 정리해 보이면 다음과 같다.

[한 자음, 두 표기]

① 'g, d, b' 그리고 'r'은 어두를 포함한 모음 앞
② 'k, t, p' 그리고 'l'은 자음 앞과 어말, 그리고 겹자음 표기
③ 'ㅋ, ㅌ, ㅍ'을 나타내는 로마자는 자리에 상관없이 'k, t, p'
④ ㄹ이 겹쳐나는 소리는 위치와 상관없이 [ll]

②의 경우에서 유의할 점은 'ㄲ, ㄸ, ㅃ'은 모두 'kk, tt, pp'로 쓰도록 규정되어 있다. ④ 역시 ②와 같은 내용이라 할 수 있지만, 모음과 모음 사이에서만 일어날 수 있는 현상을 의미하므로 구별하여 제시하였다.

3) 발음의 표기 반영

로마자 표기에서 유의할 점은 발음이 표기에 반영되어야 한다는 점이다. 우리말 표기 그대로를 적는 것은 인정되지 않는다. 된소리되기 즉 경음화는 표기에 반영하지 않는다는 예외가 규정으로 존재하지만 그 외에는 거의 실제 발음대로 적는 것이 일반적이다.

---

24) 'ㄱ, ㄷ, ㅂ'에 관련한 사항은 <국어의 로마자 표기법> 제2장 제2항의 [붙임1]과, 'ㄹ'에 관련한 사항은 [붙임2]에 각각 해당한다.

‘낙동강’의 경우는 된소리되기가 이루어져 실제 발음이 된소리로 나는데도 불구하고 이를 표기에 반영하지 않았다. 한편, ‘꾸러미’와 ‘뚜쟁이’의 경우는 원래부터 된소리였기 때문에 표기에 반영되었다는 차이가 있다.

이러한 예들을 통해서 표기가 곧 실제 발음이 아니라는 사실과 역으로 발음이 곧 표기는 아니라는 사실을 한 번 더 확인하게 된다.

4) 영문 이름의 띄어쓰기

영문 이름을 띄어 쓰는 데도 약간의 혼란이 따르는 경우가 있다. 보통 성과 이름을 띄어 쓰는 것에서는 별반 문제가 없는데, 이름과 이름의 띄어쓰기 혹은 대문자 사용의 허용 범주 등에서 혼란이 생길 수 있다.

위의 원칙들은 〈국어의 로마자 표기법〉 제3장 4항과 관련된 것으로 그 내용은 "인명은 성과 이름의 순서로 띄어 쓴다. 이름은 붙여 쓰는 것을 원칙으로 하되 음절 사이에 붙임표(-)를 쓰는 것을 허용한다."이다.

유의해야 할 사항들을 살피면, 성과 이름의 순서로 써야하며, 이름은 붙여 쓰고 그 사이에 (-)를 넣을 수는 있다는 점, 그리고 성과 이름의 시작 글자만을 대문자로 써야 한다는 점 등이다.

점차 해외여행과 유학 등 여러 가지 목적으로 이름의 영문 표기를 해야 할 경우가 많은데 이번 기회에 올바른 표기 방식을 익혀 두는 것도 의미 있는 일이라 하겠다.

국어의 단위 명사들

돈　약이나 귀금속 따위의 무게 단위. 약 3.75그램
　　　▷ 돌 반지는 금 한 돈으로 한다.

푼　'돈'의 10분의 1에 해당하는 무게 단위로 약 0.375그램.＝분(分)

냥　열 돈에 해당하는 무게 단위

근(斤)　고기나 약재를 잴 때는 600그램이 한 근, 야채나 과일의 경우에는
　　　375그램이 한 근이다.

관(貫)　무게의 단위. 근의 열 배에 해당하며 3.75kg이다.

되　곡식, 가루, 액체 등의 부피를 잴 때 사용하는 단위. 약 1.8ℓ에 해당
　　　한다.

홉　한 되의 1/10에 해당하는 부피 단위로 180mℓ이다. 면적을 나타낼
　　　때는 한 평의 1/10이다.

말　한 되의 열 배에 해당하는 부피 단위. 18ℓ. 두(斗)와 같은 의미로 쓰
　　　인다.

섬　한 말의 열 배로 180ℓ에 해당한다.

평　땅 넓이를 재는 단위. 여섯 자의 제곱으로 3.3058㎡에 해당한다.

마지기　논밭 넓이를 측정하는 단위. 보통 한 마지기는 한 말 정도의 볍씨의
　　　모나 씨앗을 뿌릴 수 있는 정도의 논밭을 말하는데 지방마다 다소
　　　차이가 있다. 대략 논은 150평에서 200평, 밭은 300평 정도이다.

자　길이의 단위. 한 자는 30.3cm이다. 보통 척(尺)과 같은 의미로 쓰인다.
　　　▷ 그는 이미 소년 시절에 육 척 장신의 허우대를 갖춘 장부였다.

| 치 | 길이의 단위로 한 자의 1/10에 해당하며 약 3.33cm이다. 촌(寸)과 같은 의미. |

치 길이의 단위로 한 자의 1/10에 해당하며 약 3.33cm이다. 촌(寸)과 같
은 의미.
▷ 세 치 혀를 함부로 놀리다가는 큰 화를 당하지.

장 길이의 단위로 한 자의 열 배인 약 3m에 해당한다.

발 길이의 단위. 길이를 잴 때, 두 팔을 벌려 한 쪽 손끝에서 다른 손끝
까지의 길이를 나타냄.

두름 보통 생선 중 특히 말린 조기 스무 마리를 열 마리씩 짚으로 엮은
단위. '조기 한 두름'은 말린 조기 20마리를 10마리씩 짚으로 묶어
둔 것이다.

장 종이류를 세는 기본 단위.

속(束) 보통 복사지 등의 종이류를 세는 단위로 한 속은 250장이다.

연 속의 두 배에 해당하는 단위. 1연은 2속이며 500장이다.

권(卷) 한지(韓紙)의 경우, 20장에 해당하는 단위.

축 한지를 셀 때의 단위로 한 축은 열 권 즉 200장에 해당한다.
오징어를 헤아릴 때도 쓰는데, 오징어 한 축은 과거엔 20마리, 지금
은 열 마리이다.

동25) 축과 함께 한지의 묶음을 세는 단위인데 한 동은 100권, 2,000장이다.

---

25) 동은 쓰임에 따라 다양하게 소위 동음이의어를 이룬다. 윷놀이에서 '동'은 말이 첫밭에서
끝밭을 거쳐 나가는 차례를 뜻한다. 흔히 '한 동 났다' 등으로 표현할 때를 의미한다.

기(基) 묘를 헤아리는 단위. 장과 같은 의미로 쓰인다.

　　　▷ 이 산 곳곳에 자리한 고분(古墳)들이 과연 몇 기나 될까?

기 탑을 헤아리는 단위.

　　　▷ 진산사리탑이 몇 기인지가 아닌 그 사찰 구성원의 수양 정도가 평가의 척도이다.

켜 포개진 물건의 층을 재는 단위.

　　　▷ 시루떡 두 켜 정도면 올 명절엔 충분하다.

춤 여러 개의 가닥으로 길게 생긴 물건의 한 손에 쥘만한 분량.

　　　▷ 짚 한 춤, 왕골 한 춤

단 벼, 보리, 짚 등의 묶음을 세는 단위.

접 보통 과일과 채소 등을 헤아리는 단위인데 한 접은 보통 100개를 나타낸다.

　　　▷ 마늘 한 접 = 백 통, 배추 한 접 = 백 통, 사과 한 접 = 100개

리(里) 거리의 단위. 1리는 약 0.393㎞이다.

탕기 찌개의 수를 헤아리는 단위.

보시기 김치, 깍두기 등을 헤아리는 단위로 보통 담근 그릇의 양을 일컫는 말.

닢 미역, 다시마, 김 등을 헤아리는 단위.

톳 김을 세는 단위로 한 톳은 김 40닢(장).

코 동태와 낙지를 헤아리는 단위. 한 코는 20마리이다.

쾌 북어 20마리를 묶어 세는 단위이며, 과거에 엽전을 묶어 세던 단위로 한 쾌는 엽전 10개이다.

　　　▷ 북어 한 쾌를 사서 반씩 나누어도 열 마리나 된다.

짝 동태와 북어를 헤아릴 때 쓰는 단위. 한 짝은 600마리이다.

손 고등어, 암치[26] 등을 헤아릴 때 쓰는 단위. 한 손은 2마리이다.

---

26) 민어를 소금에 절여 말린 것이다.

제 3 장

한글, 낯설게 보기

세계 곳곳에 유수의 문자들이 있지만 우리 한글처럼 누가, 언제 만들었다는 것을 알 수 있는 예는 없다. '누적된 결과 그리고 정리'라는 말이 여타 문자들을 설명할 수 있는 최선의 표현일 것이다.

익숙함은 언제나 우리에게 소중한 것의 가치를 실감하지 못하게 한다. 갑자기 사라져 버리거나 어느 날 갑자기 주변의 일상을 정돈해 생각해 볼 때 비로소 얻게 되는 가치의 새로움이 있다. 한글도 그런 것이 아닐까?

한글은 세계 어디에 내 놓아도 손색이 없는 최고의 문자이다. 그런 문자가 있어서 혜택을 누리며 산다는 것은 대단한 축복이다. 이러한 생각이 단순히 국수주의적國粹主義的이거나, 배타적인 사고에서 비롯된 것이 아니라는 것은 이미 외국인 학자들이 한글의 우수함을 높이 평가한 수많은 전례前例27)들을 통해 증명된다. 옥스퍼드Oxford 대학에서 모든 가능한 기준들을 바탕으로 세계 문자들의 순위를 매겨 진열한 것에서도 1위는 한글이다.

더 확실한 증거는 1997년에 유네스코UNESCO에서 한글 즉 훈민정음을 '세계 기록 문화유산'으로 등록시켰다는 것이다. 그리고 매년 10월 9일을 기하여 세계 곳곳에서 문맹 퇴치에 공이 큰 사람을 가려내어 시상하고 있는데 이 상의 이름을 '세종상'이라고 했다는 사실 역시 한글에 대한 세계인의 높은 평가를 충분히 확인할 수 있는 근거라 할 수 있다.

그런데 정작 우리는 한글에 대해 얼마나 많은 것을 알고 있을까? 다음 질문에 대한 답을 한번 생각해 보자. 과연 얼마나 정확한 답을 애기할 수 있을까?

[한글에 대한 기본 질문들]

① '한글'이라는 이름은 무슨 뜻을 담고 있는가?
② 언문 등으로 불리던 글자에 '한글'이라는 이름을 처음 지어 부른 사람은?
③ 현재 우리나라에 남아 있는 〈훈민정음〉 원본의 수는?
④ 〈훈민정음〉에는 소위 한글로 서술된 부분이 얼마나 될까?
⑤ ㄱ, ㄴ, ㄷ 등 한글 자모의 이름은 누가 지은 것일까?
⑥ 한글날은 왜 10월 9일인가?
⑦ 현재 사용하는 한글 자모(字母)의 수는?
⑧ 〈훈민정음〉 창제 당시 있던 글자 중에 현재 쓰이지 않는 글자는?
⑨ 북한의 문화어에서 사용하는 한글 자모 명칭에서 우리와 다른 것은?

---

27) 대표적인 예로 영국 리스 대학의 샘슨(Geoffrey Sampson) 교수는 "한글은 (영어) 알파벳보다 더 진화한 문자이며 현재 세계에서 한글보다 더 나은 문자는 없다."며 극찬하였고 단순한 음성문자의 범주를 뛰어넘어 자질문자(資質文字)라 할 만하다고 하였다. 이외에도 세계의 언어학자들에게 가장 뛰어난 문자로서 칭송을 받은 것은 헤아릴 수 없을 정도이다.

이 질문들에 대하여 전혀 생각해 보지도 않은 사람들에게는 어려운 것일 수도 있지만 조금이라도 관심을 가진 사람들에게는 쉬운 질문이다. 즉이 질문들의 난이도는 관심의 정도에 기인한다.

이러한 질문들 외에도 훈민정음에 대한 일반적인 오류들이 있다. 대표적인 것이 〈훈민정음〉 서문에 관련한 인식으로 한국인의 대부분은 1446년 발간된 〈훈민정음〉의 서문이 다음과 같을 것이라 오해하고 있다.

[훈민정음 서문(諺解本)]

나랏말ᄊᆞ미 듕귁에 달아 문쭝와로 서르 사맛디 아니ᄒᆞᆯ씨 이런 젼ᄎᆞ로 어린 빅셩이 니르고져 홇배 이셔도 ᄆᆞᄎᆞᆷ내 제 ᄠᅳᆮ들 시러 펴디 몯홇 노미 하니라. 내 이를 윙ᄒᆞ야 어엿비 너겨 새로 스믈여듧쫑를 ᄆᆡᆼᄀᆞ노니 사ᄅᆞᆷ마다 ᄒᆡ여 수비니겨 날로 ᄡᅮ메 편한킈 ᄒᆞ고져 홇 ᄯᆞᄅᆞ미니라[28]

특히 30~40대 이상의 연령층에서는 위와 같은 15세기 한글 표기의 서문이 익숙한데 그 이유는 실제로 고등학교 시절에 교과서를 통해 배운 것이 위와 같기 때문이다. 그런데 실제로 〈훈민정음〉의 서문을 보면 한글이 아닌 한자로 이루어져 있다.

---

28) 이 내용은 보통은 희방사본(喜方寺本)이라고 하는 〈月印釋譜〉의 권두에서 따온 것이다. 현재 서강대학교 도서관에 소장되어 있다. 1495년에 〈月印千江之曲〉과 〈釋譜詳節〉을 합쳐서 간행이 완성된 〈月印釋譜〉는 한글 초기 문헌의 집대성이라는 의미를 부여받고 있다. 상당 부분이 소실되어 안타깝지만 당시 훈민정음 곧 한글 사용의 모습을 확인할 수 있게 하는 소중한 자료이다.

  國之語音 異乎中國 與文字 不相流通 故愚民 有所欲言 而終不得伸其情者 多矣. 予 爲此憫然 新制二十八字 欲使人人易習 便於日用矣[29]

위와 같은 내용을 〈훈민정음訓民正音〉의 언해본諺解本에서 우리말로 옮겨 적어 놓았는데 이것을 현재 상당수의 사람들이 원래의 서문으로 인식하고 있는 것이다. 그러므로 정확하게 표현한다면 처음 세종대왕께서는 한자로 자신의 창제 동기 등을 드러내는 서문을 내셨는데 차후 한글의 쓰임이 활발해지는 과정에서 언해본에 우리글 서문이 번역되어 나타나게 되었다고 해야 한다.

한편, 사람들이 많이 모인 자리에서 "〈훈민정음〉에는 한글로 서술된 부분이 얼마나 있을까?"는 질문을 종종 던져 보았다. 그럴 때면, 사람들의 표정에 "무슨 말이냐?"는 의문이 가득 일어나면서 의아함을 보인다. 대부분은 다음과 같은 예의 함정에 빠지게 된다.

[〈훈민정음〉 창제 당시, 한글 설명이 차지하는 비중은?]

① 없음   ② 30%정도   ③ 절반   ④ 70%정도   ⑤ 전부

---

29) 이 '의(矣)'자는 1940년 당시 〈훈민정음〉을 발견하고 훼손된 부분을 복구하는 과정에서 '이(耳)'자를 오기(誤記)한 것이다. 뜻에는 큰 차이가 없기 때문에 현존하는 형태대로 옮겼다.

지금까지 가장 많은 답은 ②와 ③이었다. 그리고 가장 적은 답이 ①이 었는데 이 ①이 정답이다. 답을 알고 나면 다들 설마 하는 표정을 짓는다. 그런데 무언가 새로운 의사소통 수단을 만들어 놓고 아무도 모르는 상태 에서 소개하려고 하는데 바로 그것을 소개의 수단으로 이용할 수 있겠냐 는 질문을 던지면 비로소 '아!'하며 수긍을 한다. 즉 가장 상식적인 논리를 바탕으로 생각하면 쉽게 해답을 구할 수 있는 것이 이런 경우에 해당한다.

사실 이런 세부적인 사실들까지 일일이 알아야 할 필요는 없을지도 모른다. 그러나 창제의 세부적인 원리를 비롯한 분석적 내용들에 대한 것은 제외하고라도 상식 수준의 지식은 갖추고 있어야 바람직할 것이라는 생각 이다. 그래서 여기서는 〈한글 맞춤법〉 기원起源 수준에 해당하는 몇 문제 들을 살피기로 한다.

1. 한글 명칭의 유래

근대 국어에 대해 조금이라도 아는 사람들은 한글을 '모자라는 글, 부녀 자의 글 혹은 상스럽고 속된 말'이라는 의미에서 '반절半切, 언문諺文' 등으 로 일컬었다는 사실을 알고 있다. 이러한 명칭들로 보아 짐작할 수 있는 천시, 홀대 속에서 꿋꿋하게 명맥을 유지해 온 우리글은 세계에서 문맹률 이 가장 낮은 나라, 대한민국을 만들었다. 그럼 우리글의 명칭부터 확인해 보자.

> **['한글'이라는 이름은 언제, 누가 만든 것일까?]**
>
> ① 창제 당시, 세종대왕과 집현전 학사들
> ② 조선 중기 <訓蒙字會>의 저자, 최세진(崔世珍)
> ③ 조선 후기의 박지원(朴趾源)
> ④ 개화기 국어학자 주시경(周時經)
> ⑤ 20세기 국어학자 최현배(崔鉉培)

이 문제의 답은 현재 ④번 즉 한힌샘 주시경 선생에 의해 '한글'이라는 명칭이 처음 시작되었다는 것이 일반적인 국어학사國語學史 연구 업적들을 통해 알려진 정설이다. 한결 김윤경의 <朝鮮文字及語學史>의 기술 내용을 예시로 보면 주시경 선생30)이야말로 우리 국어 연구의 선구자라 할 만하다.

한편으로는 한글 보급 운동에도 적극적이어서 '조선어강습원朝鮮語講習院'을 설립하였고 기타 한글 전파의 야간 강의 등에도 열정적이었다고 전해진다. 이러한 과정 중에 야간 강습의 어느 한 자리에서 "큰 즉 위대한 글이라는 뜻31)에서, 우리 한민족韓民族의 글이며, 수백 년을 한결같이 이어져 왔다는 뜻에서 우리글을 '한글'이라 부르기를 제안한다."고 말씀하신 것을

---

30) 주시경 선생은 1876년에 황해도 봉산에서 태어나 1914년 39세를 일기로 세상을 떠났다. 다양한 학문에 대한 관심들이 국어학을 비롯하여 여러 분야에 종사한 이력을 남기게 했다. '朝鮮光文會', '國文研究所'를 설립하여 국어학 연구에 기여한 것 등 가시적인 업적 이외에도 국어 운동 분야의 개척자적 역할을 담당하였다. <國語文典音學>, <國語文法>, <말의 소리> 등의 저서가 남아 있다.

31) 과거 우리말에서 오늘 날의 '하-'의 뜻을 지닌 것은 'ᄒ-'로, 그리고 "크다, 많다"의 뜻으로는 '하-'가 쓰이다가 흔히들 '아래아'라고 부르는 'ᆞ'가 소실되면서 두 단어의 의미와 기능이 합쳐졌다. '할아버지'가 '한아버지'에서 유래했으며 이때 '한-'은 크다(大)는 의미로 해석된다는 어원설도 이해에 도움이 될 것이다.

목도한 증인들이 있었다. 이렇게 제안된 명칭이 우리글 연구자들 사이에 자연스럽게 유포되고 수용되면서 널리 보급된 것이다.

‘한글’이라는 이름이 정착하기 전에는 이름에 대한 여러 의견이 있었다. ‘가갸’로 하자는 의견이 대표적인데 이 의견들은 대체적으로 영어의 자모를 알파벳이라고 하는 방식에 입각한 것이다. 처음 두 글자를 따서 짓자는 방식의 일환으로 ‘기역니은’으로 하자는 주장도 있었다. 그러던 중 한글 창제 480주년(서기 1926년)에 당시 조선어 연구자들을 중심으로 우리말의 명칭이 ‘한글’로 통일되었다.

명칭과 관련하여 한 가지 아쉬운 것이 있다면 남북으로 분리되기 전에 이미 사용되기 시작한 명칭인데도 불구하고 북에서는 ‘한글’이라는 이름을 거부하고 대신 ‘조선글’이라고 이름 지어 부르고 있다는 점이다.

2. 한글날의 유래

한글날은 한글 창제를 기념하기 위한 날이다. 기지의 사실이지만, 세계에 존재하는 문자들 가운데 언제, 누가, 무슨 목적으로, 그리고 어떤 원리로 만들어졌는지를 알 수 있는 글자는 오직 한글뿐이다. 이런 소중한 사실들로 인해 또 한글날이 존재할 수 있는 것이기도 하다.

그 이전에 한자漢字를 빌어서라도 우리말과 근접하게 표기하기 위하여 이두吏讀와 같은 차자표기借字表記들이 있기는 했다. 그러나 온전히 우리말 표기를 담당할 수 있는 가장 합리적이며 독창적인 문자를 왕과 집현전 학사 몇몇이 노력하여 그것도 짧은 기간에 성과로 일궈냈다는 것은 새삼 놀라운 일이다. 이러한 사실을 지각한 후손들, 특히 이 문자를 언어학이나 문자학과 같은 학술적 측면에서 연구한 학자들이라면 이 날을 기념하지 않을 수 없다. 외국 학자들이 오죽하면 세종대왕이 외계인이 아닐까 의심한다는 농담 아닌 농담을 하겠는가?

그래서 처음, 한글 창제의 8회갑回甲(480週年)이 되던 1926년에 '가갸날'이라 하여 한글을 기념하기 시작하였다. 그런데 그 당시에는 〈훈민정음〉이 아직 발견되지 않던 시기라서 창제와 반포의 시기를 확인할 수 있는 유일한 단서는 〈朝鮮王朝實錄〉의 세종조 관련 기록뿐이었다. 실록의 세종 25년 계해癸亥 12월 조條에는 창제의 시기가, 그리고 28년 병인丙寅 9월 조에는 반포頒布의 시기가 각각 나와 있다.

[조선왕조실록(朝鮮王朝實錄)상의 창제 및 반포 관련 기록]

① 是月 上 親制諺文二十八字 其字倣古篆……(세종실록 25년 12월 조)
   이 달에 임금께서 친히 언문 28자를 만드셨는데 그 글자의 모양은 고전을 따른 것이고, …….
② 是月訓民正音成 御製日 國之語音異乎中國 與文字不相流通……(세종실록 28년 9월 조)
   이 달(음력 9월)에 훈민정음이 완성되었다. 임금께서 지은바 말씀하시길 나라의 말과 소리가 중국과는 다르므로 문자[32]와 더불어 서로 통하지 않는다.

---

32) 이때의 문자는 곧 한자(漢字)를 일컫는다.

위의 기록들을 보면 한글날 제정시 갈등의 첫째 요건은 아마도 완성한 시기이냐, 아니면 반포한 시기이냐에 달려 있었을 것으로 보인다. 대체로의 의견은 반포의 시기가 완전한 〈훈민정음〉 창제의 시기라는데 모아졌다. 이에 따라 1446년 9월의 마지막 날 즉 음력 9월 29일을 양력으로 환산한 10월 29일을 처음 기념일로 설정하여 '가갸날'로 하였다가 곧 '한글날'로 자연 바꾸어 기념하게 되었다.

그러던 차에 그동안 도무지 존재를 알 수 없던 원본 〈훈민정음〉이 발견되어 살피던 중에 그 내용의 마지막에 해당하는 "정인지서鄭麟趾序"에서 창제 시기와 관련한 결정적인 단서를 찾게 된다. 필요한 내용만을 옮겨 보면 다음과 같다.

[정인지서(鄭麟趾序)에 나타난 반포 시기]

有天地自然之聲 則必有天地自然之文…(中略)…正統十一年 九月上澣…….
천지자연의 소리가 있는 것이라면 곧 반드시 천지자연의 글이 있기 마련이다.…(중략)…정통 11년 9월 상한(=상순上旬)에…….

정통 11년은 중국 곧 명나라의 연호年號이며 당시 영종英宗 11년을 말한다. 그리고 앞서 실록에서는 9월까지만 언급되어 있는데 여기서는 9월 상순으로 그 오차 범위를 20일 줄여 앞당겨 두었다.

이 기록에 근거하여 1446년 9월 10일을 창제일 곧 반포일로 삼아 양력 환산 날짜일 10월 9일로 한글날의 날짜 또한 바꾸게 됨으로써 오늘날과 같은 한글날이 시작되었다.

3. 〈훈민정음〉의 발견

우리나라에 현존하는 〈훈민정음〉 원본은 단 한 권뿐이다. 현재 국보 70호로 지정[33]되어 있으며 간송 미술관에 보관되어 있다. 이 책은 몇 백 년 동안 흔적을 찾을 수 없었기 때문에 근대까지는 모두 소실되었을 것이라 생각하고 있었다. 그런데 일제강점기 말엽인 1940년에 경북 안동에서 발견되어 당대의 거부이자 우리 문화재 수집가였던 간송澗松 전형필全鎣弼 선생이 거금을 들여 입수하게 되었다.

이 책은 발견된 과정이나, 훼손된 부분을 복구하는 과정 등에서 참 많은 일화를 남겼다. 또, 이 책이 발견된 이후 가장 커다란 변화를 입게 한 것은 우선 우리 문자의 기원에 대하여 명백한 근거를 찾을 수 있게 되었다는 점이고 다른 하나는 한글날이 오늘날의 10월 9일로 확정되는 데 결정적인 기여를 하였다는 사실이다.[34]

〈훈민정음〉은 당시 안동의 이한걸이라는 분의 세전 가보로 전해져 오던 것이었다. 이 책은 원래 이 집안의 조상이 여진 정벌로 나라에 공을 세

---

33) 현재 국보에 부여된 번호들은 차례를 나타낸다는 것 외에는 특별한 의미가 없다는 것은 주지의 사실이다. 지금 손상되어 안타까움을 주는 남대문(南大門)이 국보 1호인 것은 역사적으로나 예술적으로 가장 우수하다는 평가가 내려졌기에 1호의 위치를 점한 것이 아니라는 것이다.

34) 자세한 내용은 한결 김윤경 선생의 〈朝鮮文字及語學史〉를 참고할 것.

위 세종대왕께서 상으로 직접 하사하셨다고 한다. 왕께서 친히 내린 서적
이라 소중히 간수해 오던 차에 연산군 시절에 한글 탄압[35]을 당하니 궁여
지책으로 책의 앞 두 장을 찢어서 몰래 보관해 왔다고 한다.

그러던 중, 1940년에 이르러서야 책의 소재가 당시 우리 문화재의 수집
에 각별한 관심을 가지고 있었던 간송에게 알려지고 급기야는 몇 차례 사
람이 오가며 애를 쓴 끝에 양도가 이루어지게 되었다.

그런데 문제는 찢어진 앞의 두 장이었는데, 훼손된 이 부분을 복원하기
위하여 참 많은 노력을 기울인 것으로 보인다. 그 노력들이란 우선 오랜
세월의 흔적이 있는 원본과 같이 색이 바래고 낡은 것처럼 보이게 하기
위해서 한지韓紙를 쇠죽을 끓이는 가마솥에 삶아 내어 색상을 누렇게 만들
었다. 그리고 〈훈민정음〉의 서체가 세종대왕의 아드님이신 안평대군安平大
君의 것임을 확인하고 당시 경성에서 안평대군의 서체에 가장 능했던 서
예가를 현지에 보내 훼손되어 없어진 부분을 쓰도록 맡겼다고 한다.

이런 복구 과정에서 실수가 생겼는데 그것은 〈훈민정음〉 서문의 제일
끝부분에 해당하는 부분, 즉 언해한 것으로는 "날로 사용하는 데에 편안
하게 하고자 할 따름이다."라는 부분에서 나타났다. 원래는 "便於日用耳"

---

35) 연산군 시절의 한글 탄압이란 우리도 잘 아는 월탄 박종화님의 소설 <금삼의 피>에 매
우 잘 그려져 있다. 이전부터 폭정을 선보이고 주색잡기에만 관심을 쏟아온 연산군은 차
후 어머니 윤 씨의 죽음을 알게 되면서 차마 임금으로서 행해서는 안 될 일들을 벌이게
된다. 이를 참지 못하고 한 사람이 행실을 비난하는 글을 써서 곳곳에 붙이고 연산군의
처가에도 던져 놓았다. 문제는 내용을 적은 글이 한글이었다는 점이다. 분노를 참지 못
한 연산군이 필적 대조까지 시켜 가며 범인을 색출하여 하였지만 끝내 뜻을 이루지 못
하고 마침내는 한글 사용을 전면 금지하고 한글과 관련된 서적들을 모두 불살라 없앨
것을 명하였다. 이를 어기면 벌하고 죽인다는 전교까지 내렸으니 웬만한 책들이 이때 다
사라지게 되었다 할 것이다.

라고 되어있었을 것이라 추정되는 부분을 그만 "便於日用矣"라고 적어 버린 것이다. 물론 이 오류는 뒤에 발견된 것이지만, 이런 우여곡절 끝에 우리의 소중한 문화재인 〈훈민정음〉이 발견되고 또 복원된 것이었다.

이 책이 발견됨으로써 문자기원설과 같이 그동안 분란이 많았던 부분들의 의견이 통일될 수 있었다. 〈훈민정음〉은 다음과 같은 순서로 이루어져 있다. 이 순서를 자세히 보면 내용도 어느 정도는 짐작할 수 있을 것이다.

[〈훈민정음〉의 체계와 내용]

1. 예의(例義)[36] – 세종대왕이 문자 창제의 동기와 목적을 보이고 낱글자들의 음가를 설명한 부분.
2. 훈민정음 해례(訓民正音 解例)
   ① 제자해(制字解) – 자모(字母) 28자의 모양을 정한 배경을 설명한 부분. 여기에 대부분의 제자 원리들이 함께 설명되어 있음.
   ② 초성해(初聲解) – 초성의 종류와 음가音價를 밝힌 부분.
   ③ 중성해(中聲解) – 중성의 종류와 음가를 밝힌 부분.
   ④ 종성해(終聲解) – 종성의 종류와 음가를 밝힌 부분.
   ⑤ 합자해(合字解) – 초성, 중성, 종성이 결합하여 글자를 이루는 방법을 밝힌 부분.
   ⑥ 용자례(用字例) – 글자의 운용을 예로 보인 부분.
3. 정인지서(鄭麟趾序) – 용자례에 이어 붙인 것으로 당시 예조판서이자 집현전 대제학이었던 정인지가 글자의 필요성과 훈민정음의 우수성 및 창제의 과정에 참여했던 사람들에 대하여 서술해 놓은 부분.

---

36) 혹은 본문이라고 일컫는 경우도 있는데 이 부분은 고스란히 실록에도 담겨 있다.

특별히 이 책을 다른 언해본 훈민정음들과 구분할 때 훈민정음 해례본 訓民正音解例本이라고 부르는 이유는 다른 책에는 없는 '해와 례'가 있기 때문이다. 우리가 보게 되는 한글로 된 〈훈민정음〉의 서문은 〈月印釋譜〉의 첫머리에 나오는 것으로 〈훈민정음〉의 본문만을 언해해 둔 것이다. 그러니 자연 '해례' 부분이나 '정인지서' 등은 제외되어 있다.

한편, 원본 〈훈민정음〉의 발견으로 특히 학계에 영향을 준 부분은 '제자해'라고 할 수 있다. 자모字母를 만든 원리가 극히 과학적이며, 현대 음성학의 원리에 비추어 보아도 손색이 없음을 설명을 통해 보여주기 때문이다. 여기에 더해 문자 창제의 철학적·이념적 배경이 된 성리학의 면모를 보여주고 있다는 점에서도 한층 그 가치가 빛나는 것이라 할 만하다.

4. 문자 창제의 원리

〈훈민정음〉(해례본)이 발견되기 전까지는 한글의 문자 기원에 대하여 참 많은 의견들이 있었다. 몽골 문자 기원설, 범자梵字37) 기원설, 중국 고대 문자인 고전古篆 기원설 등이 그 예의 일부이다. 심지어는 한창 글자의 모양으로 고심하던 세종대왕께서 어느 날 밤에 달빛에 비친 창틀을 보고 착안하여 지었다는 소위 창틀 기원설38)도 있었다.

---

37) 범자는 고대 인도의 문자인 산스크리트Sanskrit어를 뜻한다.
38) 지금은 많이 사라졌지만 세종대왕의 위인전 등에 여전히 이 설을 중심으로 이야기를 이끌어 가는 경우들이 보이는데 어린 시절의 배움이 주는 영향을 생각하여 주의할 일이다.

그런가 하면 실록에 "癸亥冬 我殿下 創制 二十八字 略揭例義 以示之名曰 訓民正音 象形而字倣古篆因聲"[39]의 내용이 있음을 중시하여 끝까지 중국 고전을 모방하였음을 주장하는 의견도 꾸준히 제기되었다.

그러나 〈훈민정음〉이 발견되면서 제자해를 통해 자음은 발음기관을 본 뜬 것이며 모음의 기본자들은 도교의 천지인天地人 삼재三才를 형상화한 것임을 확인할 수 있게 되었다. 이전까지 실록에 실려 있는, 문자의 용례를 들어 각 발음을 설명한 예의 즉 본문만으로는 도무지 짐작이 어려웠던 문제가 해결이 될 수 있었던 것이다.

[예의상의 문자 설명]

① ㄱ 牙音 如君字初發聲
　－ㄱ은 어금닛소리이니 '군'자의 처음 나는 소리와 같은 음이다.
② ㄱ는 엄쏘리니 君군ㄷ쭝 처섬 펴아나는 소리 ᄀᆞ티니 글방쓰면 虯끃 봉字쭝 처섬 펴아나는 소리 ᄀᆞ티니라.(月印釋譜 첫머리의 언해본 중 일부)
　－'ㄱ'은 어금닛소리이니 '군'자에서 처음 나는 소리와 같은 음이며 나란히 쓰면 '끃'자에서 처음 나는 소리와 같다.

'ㄱ'에 대한 이런 정도의 설명만으로는 음가는 정확하게 설명할 수 있어도 그 글자의 근원이나 모양을 확인하기는 어렵다. 이에 반하여 〈훈민정

---

39) 계해년 겨울에 우리 전하께서 친히 이십팔자를 만드시고 이름은 훈민정음이라 하고 글자의 모양은 소리에 기인하여 중국의 고전의 모양을 본땄다는 등의 내용을 예의에 간략하게 실으셨다.

음〉(해례본)의 '제자해'에서는 아주 간단명료한 답이 제시되어 있다.

> **[글자 모양 설정에 관한 제자해의 서술]**
>
> ㄱ象舌根閉喉之形
> ―ㄱ은 혀뿌리가 목구멍을 막고 있는 모양을 본뜬 것이다.

실제로 'ㄱ'을 발음할 때, 그 형상은 이렇게 각진 모양으로는 되지 않는다. 그러므로 이 말을 이해하려면 'ㄱ' 발음시의 혀의 모양을 기준으로 삼아 그것에 가장 가깝고 간편하게 생긴 모양으로 추상화하여 글자를 만들었다고 생각하는 것이 옳다.

한편, 모음의 경우는 상형을 하였으나 발음기관을 본뜬 것은 아니다. 일반적으로 모음 분류의 기준은 입술의 모양, 혀의 전후 위치 그리고 혀의 높낮이의 3가지가 중심이 된다.

예를 들어 [외]는 [위]보다 입술의 모양이 덜 둥글고 혀의 높이도 낮으며 조금 앞쪽으로 나가서 발음이 된다. 이 두 가지 모음을 모양으로 구분하기 위해서는 어떻게 해야 할까? 나름대로 고심해 보았지만 모든 모음들을 이 기준들을 중심으로 나누어 서로 변별되는 형태로 만들기는 어렵다는 결론이었다.

아마 당시의 창제 과정에서도 이 부분이 나름대로 고심이 되었을 것인데 표기 문자는 우선 구분이 선명해야 한다는 점 등이 충분히 고려된 결과가 오늘날의 모음들로 나타났을 것이라 추측할 뿐이다. 거기에 철학적 배경이 되었던 성리학 이론을 더할 수 있어 더욱 의미가 살아났다고 본다.

5. 사라진 문자들

훈민정음 창제 당시 28자이던 글자 가운데 현재 사용되지 않는 것은 모두 4개이다. 자음에서는 'ㆆ, ㅿ, ㆁ'의 세 가지이고 모음에서는 'ㆍ'만이 쓰이지 않고 있다. 이 가운데 'ㆍ'만큼은 음가가 사라진 것에 비해 상당히 오랜 기간 표기에 남아 있었다. 실제로 음가는 17세기를 전후한 시기에 사라진 것으로 되어 있는데 이에 반하여 표기는 '한글 맞춤법 통일안'(1933)의 규정에 의해서 완전히 없어지게 된다.[40]

간혹, 왜 'ㅸ'은 사라진 문자들 속에 포함시키지 않느냐는 질문을 받을 때가 있다. 실제로 고문헌을 보면 'ㆆ'보다도 우리말 표기에 더 많이 사용되었던 글자가 'ㅸ'이다. 그런데도 이 글자가 소실 문자의 대열에 끼지 않은 것은 훈민정음의 기본 자모字母에 포함되어 있지 않기 때문이다.

6. 자모 명칭의 유래

한글과 관련한 어떠한 기록에도 자모[41]를 어떻게 읽어라, 즉 그 명칭을

---

40) 한국어에서 완전히 사라진 것이 아니라 이후에도 제주 방언과 일부 남쪽 지역의 방언에 'ㆍ'의 음가가 남아 전해져 왔다.

무엇이라 정한다는 언급은 없다. 정확하게 말하면, 조선어학회 〈한글 맞춤법 통일안〉(1933)에서 비로소 정식으로 명명된 것이라 할 수 있다. 그러나 이 명칭은 정리하고 규정한 성격이 강한 것이지 처음으로 그 이름들을 만들어 공포한 것은 아니다.

그렇다면 이러한 자모 명칭은 어디에서 비롯된 것일까 하는 의문이 생기게 된다. 대부분 이 의문에 대해 한글학회와 주시경 선생으로 답을 내리는 경우가 있는데 이건 좀 더 신중을 기해 대답을 할 문제이다.

일반적으로 오늘날 사용하는 자모의 명칭과 가장 가까운 근거를 찾을 있는 것은 〈훈몽자회訓蒙字會〉라는 책에서다. 조선 중종 22년(1527년)에 역관譯官 최세진崔世珍은 왕명을 받들어 한자 학습서의 성격을 띤 〈訓蒙字會〉라는 책을 만들었다.

이 책은 '훈몽자회'라는 이름대로 '어린 아이들에게 가르칠 글자들의 모음'으로 〈千字文〉이라든지 〈類合〉 등의 책들과 같은 성격을 띤다. 한자를 거의 모르는 어린 아이들에게 한자 자습서를 만들어 보급하고자 하는데 여기에 한 가지 걸림돌이 생긴다. 그것은 한자의 음과 훈을 어떻게, 무엇으로 알려 줄 것인가는 문제이다.

이 문제의 해결책을 위해 최세진이 택한 방법은 오늘날의 일반 서적이나 사전류의 경우라면 '일러두기'에 해당하는 범례凡例에서 '언문자모諺文字母'라 하여 설명하고 있는데 그 설명 방식이 매우 이채롭다.

일차적으로 자모를 그 쓰임에 따라 분류하고 있다. 즉, 초성과 종성의

---

41) 일반적으로 자모는 두 가지를 표시해 왔다. 첫째는 자모(字母)로 글자의 모태가 된다는 의미로 흔히들 알파벳(Alphabet)을 의미하는 것이고, 둘째는 자모(子母) 즉 자음과 모음을 의미하는 것이다.

자리에서 두루 쓰일 수 있는 자음 8자를 초성종성통용팔자初聲終聲通用八字
라 하고 오직 초성에서만 쓰일 수 있는 자음 8자를 초성독용팔자初聲獨用八字
로, 그리고 중성에서만 쓸 수 있는 모음 11자를 중성독용십일자中聲獨用十一字
라고 하여 나누어 설명하고 있다.

우선 범례의 설명 내용들을 확인해 보기로 한다.

[〈訓蒙字會〉 凡例의 諺文字母 설명]

諺文字母 俗所謂反切二十七字
　－언문(한글)의 자모는 세간에서 흔히 반절이라고도 하는데 모두 27
　　자가 있다.

初聲終聲通用八字－초성과 종성에서 두루 쓰이는 8자
　　ㄱ 其役　ㄴ 尼隱　ㄷ 池(末)　ㄹ 梨乙　ㅁ 眉音　ㅂ 非邑　ㅅ 時(衣)
　　ㅇ 異凝

初聲獨用八字－초성에서만 쓰이는 8자
　　ㅋ (箕)　ㅌ 治　ㅍ 皮　ㅈ 之　ㅊ 齒　△ 而　ㅇ 伊　ㅎ 屎

中聲獨用十一字－중성에서만 쓰이는 11자
　　ㅏ 阿　ㅑ 也　ㅓ 於　ㅕ 余　ㅗ 吾　ㅛ 要　ㅜ 牛　ㅠ 由　ㅡ 應(不
　　用終聲)　ㅣ 伊(只用中聲)　· 思(不用初聲)

　최세진이 의도하였던 것은 한글 자모에 명칭을 붙이고자 함이 아니라

위에서 보아 확인할 수 있는 것처럼 'ㄱ은 초성에서 소리 날 때 其의 첫소리와 같고, 받침 자리에서의 소리는 役의 끝소리와 같다.'는 것을 보여 주기 위한 것이라 판단된다.

이러한 의도에서 시작된 것이 점차 시간을 두고 사용하게 되면서 입에 굳어져 결국에는 명칭처럼 자리하게 되었다고 할 수 있다. 조금 차이가 있는 예시가 되겠지만 상대방이 자신의 말을 잘 알아듣지 못할 때 '기러기 할 때 기, 사막할 때 사, 기사'라는 식으로 철자와 단어를 전달하는 경우가 왕왕 있음을 생각해 보면 쉽게 이해가 갈 것이라 여겨진다.

확실하게 내용을 이해하기 위해 위의 도표에 인용되어 있는 예들에 대해 살펴보기로 한다.

첫째, 'ㄷ, ㅅ, ㅋ'의 한자를 원 안에 집어넣어 다른 글자들과 구별해 둔 이유는 무엇일까?

최세진은 〈훈몽자회〉에서 다른 글자는 모두 한자의 음으로 읽지만 원으로 표시된 이 글자들은 훈訓 즉 뜻으로 읽으라고 한다. '末, 衣, 箕'는 다른 한자들처럼 음으로 읽으면 각각 '말, 의, 기'가 되겠지만, 16세기 당시의 뜻으로 읽으면 다시 '귿, 옷, 키'가 된다. 굳이 음으로 읽으면 간단한 문제인 것을 이렇게 뜻으로 읽게 한 것은 해당음에 부합되는 '귿, 옷, 키'를 나타내는 한자가 없었기 때문이다. 해당 자모의 발음은 알려 주어야겠고 한자는 없으니 예외적인 몇 가지를 이용할 수밖에 없었던 것이다.

둘째, '기역, 디귿, 시옷'은 왜 다른 이름들과 다른 걸까?

현재 한글 자모의 명칭을 살펴보면 마땅히 통일성을 기하기 위해 '기윽, 디은, 시읏'의 형태를 갖추고 있어야 할 것임에도 불구하고 왜 '기역, 디귿, 시옷'일까? 한글에 관심을 기울여 본 사람들이라면 당연히 의구심을 가져보았을 것이다. 그 답은 〈훈몽자회〉에서 찾아야 한다. 이유는 첫째와 관련하여 간단하게 설명할 수 있다. 즉 해당되는 한자음이 없던 것이 이유이다. 지금도 '윽, 은, 웃'의 음을 가진 한자는 찾을 수가 없다.

우선 ㄱ을 살펴보기로 한다. 其役의 발음을 정하고자 할 때, 일차적으로 음과 훈 모두에 해당하는 한자가 없었다. 그래서 받침 자리 발음에 ㄱ이 쓰이는 '役'을 대신 가져와 넣은 것이다. 일단은 한자의 음으로 읽는 방식은 지킨 셈이다.

다음 'ㄷ, ㅅ'은 한자의 음이 아닌 훈으로 읽었다. 곧 '귿'은 '末'의 당시 뜻 새김의 음이고, 'ㅅ'은 오늘날과 다름이 없는 '옷'이 뜻이었으므로 이들의 받침 발음을 이용한 것이다.

최세진은 당시에 초성종성통용8자에 해당하는 자음들의 발음 표기를 'ㅈ|＋응'로 정하고 싶어 했던 것으로 보인다. 그런데 그에 해당하는 한자들이 없을 때는 차선책을 택할 수밖에 없었다.

셋째, 당시 'ㅋ, ㅌ, ㅍ, ㅊ' 등 소위 초성독용8자들의 표기는 '키, 티, 피, 치' 등 한 글자로 되어 있는데 지금은 왜 두 글자일까?

이유는 두 가지로 정리할 수 있다. 1933년 조선어학회의 〈한글 맞춤법 통일안〉에서 자음의 이름을 두 글자로 정하여 통일하는 쪽으로 방향을 잡았기 때문에 〈훈몽자회〉의 영향을 받았음에도 불구하고 이런 차이가 생긴 것이다.

또 하나의 이유는 최세진의 경우, 발음을 중심으로 우리말의 자모를 보았고 추후 조선어학회 즉 한글학회의 경우는 표기를 중심으로 보았기 때문에 생기는 차이라고 할 수 있다. 최세진은 한자의 훈과 음을 알려줄 수 있는 방식을 선택했기 때문에 그리고 그 당시의 한글 표기 방식이 오늘날처럼 정립되어 있지 않고 형태음소적인 방법과 발음 중심의 방법이 혼선을 겪고 있었던 것 등이 한글학회와 차이를 보인다. 예를 들어, '찾다 / 찾아'의 경우, 〈훈몽자회〉를 중심으로 한 16세기 관점으로는 [찯다 / 차자]로 발음되는 그대로를 표기에 반영하는 것이고, 〈한글 맞춤법〉을 중심으로 한 현대의 관점에서는 두 경우 모두 '찾-'으로 표기한다는 차이[42]를 보인다.

우리말에서 온전히 실제 발음만을 중심으로 자음의 대립을 살핀다면 소위 '음절말 내파 혹은 중화'의 영향으로 'ㅅ, ㅈ, ㅊ, ㅌ, ㅎ'은 받침 자리에서 모두 'ㄷ'으로 발음 되게 된다.[43] 그렇지만 뒤에 모음이 올 경우는 원래의 음가대로 발음이 된다. 즉, '시옷'은 [시옫]으로 발음이 되지만 '시옷이'는 [시오시]로 발음을 하게 되는 경우, 발음 규칙이 적용되기 전의 원형은 'ㅅ'이므로 기본형은 'ㅅ'으로 적는 것이 옳다는 관점이다. 그러므로 종성 자리에서 발음과 무관하게 원형을 적고자 하는 의도가 숨어 있다고 볼

---

42) 표기이기 때문에 눈으로 보아 같은 어근에서 비롯되었다는 것을 나타내 주는 것이 독서 능률을 높이는데 더 효율적이라 보는 관점이다. 그래서 간간히 표기와 현실 발음의 차이로 인한 학습의 어려움을 불평하는 경우가 생긴다.
43) 현재는 흔히들 말음법칙(末音法則)이라고 하는 중화(中和) 현상으로 인해 받침 자리에서 [ㅅ]은 [ㄷ]으로 발음된다. 그런데 16세기까지도 'ㅅ'은 받침 자리에서 발음되었던 것으로 추정된다. 그래서 〈훈몽자회〉에서도 'ㅅ'을 받침에서도 제 소리를 낼 수 있는 음으로 분류해 둔 것으로 보인다.

수 있다.

넷째, 오늘날의 한자음과 비교해 볼 때 인정할 수 없는 사례들이 몇몇 엿보인다. 대표적인 것으로 'ㄷ池(末)'의 경우는 현대 한자음과 훈으로 읽는다면 '지끝'이 되어야 옳다. '연못 지, 끝 말'이기 때문이다. 이것이 어째서 디귿이라는 걸까?

이것은 물론 변화를 중심으로 국어의 역사와 관련지어 설명해야 한다. 유사한 예로 天地의 경우도 중근세 시기에는 'ㅎㄴ를 텬, 싸 디'로 되어 있다. 언어는 변한다. 살아있는 유기체처럼 끊임없는 변화가 이어지고 있으며 지금 이 순간에도 변화의 격동을 겪고 있다. 그 변화가 바로 이 의문을 풀어주는 열쇠가 된다.

16세기 초에 우리말은 아직 '구개음화口蓋音化'라는 음운변화를 겪지 않은 상태였다. 구개음화란 보통 [ㅣ]모음이나 반모음 [j] 앞에서 ㄷ이 ㅈ으로 바뀌는 현상으로 설명되는 언어 현상44)이다. 곧 "ㄸ → ㅉ, ㅌ → ㅊ"으로 바뀌는 현상도 포함된다. 우리말은 구개음화를 17세기에 들어서야 경험하기 시작하는데, 그 이전까지는 '池'는 '디'로 읽히던 글자 중에 하나였다. 한편, '끝'은 아직 경음화 즉 된소리되기 현상이 일어나기 이전의 모습이었으리라 생각된다. 그래서 '池(末)'을 음과 훈을 섞어 읽은 결과가 '디귿'이 되는 것이다.

이런 현상들을 통해 미루어 짐작할 수 있는 것은 ㅎ을 나타내는 '屎'이

---

44) 다르게는 '입천장소리되기'라고도 한다. 구개음화에 대한 자세한 내용은 <한글 맞춤법>의 제3장 2절 구개음화 항목에서 다시 다루기로 한다.

다. 이 한자는 쌀의 시체라는 의미를 지닌 것으로 '똥 시'자이다. 현재 일부 지역에서 '심 좋다, 심 들다' 식으로 '힘'을 '심'으로 발음하는 예들도 있는 것으로 보아 둘 사이의 교체가 가능한 것으로 보인다.[45] 즉 16세기 당시에 '히'로 발음되던 것이 변화를 겪어 '시'가 되었으므로 당시 음은 [히]였음을 추정할 수 있다는 것이다.

다섯째, 모음에서 괄호 안에 있는 내용은 무엇을 설명하는 것일까?

모음에서 'ㅡ, ㅣ, ·'의 뒤에는 앞선 모음들과는 다르게 괄호 안과 같은 내용들이 있다. 이 내용들은 역시 읽을 때, 혹은 그 모음의 음가를 익힐 때의 유의 사항들을 담고 있다. 그 내용들을 보면 'ㅡ應'의 경우 '不用終聲'이라 되어 있는데 이 말은 '종성은 쓰지 않는다' 곧 종성은 빼고 읽으라는 내용이다. '應'은 발음이 지금이나 16세기에나 '응'이다. 그러므로 'ㅡ'모음을 제대로 발음하려면 '응'에서 받침 'ㅇ'을 빼야한다는 것을 의미한다.

다른 두 가지도 별반 차이가 없다. '只用中聲' 즉 중성만을 이용하라, '不用初聲'은 초성은 필요 없다는 의미로 쓰인 것이므로 다른 발음들이 첨가되어 있더라도 오직 중성만을 사용하여 그 음을 읽으라는 내용이 된다. 이러한 조치를 취한 것은 당연히 대당對當하는 모음만으로 이루어진 한자가 없었기 때문이다.

이상에서 처음 한글 자모의 명칭과 유사한 내용을 확인할 수 있는 문헌

---

45) 실제로 'ㅎ, ㅅ'은 발음 방법 상 마찰음이라는 공통점이 있다. 그러므로 발음 위치의 변화가 이러한 현상으로 굳어질 수 있다는 가능성을 충분히 안고 있다.

인 〈훈몽자회〉를 살피면서 그 안에서 보이는 설명의 내용들을 검토하고 우리 자모 명칭의 유래를 확인할 수 있는 기회로 삼았다. 한자능력시험이나 한자 학습 등에도 매우 유용한 역할을 할 수 있는 책이므로 한번쯤 기회가 있으면 접해보는 것도 좋을 듯하다.

7. 한국말의 계보학

비교언어학적 관점에서 볼 때, 한국말은 계통상系統上[46]으로 알타이어족 Altaic Language Family에 속한다. 우리 민족의 기원을 연구하는 분야에서 민족이동설民族移動說이 상당히 유력한 지위를 차지하고 있는데 이런 민족 기원 연구에도 언어의 계보 즉 친족 관계를 살피는 것은 아주 중요한 부분이다.

우리말과 같은 알타이어족에는 만주—퉁구스 제어諸語, 몽골 제어, 튀르크 제어Turkic languages와 일본어 등이 포함된다. 이러한 알타이어로서 우리말이 다른 언어들과 함께 하는 공통 특질들은 다음과 같다.

---

46) 계통이라는 말을 쉽게 표현하면 언어의 족보라는 의미가 될 것이다. 비교언어학이라는 분야에서 다루는 것으로 언어들의 특징을 면밀히 관찰하여 언어들 사이의 친소(親疎) 관계를 밝히는 것이다. 그래서 가까운 관계를 이루는 언어들은 서로 친족관계(親族關係)에 있는 것이 되므로, 이들을 어족(語族, Language Family)으로 묶는다.

> ### [알타이어족의 공통 특질]
>
> ① 교착어(膠着語)로서의 특징이 있다.
> ② 관계대명사 및 접속사가 없다.
> ③ 어두의 자음 조직이 제약을 받는다.
> ④ 모음교체 및 자음교체가 없다.
> ⑤ 부동사(副動詞)가 있다.
> ⑥ 모음조화가 있다.

이상의 여섯 가지가 알타이어족의 개략적인 공통 특질이다. 이 내용들에 대하여 살펴보면, 첫째 교착어는 문장 내에서 단어의 어기에 부속 성분들이 결합하여 문법적 특징과 문장 내 기능을 표시해 주는 언어로 다른 말로는 첨가어라고도 한다. 이것은 우리말의 형태적인 특징[47]인데 조사와 어미가 격이나 시제, 서법 등을 담당하고 있다는 점에서 이 특징과 부합된다. 우리말에서는 앞뒤의 말이 문법적으로 어떤 관계를 갖는지 혹은 문장 내에서 그 단어가 어떤 기능을 하는지를 알려주는 역할을 조사와 어미가 담당한다. 즉, 명사 혹은 형용사의 어간에 조사와 어미가 붙어서 앞에서 말한 기능들을 표시한다. 이러한 교착어적인 특징은 알타이어족에 속하는

---

47) 형태적인 특징을 기준으로 언어를 분류할 때, 교착어 외에도 영어와 불어 같은 굴절어, 중국어로 대표되는 고립어, 아프리카 오지의 부족들이 사용하는 언어의 특징인 포함어가 있다. 인구어(印歐語)에서 찾아볼 수 있는 굴절어적 특징은 한 단어의 앞이나 뒤에 접사를 붙이거나 단어 내부의 변화에 의해 형태의 변화가 생기는 것을 말한다. 한편, 고립어는 단어의 변화는 없으면서 오직 문장 내에서의 어순(語順)에 의해서만 문법적인 관계가 생기는 언어를 말하며, 포함어는 단어 구분이 거의 없고 한 단어가 그대로 한 문장으로 쓰이는 미개어를 의미한다.

언어들에서 가장 중요시되는 공통 요소이다.

둘째, 알타이어에는 관계대명사 및 접속사가 없다. 앞에서 국어의 품사 분류에 대해 잠시 언급을 했는데, 영어 등 인구어印歐語와는 달리 우리말에는 관계대명사와 접속사가 없다. 우리가 영어를 배울 때, 가장 문법적으로 어려운 것 중에 하나가 바로 관계대명사인 까닭이 여기에 있다. 즉, 우리말에 없는 것을 배우려고 하니 어려울 수밖에 없는 것이다.

이들 중 접속사의 결핍을 메우기 위해 존재하는 것이 부동사副動詞 즉 용언의 부사형이다. 영어에서 'eat and drink'는 국어에서 '먹고 마신다.'로 표현되는 것이 그 예라고 할 수 있다.

셋째, 어두의 자음 조직이 제약을 받는다는 조건은 두음 법칙을 말하는 것이다. 이와 관련한 현상으로는 어두에 자음군子音群, consonantal cluster이 없다는 것을 필두로 'ㄹ[r, l]'이 단어의 첫머리에 올 수 없는 것, 그리고 단어의 첫소리 위치에서 'ㅣ'모음이나 반모음 'j' 앞에서는 'ㄴ'이 올 수 없다는 것 등이다.

이 가운데 단어의 첫머리에 자음군이 올 수 없다는 조건은 예를 들어 영어의 경우에는 주로 's'로 시작하는 단어에서는 'strike, split' 등에서 보듯 모음 앞에 최대 3개까지의 자음이 연이어 발음될 수 있고 또 이러한 현상이 표기에도 반영된다. 이에 반하여 우리말에서는 이러한 현상을 전혀 찾을 수 없다.[48]

---

48) 우리말에서도 중세에는 어두자음군이 존재했던 것으로 보인다. 대표적인 예를 들어보이면 오늘날의 '쌀'이 중세에는 '뿔'로 쓰여졌으며 또 그렇게 발음되었던 것으로 보인다. 그러나 이러한 현상은 2음절이던 'ㅄ술(米)'이 1음절로 줄어들던 과정에서 소위 과도기적 현상으로 나타났던 것이기에 우리말의 특징으로 인정할 수 없다는 것이 일반적인 견

넷째, 모음 교체 및 자음 교체가 없다는 것은 영어의 다음 단어들이 보이는 변화를 보면 쉽게 이해할 수 있다.

[영어에서 모음 교체의 예]

① crisis — crises
② drink — drank — drunk
③ sing — sang — sung

불규칙 변화로 외워야 했던 단어들인데 이 예들을 다시 보면, 단어의 다른 부분들은 고정되어 있고 모음 하나만이 변한 것을 알 수 있다. 그 결과 문법적으로 단수와 복수 및 현재형과 과거형, 과거분사형의 구분이 이루어지는 것을 확인할 수 있다. 원칙이라면 ①은 -es가, ②와 ③은 -ed가 붙어서 변화를 보여야 옳을 것인데 그렇지 않은 이런 예들을 인구어 계열에서는 왕왕 찾을 수 있다.

이처럼 모음이나 자음의 교체를 통해 문법적인 변화를 일으키는 것을 각각 자음 교체, 모음 교체라고 하는데 우리말의 경우는 이런 예가 없다. 예전에는 더러 소위 양성모음과 음성모음의 대립을 들어 '깡총깡총'이 '껑충껑충'으로 바뀌면 더욱 큰 느낌을 준다는 예를 들어 이것도 모음 교체가 아니냐는 의문을 제기하는 경우도 있었다. 그러나 이 경우, 음상의 변화나 의미의 변화를 가져올 뿐 문법적으로 의의가 있는 변화를 보인 것은 아니다.

해이다.

다섯째, 모음조화가 있다는 조건이다. 이 조건 역시 교착어적 특징과 함께 알타이어족의 공통 특질로 매우 중요한 의미를 갖는데 쉬운 말로 설명하면, 앞서 언급한 것처럼 우리말의 경우는 한 단어 안에서 양성모음은 양성모음끼리, 음성모음은 음성모음끼리 어울리는 현상을 말한다. 이 현상은 우리 국어에서는 거의 사리지고 시늉말인 의성어와 의태어에서만 겨우 명맥을 유지해 왔다. 그런데 이번 〈표준어 규정〉에서 '깡충깡충'을 표준어로 삼고 '깡총깡총'을 비표준어로 삼은 걸 보면, 점차 시늉말에서도 그 모습을 감추어 가고 있는 것이 현실[49]이다.

이상에서 한국어와 한글과 관련된 몇 가지 사항들을 알아보았다. 대체로 상식 수준의 것들을 소주제로 정하여 보였는데, 이외에도 한글 관련의 세부적인 원리들이 일반적으로 알고 있어야 할 사항으로 남아 있다.

---

49) 우리말의 혈통을 나타내는 중요한 요소 중 하나인 모음조화가 사라지게 된 데에는 여러 가지 이유가 있을 수 있다. 학계에서 대표적인 것으로 제시하는 이유는 'ㆍ'의 소실과 모음조화와는 상관없는 중국 한자어의 유입이다.

제 4 장

어휘 사용의 점검

만일 갑작스럽게 평소에 혼란을 겪는 단어들, 특히 이 장에서 다루게 되는 항목들을 중심으로 받아쓰기를 한다면 얼마나 정답을 낼 수 있을까?

4장에서는 주로 틀리기 쉬운 혹은 혼동하기 쉬운 어휘들을 중심으로 살펴보았다. 앞에서 잠깐 언급한 것처럼 맞춤법이 틀리기 쉬운 단어, 표준어가 아닌데도 많이 쓰이는 단어, 일상적으로 뜻을 모르면서 많이 쓰는 고유어 등을 위주로 어휘 목록을 제시하였다.

반복되는 말이 되겠지만 어휘들을 선정하면서 사전마다 'ㅇㅇ의 틀린 말'이라고 제시하는 것에 차이가 많다는 점에 안타까움을 느꼈다. 그리고 주로 혼란을 가져오는 말들이 사잇소리, 두음 법칙 등 몇 가지 규정과 관련된 사항들이라는 점이었다. 어휘들을 살필 때 특히 이 점들에 유의해야 할 것이다.

1. 어휘 사용의 오류

ㄱ

갸냘프다 → 가냘프다

가느랗다 → 가느다랗다

가동율 → 가동률(稼動率)

가뜩하다[50]

가랭이 → 가랑이

가르치다 ▷ 공부를 가르치다

가르키다 → 가르치다 / 가리키다

가리마 → 가르마

가리워지다 → 가려지다

가무잡잡하다

가스렌지 → 가스레인지(gas range)

가슴파기

가슴팍('가슴파기'의 준말)

가쉽 → 가십(gossip)

가지런이 → 가지런히

갹출하다 → 갹출(醵出)하다

간막이 → 칸막이

간지르다 → 간질이다[51]

갈갈이 → 갈가리 ▷ 옷이 갈가리 찢겨 나갔다.

가리키다 ▷ 손가락으로 옷을 가리키다.

갈께 → 갈게[52]

갈앉다[53]

갈쿠리 → 갈고리

갓바치 → 갖바치[54]

강남콩 → 강낭콩

강밥[55]

같잖다

개거품 → 게거품

개구장이 → 개구쟁이

개나리봇짐 → 괴나리봇짐

개발새발 → 괴발개발[56]

개숫물[57]

개이다 → 개다 ▷ 비 갠 하늘은 청자빛으로 보였다.

개피 → 개비 ▷ 담배 한 개비

객적다 → 객쩍다

객주집 → 객줏집

갯수 → 개수(個數)

거녕 → 커녕

거슴츠레하다

꺼즈(gause, 꺼즈×)

건내다 → 건네다

건데기 → 건더기

걸기적거리다 → 걸리적거리다

걸찍하다 → 걸쭉하다

겁장이 → 겁쟁이

---

50) '가득하다'의 센말이다.

51) '간지럽게 하다'의 의미를 가진다.

52) '갈게'는 사전에는 없는 단어이다. 그런데 실생활에서의 쓰임을 보면 그 표기를 '갈께'로 적는 예가 많은데, 이는 분명히 틀린 표기이다. 조금 복잡한 설명이 되겠지만, 우리나라에서 어간의 뒤에 붙어 자신의 의도를 드러내는 어미는 '-ㄹ게(을게)'만 있다. 또, 이 어미는 1인칭 주어와만 어울리며 주로 선의에서 비롯된 행동을 표현한다는 특징이 있다. ▷ 내가 할게./ 오늘 밥은 내가 살게./ 내가 낼게./ 그 일은 내가 맡을게.

53) '가라앉다'의 준말

54) 원래 가죽신을 만들던 직업 혹은 종사자를 의미하는 말인데 간혹 갓을 만드는 사람으로 오인하여 쓰인다.

55) 소설이나 민속 관련 서적에 더러 나오곤 하는 우리말 단어이다. 반찬이나 국물도 없이 먹는 밥을 가리키는 말로 주로 쓰이며 간혹은 '눌은밥'으로 써야 할 곳에 잘못 쓰이기도 한다.

56) 시늉말. 고양이 발과 개의 발이라는 뜻으로 엉망으로 써 놓은 글씨를 조롱하는 말로 많이 쓰인다. 좀더 자세히 살펴보면 '괴'는 고양이의 옛말이며 아직도 고양이를 '괴'라고 하는 지방도 있다. 아마도 '괴발개발'이라 하니 뭔가 구분이 잘 안 되고 해서 어느 지역에서는 개의 발과 소의 발이라는 뜻으로 '개발쇠발'이라고도 했던 모양이다. 그러던 것이 요즘 사람들의 대다수에게 '개발새발'로 들리게 된 것이 아니었을까 추측해 볼 만하다.

57) 설거지에 쓰고 버린 물

걷저리 → 걷절이

게슴츠레하다

겸연적다 → 겸연쩍다

계제(階梯)[58]

계돈 → 곗돈

고기국 → 고깃국

고기배 → 고깃배

고랑내 → 고린내

고로케[59] → 크로켓

고루다 → 고르다[60]

고스란이 → 고스란히

고즈너기 → 고즈넉이

고집장이 → 고집쟁이

고추가루 → 고춧가루

곤드레만드레

곧추세우다

골덴 → 코르덴corded velveteen

골칫거리

곰곰히 → 곰곰이

곱배기 → 곱빼기

곱슬머리 = 고수머리

공고(鞏固)히

공활(空豁)하다

관자노리 → 관자놀이

괜시리 → 괜스레

교통난(交通難)[61]

구경꺼리 → 구경거리

구두발 → 구둣발

구렛나루 → 구레나룻

-구료 → -구려

구부러지다

군색하다 = 궁색하다

군시렁거리다

군홧발(軍靴-)

굵직하다[62]

굽신거리다 → 굽실거리다

귀거리 → 귀걸이

귀고리 = 귀걸이

---

58) 일의 순서나 단계.(▷아직 밝힌 계제는 아닌 듯하다.)

59) 프랑스어 croqutte의 일본식 표현.

60) 가지런하게 하거나 평평하게 하다.(▷목소리를 고르고 노래를 불렀다.)

61) 간혹 신문이나 방송에서 '교통대란'이라는 단어를 보게 된다. 이때의 대란은 '교통난'이 더욱 심각하다는 의미로 쓰이는 것이 보통이지만 어휘적으로 보아서는 틀린 말이다. 상황을 더 심각하게 보이기 위한 과정에서 생긴 일종의 신조어라 할 수 있다. '교통이 어렵다'는 난(難)과 달리 대란(大亂)은 '매우 어지럽다'라는 의미로 뜻만이 아니라 한자음에서부터 차이를 보인다.

62) 표준 발음은 [국찌카다]이다. 유사한 예들의 발음을 보면, 굵기[굴끼], 굵대[국따], 굵다 랗다[국따라타] 등을 들 수 있다.

귀뜸 → 귀띔

귀먹어리 → 귀머거리

귀절 → 구절(句節)

그끄러께

그끄저께[63]

그득이 → 그득히

그득하다('가득하다'의 큰말)

그윽히 → 그윽이

극렬(極烈)하다 ▷ 당시 사회에 대
한 그의 비난은 극렬한 것이었
다. 극렬분자, 극렬 시위.

극열(極熱)하다[64]

근근히 → 근근(僅僅)이 ▷ 수입은
적고 식구는 많아서 근근이 살
아가고 있다.

긁적긁적[극쩍극쩍]

금괴(金塊) 금덩이

금궤(金櫃) 금으로 만들거나 혹은
금으로 장식한 궤짝

금새 → 금세

금슬 → 금실[65] ▷ 부부 간에 금실
이 좋다.

기라성(綺羅星)[66]

기름끼 → 기름기

기브스 → 깁스(Gips)

기왓장

기왓집 → 기와집

길다랗다 → 기다랗다

길죽하다 → 길쭉하다

김칫국

깃들다 ▷ 분노가 깃든 표정 / 여명
이 깃든 거리

깃들이다 ▷ 마을 입구의 고목에
새들이 깃들여 산다.

깊숙히 → 깊숙이

까발기다 → 까발리다

까탈스럽다 → 까다롭다

깜냥[67]

---

63) '그끄러께'는 "삼 년 전의 해"를, '그끄저께'는 "삼 일 전의 날"을 각각 의미하는 단어들
이다.

64) '극렬하다'는 아주 심하거나 열렬하다의 의미를 가지며, '극열하다'는 뜨거운 정도가 아
주 심하다는 뜻이다.

65) 서로 사이가 좋은 부부 관계를 일컫는 말로 '금슬(琴瑟)'에서 유래한 말이다.

66) 일본식 말이라서 '빛나는 별'로 순화하였다. 알다시피 우리말에는 일본말의 잔재가 많다.
그래서 '기라성 같은 작가들'이라고 쓰면 어색하지 않지만 '빛나는 별 같은 작가들'이라
고 하면 오히려 어색한 느낌이 드는 예들이 상당수 있다. 여기서 얻을 수 있는 교훈은
입이나 눈에 익은 표현이 반드시 옳은 것만은 아니라는 점이다.

67) 자기 스스로 일을 해낼 수 있을 만한 능력 혹은 그 일을 헤아릴 수 있는 능력을 가리키

깜빡이 = (자동차의) 방향 지시등	꽹과리
감쪽같이	꾀죄죄하다
깡총깡총 → 깡충깡충	꾸기다('구기다'의 센 말)
깨뜨리다 = 깨트리다	꾸벅
꺼림직하다 → 꺼림칙하다	꾸뻑('꾸벅'의 센 말)
꺼꾸로 → 거꾸로	꿈벅거리다 → 끔벅거리다
꺾꽂이68)	끄나불 → 끄나풀
껀수 → 건수(件數)	끄트머리
꼬까 = 고까	끔직하다 → 끔찍하다
꼬이다	끔찍히 → 끔찍이
꼭둑각시 → 꼭두각시	끼여들기 → 끼어들기
꼴불견 → 꼴불견	끼적거리다 ← 끄적거리다
꼼장어 → 곰장어69) ▷ 포장마차에서 소주에 곰장어 구이를 안주로 먹으면 충분하지.	끼적이다 ← 끄적이다70)

꽁트 → 콩트(conte) ▷ 짤막한 콩트 한 편으로도 얼마든지 사람들을 울리고 웃길 수 있다.

꽤나 → 깨나 ▷ 덩치로 보아 힘깨나 쓰게 생겼네.

ㄴ

나꿔채다 → 낚아채다

나랏님 → 나라님

나랏일

는 순우리말이며, 더러는 추측이 가능한 근거가 되는 사실을 낮추어 말하는 뜻으로도 쓰인다. ▷ 그 정도 '깜냥'도 없이 이 어려운 일을 맡겠다고 하다니. / 예전에 학교에 좀 있어 본 '깜냥'만으로 이 일을 해결해 보겠다는 건 지나친 자신감이지.

68) 식물의 가지나 줄기 따위를 자르거나 꺾어서 땅에 꽂아 뿌리를 내리게 하는 것을 말한다. 꽃병이나 그릇에 꽃이나 나뭇가지를 예쁘게 장식하는 것은 '꽃꽂이'라고 한다.

69) '먹장어'로 순화하였음.

70) 일상적인 언어생활을 기준으로 본다면 오히려 이 경우는 틀린 말인 '끄적이다, 끄적거리다'를 더 많이 쓴다. 이러한 예들을 특히 유의할 필요가 있다.

나래 → 날개[71]   날개짓 → 날갯짓

나레이션 → 내레이션(narration)   남포불 → 남폿불

나룻터 → 나루터   납작코

나룻배   내노라 → 내로라

나르시즘 → 나르시시즘(narcissism)   내닫다

나뭇꾼 → 나무꾼   내동댕이치다

나뭇가지 ← 나무가지   내려뜨리다 = 내려트리다

나뭇잎   내음 → 냄새

나부랑이 → 나부랭이   내쫓다

나으리 → 나리   내팽겨치다 → 내팽개치다

나이값 → 나잇값   낼름(거리다) → 날름(거리다)

나이살 → 나잇살   냇가

나즈막히 → 나지막이   냉냉하다 → 냉랭(冷冷)하다

나직히 → 나직이   냠냠 ← 얌얌

나침판 → 나침반   너끈히

나프탈린 → 나프탈렌(naphthalene)   너댓 → 네댓(=네다섯) ▷ 혼자 다

낙숫물   먹지도 못할 것 같은데 네댓 개

낚싯밥   만 주시죠.

난장이 → 난쟁이   너덧 = 네다섯

낟가리 → 낱가리   너머[72]

날개죽지 → 날갯죽지   넉[73]

---

71) '나래'는 원래 강원도와 함경도 일대에서 '날개' 대신 쓰이는 사투리다. "상상의 나래를 펴고 / 새들도 이젠 나래를 접고 둥지를 찾는 밤" 등에서 보듯 주로 문학적인 표현에서 많이 쓰이고 있다.

72) '너머'는 '넘어'와 자주 혼동되는 말이다. 둘의 차이를 식별하기에 가장 좋은 방법은 전자는 명사이고, 후자는 동사라는 점을 기억해 두는 것이다. "산을 (　)"의 ( )에 들어갈 수 있는 말은 당연히 목적어를 취할 수 있는 동사인 '넘어'가 된다. "산 너머 남촌에는"의 경우에는 산의 건너편에 있는 남촌이라는 의미이므로 '너머'가 쓰인다.

73) 숫자 4와 관련된 꾸밈말에는 '네, 너, 넉'이 있다. 이 가운데 가장 두루 쓰이는 말은 '네'

넌센스 → 난센스(nonsense)

넌픽션 → 논픽션(nonfiction)

널판지 → 널빤지

넓따랗다 → 널따랗다

넓직하다 → 널찍하다

넘어뜨리다 = 넘어트리다

넙적다리 → 넓적다리

넙적하다 → 넓적하다

네째 → 넷째

녘 ▷ 해질 녘, 동틀 녘, 아침 녘[74]

노래말 → 노랫말

노랭이 → 노랑이

노른자 = 노른자위

노른내 → 노린내

노을 = 놀(준말)

녹녹하다 ▷ 밀가루 반죽은 물기가
   좀 배어나도록 녹녹하게 하는
   것이 좋다.

녹록(碌碌)하다 ▷ 그 여인은 생김새
   와 달리 녹록한 사람이 아니다.

논뚝 → 논둑

놀래다 → 놀라다[75]

놈팽이 → 놈팡이

놉새바람 → 높새바람

농노(農奴)

농땡이

농로(農路/農老)

농쪼 → 농조(弄調) ▷ 어색한 분위
   기를 깨 보려고 가벼운 농조로
   한 말이었다.

농찌거리 → 농지거리

뇌졸증(북한어) → 뇌졸중

누그러뜨리다 = 누그러트리다

누누이

누룽지

누른밥 → 눌은밥

눈꼬리 → 눈초리

눈꼽 → 눈곱

눈물자국 = 눈물자욱

눈쌀 → 눈살

눈자위[눈짜위]

눈치밥(북한어) → 눈칫밥

느글거리다 = 니글거리다

늑장 = 늦장

이고, '너'는 뒤에 '돈, 말, 발, 푼' 등이 그리고 '넉'은 '냥, 되, 섬, 자'와 같은 단위들이
올 때만 한정적으로 쓰인다.

74) '즈음, 무렵'의 의미로 많이 쓰인다. 특히 위에서 보인 용례들로 주로 쓰이며 '동틀 녘/
   해질 녘' 등으로 오류를 범하기 쉽다.

75) '놀래다'가 놀라게 하다는 뜻으로 쓰이면 맞는 말이다. 그러나 '갑자기 소리를 지르니까
   놀랬잖아.'에서 보듯 일반적인 쓰임에서는 '놀라다'가 맞는 말이다.

늙수그레하다

늙으막 → 늘그막

단출하다 → 단출하다

ㄷ

다듬이돌 → 다듬잇돌

다라미 → 다리미

다시 → 대시(dash, -)

다행이 → 다행히

닥달하다 → 닦달하다

단간방(單間房) → 단칸방

닫기다 → 닫히다

닫치다[76]

달달이 → 다달이

달뜨다 ▷ 승진 소식을 듣고 한번 달뜬 가슴은 쉽게 가라앉지 않았다.

달싹거리다

달짝지끈 → 달짝지근

달착지근하다(센)

담록색 → 담녹색(淡綠色)

담박에 → 단박에

담배갑 → 담뱃갑

담배불 → 담뱃불

담배재 → 담뱃재

담벽 → 담벼락

담쟁이넝쿨 = 담쟁이덩굴

당찮다 ▷ 아무리 충격이 크다지만 그렇게 억지를 부리는 것은 당찮은 일이다.

대갓집(大家-)[77]

대개 ▷ 갑자기 충격을 받으면 사람들은 대개 평소와는 다른 행동을 보인다.

대노하다 → 대로(大怒)하다

대님(댓님 ×) ▷ 한복 바지의 대님

-대요('-다고 해요'의 준말) ▷ 앞으로는 공부 열심히 하겠대요.

대면대면하다 → 데면데면하다

대장쟁이 → 대장장이

대체 산업

댄서(dancer)

---

76) 일상생활에서는 잘 쓰지 않는 말이지만, 주로 '닫히다'와 혼동되기 쉽다는 점에서 주의가 필요한 단어이다. '닫치다'는 문, 서랍 등 열려 있는 무언가를 세게 닫는다는 의미를 담고 있다. ▷화가 난 친구는 방문을 확 닫치고 나갔다.

77) 간혹 '대갓집'처럼 원래 '대가(大家)'가 한자어이므로 그 원래의 음에 맞게 '대가집(×)'이라고 표기해야 한다고 생각하는 사람들이 더러 있다. 이러한 생각은 사잇소리에 관련한 규정을 제대로 이해하지 못하기 때문에 생기는 오류이다.

댓구 → 대구(對句)

댓귀 → 대구(對句)

댓돌 = 섬돌

댕기다(당기다×) ▷ 성냥을 켜서 초
　에 불을 댕겼다.

더부살이

더우기 → 더욱이

덤테기 → 덤터기

덥석부리 → 텁석부리

덥썩 → 덥석

덩쿨 → 덩굴

덮개

덮히다 → 덮이다

데이타 → 데이터(data)

데코레이션 → 데커레이션(decoration)78)

도너츠 → 도넛(doughnut)

도덕율 → 도덕률(道德律)

도르레 → 도르래

들뜨다('달뜨다'의 큰말)

딸싹거리다('달싹거리다'의 센말)

돋히다 → 돋치다 ▷ 추운 곳으로
　나오자 소름이 돋쳤다.

돌맹이 → 돌멩이

돌뿌리 → 돌부리

돌쩌귀

돌하루방 → 돌하르방

돐 → 돌

돋자리 → 돗자리

동렬(同列)

동지달 → 동짓달

돼도록 → 되도록

되려(방언형) → 도리어

되레('도리어'의 준말)

되새김질

두더쥐 → 두더지

두둑히 → 두둑이

두리뭉실하다 → 두루뭉실하다

둥그래지다 → 둥그레지다

뒤꼍

뒤꿈치

뒤끝

뒤치닥거리 → 뒤치다꺼리

뒷통수 → 뒤통수

뒷편 → 뒤편

뒷풀이 → 뒤풀이

드라큐라 → 드라큘라(Dracula)

득실거리다('득시글거리다'의 준말)

들녁 → 들녘

들락달락 → 들락날락

들리다 → 들르다79)

---

78) '꾸밈, 장식'으로 순화한 말이지만, 오랜 사용으로 익숙한 까닭에 여전히 많이 쓰이고 있다.

79) '들리다'는 동음이의어가 많다. 이때의 '들리다'는 흔히 "이번 출장길에는 꼭 고향집을

들이키다 → 들이켜다 ▷ 목이 마
  르다며 물을 벌컥벌컥 들이켰다.

등목 = 목물

등살 → 등쌀

디지탈 → 디지털(digital)

땅떼기 → 땅뙈기 ▷ 그 부부는 작
  은 땅뙈기라도 열심히 일구어 가
  면 좋은 날이 올 거라고 믿었다.

땜쟁이 → 땜장이

땡초 → 땡추

떠꺼머리

떠벌리다 → 떠벌이다

떼까치 → 때까치

떼우다 → 때우다 ▷ 여행 중에 가
  장 괴로운 것은 음식이 입에 맞
  지 않아서 며칠 동안을 빵으로
  끼니를 때우는 일이다.

또아리 → 똬리

뚜장이 → 뚜쟁이

뚝 → 둑 ▷ 홍수로 불어난 강물이
  둑을 넘쳐 흘렀다.

뜨뜨미지근하다 → 뜨뜻미지근하다

뜸북새 → 뜸부기

띠엄띠엄 → 띄엄띄엄

띠다 ▷ 시험 결과를 확인한 영희
  는 얼굴 가득 웃음을 띠고 전화
  기를 들었다.

ㄹ80)

-ㄹ게/-을게81) ▷ 그래 오늘 저녁
  은 내가 살게./그 술은 내가 대
  신 먹을게.

랑데뷰 → 랑데부(rendez-vous)

런닝셔츠 → 러닝셔츠

레코딩 → 리코딩

레포트 → 리포트(report)

들려야겠다고 생각했다."에서 보듯, 지나가는 길에 잠시 거친다는 의미로 사용해서 범하
는 오류를 지적한 것이다.

80) 두음 법칙 때문에 이 항목에서는 외래어를 제외한 우리말 단어를 찾기가 오히려 힘든
  형편이다. 다만, 사전들에서 간혹 찾을 수 있는 것들은 대부분 북한에서 사용하는 말의
  예에 속한다.

81) 이 어미는 특히 많이 틀리는 부류에 속한다. '할께, 갈께, 드릴께' 등 작문에서의 오류들
  을 쉽게 찾을 수 있다. 이 어미와 관련해서 유의해 둘 것은 첫째, '-을께/-ㄹ께'와 같은
  어미는 우리말에 없다는 것이다. 그리고 다음은 주로 상대방에게 호의적인 태도를 보이
  려는 1인칭 주어와 어울린다는 점이다. 흔히 농담으로 "그래, 오늘 저녁을 정현이가 살
  게.(X)"와 같은 말을 하는 경우가 있는데, 당연히 비문법적인 문장이다.

렌트카 → 렌터카

렌지 → 레인지(range)

로보트 → 로봇(robot)

로얄 젤리 → 로열 젤리

로케트 → 로켓

로타리 → 로터리

록큰롤 → 로큰롤

룩스 → 럭스(lux)

룩색 ▷ 영수는 룩색 하나만 달랑 짊어지고 집을 나서서 여행길에 올랐다.

류마티스 → 류머티즘

리더쉽 → 리더십

링겔 → 링거

■

마굿간 → 마구간

마땅이 → 마땅히

마룻방 → 마루방

마루바닥 → 마룻바닥

마실 → 마을 ▷ 밤마다 마실 다니는 일이 잦아지더니 결국 문제를 일으키고 말았다.(방언)[82]

마아가린 → 마가린

마천누 → 마천루(摩天樓)

마추다 → 맞추다

마춤 → 맞춤

-만은 → -마는[83] ▷ 네 형편이 어렵다는 것은 잘 알지마는 나도 요즘 힘들어서 도와줄 수가 없다.

맘모스 → 매머드

맛사지 / 마싸지 → 마사지

맞닥뜨리다 = 맞닥트리다

매개체

매니큐 → 매니큐어

매마르다 → 메마르다

매스껍다

매케하다 → 매캐하다

맹숭맹숭하다 → 맨숭맨숭하다 ▷ 술 한 잔 없이 더구나 대낮에 집에 가려니 영 어색하네.

머리끄댕이 → 머리끄덩이

---

82) 이 단어는 강원도 등지의 방언이면서 북한어이기도 하다. 비록 비표준어로 규정되었지만 밤에 사람들이 동네 어느 곳에 놀러 가는 것을 표현할 때는 "마실 가다"라고 하는 것이 오히려 더 많이 쓰이고 있는 것이 현실이다.

83) '-만'은 '-마는'의 준말로 쓰인다. 그러나 표기에서의 '만은'은 단지 '마는'의 잘못된 표기일 뿐이다. ▷ 죄송합니다만, 지하철 타는 곳이 어딘가요?

머리결 → 머릿결

머슥거리다 → 메슥거리다

머릿기사 → 머리기사

머릿말 → 머리말

먼저번 → 먼젓번

먼지털이 → 먼지떨이

멀찌기 → 멀찍이

멋장이 → 멋쟁이

멋적다 → 멋쩍다

메기다[84] ▷ 그가 메기고 우리가 받으면서 공연이 시작되었다.(매기다×)

메꾸다 = 메우다[85]

메세지 → 메시지

며칟날[86]

몇일 → 며칠 ▷ 자네 결혼기념일이 몇 월 며칠이지? / 도대체 며칠을 더 기다려야 돼?

모랫벌 → 모래벌판

모우다 → 모으다 ▷ 논문과 관련된 자료들을 모으던 중에 새로운 사실을 알게 되었다.

목거리 → 목걸이

목마(木馬)

몫돈 → 목돈

몰핀 → 모르핀(morphin)

몸빼 → 몸뻬[87]

몽땅연필 → 몽당연필

몽타쥬 → 몽타주

뫼시다 → 모시다

묘자리 → 묏자리

무등 → 목말

무서움증 → 무섬증

무우 → 무 ▷ 무밭에 나가보니 이미 다 자란 무들이 수확을 기다리고 있었다.

문간채 = 행랑채

문제거리 → 문젯거리

몰매 = 뭇매

물구비 → 물굽이

물끼 → 물기 ▷ 깨끗이 빠는 것도 중요하지만 물기를 잘 말려야 한다.

묽다[묵따]

---

84) 우리 전통 음악에서 노래를 주고받고 하는 경우가 있다. 이때 먼저 불러서 다른 사람 혹은 다른 편에서 받아 부를 수 있도록 하는 것을 '메긴다'고 한다. 그 외에 화살을 시위에 물리는 것을 이르기도 한다.

85) 2011년 표준어 사정에서 '메꾸다'가 맞는 말로 새로 인정되었다.

86) '며칠'이 그 달의 몇째 날이냐는 뜻으로 쓰일 때의 본말 ▷ "나 다음 달에 중국으로 여행가기로 했어." "며칟날에?"

뭉퉁이 → 뭉텅이

-므로써 → -으로써88)

미끌어지다 → 미끄러지다

미류나무 → 미루나무

미싱 → 재봉틀89)

미싯가루 → 미숫가루

(가슴이) 메어지다 → 미어지다

미이라 → 미라(mirra) ▷ 이집트의
  미라들을 보면 그 옛날에 이런
  것을 생각해 낸 사람들에 대한
  경외감마저 느껴진다.

미쟁이 → 미장이

밀어부치다 → 밀어붙이다

밉쌀맞다 → 밉살맞다

ㅂ

바래다 → 바라다 ▷ 바랠 걸 바래
  야지.(×)

바램 → 바람 ▷ 유일한 내 바람은

우리 가족들이 모두 건강하게
지내는 것이다.

바리케이트 → 바리케이드(barricade)

바지가랑이 → 바짓가랑이

바턴 → 바통 ▷ 이어달리기 경주
  에서 그만 바통을 떨어뜨리는
  실수를 하고 말았다.

백이다 → 박이다 ▷ 귀에 못이 박
  이도록 말했는데도 또 실수를
  저질렀단다.90)

받치다 ▷ 뜨거운 것은 쟁반에 받
  쳐서 가져와야 한다.

받히다 ▷ 앞을 제대로 살피지 않
  고 걷다가 가로수에 이마를 받
  혔다.

발뒷꿈치 → 발뒤꿈치

발생율 → 발생률(發生率)

발자욱 → 발자국

밝다[박따]

밟다[밥따]

밧데리 → 배터리(battery)

---

87) 흔히 여자들이 일할 때, 편하게 입는 바지로 일본에서 들어온 말이다. '왜바지, 일바지'
   등으로 순화하여 사용하였으나 아직도 많이 쓰이는 단어이다.

88) 좀 더 분명하게 말해둔다면 우리말에는 '-므로써'라는 형태는 존재하지 않는다는 것이다.

89) 'machine'의 일본식 용어가 미싱이다.

90) 보통 "귀에 못이 배기도록 누차 얘기했다."는 표기를 자주 보게 된다. 그런데 이 문장
   표현에 나타나는 '배기다'는 참고 견디다 혹은 몸에 무언가 닿아서 아픈 느낌을 받게 된
   다는 의미를 갖는 전혀 다른 말의 표기이다. 혹은 '박히다'의 방언인 '백이다'를 소리나
   는 대로 쓴 것이다.

방개 → 방게[91]

방구 → 방귀

방앗개비 / 방아개비 → 방아깨비

방아간 → 방앗간

밭뚝 → 밭둑

밭떼기 → 밭뙈기

배끼다 → 베끼다

배떼기 → 배때기

배중율 → 배중률(排中律)

백납 → 백랍(白鑞) ▷ 그녀는 병이
　　깊어 얼굴이 백랍처럼 창백했다.[92]

백짓장 → 백지장

밴뎅이 → 밴댕이

버러지 = 벌레

버턴 → 버튼

번개불 → 번갯불

법썩대다 → 법석대다

벗꽃 → 벚꽃

벗어붙이다 → 벗어부치다

베개닛 → 베갯잇[베갠닏][93]

베터랑 → 베테랑

벼개[94] → 베개

변덕장이 → 변덕쟁이

변변이 → 변변히

변죽을 올리다 → 변죽을 울리다

보급율 → 보급률

보라색

보라빛 → 보랏빛

보릿고개

보이코트 → 보이콧(boycott)

뽄때 → 본때 ▷ 제대로 한번 본때
　　를 보여야지 그냥 두니까 점점
　　기고만장이다.

본토백이 → 본토박이

볼모지 → 불모지

볼성사납다 → 볼썽사납다

봉놋방[95]

봉숭아 = 봉선화

부럼[96]

부르조아 → 부르주아

---

91) 바닷가에서 가까운 민물에 사는 게로, 시골에서 '물방게'라고 부르는 경우가 더러 있다.

92) 땜질을 할 때 사용하는 흰 색을 띠는 납. '땜납'이라고도 한다.

93) 간혹 어머니들이 베개에 덧씌우는 천을 '베갯닙'이라고 하는 경우가 있다. 이 말은 쓰이
고는 있지만 인정되지 않는 말이다.

94) '벼개'는 '베개'의 옛말이지만 아직도 많이 쓰인다. 한편, '배개'는 철자가 틀린 말이다.

95) '주막방'이라고도 한다. 옛날에 주막집에서 여러 사람이 함께 묵을 수 있도록 되어 있던
큰 방을 일컫는 말이다.

96) 음력 정월 대보름날 새벽에 깨물어 먹는 밤, 땅콩, 호두, 잣, 은행 등 껍질이 단단한 열매
들을 통틀어 이르는 말. 이런 것들을 먹으면 일 년 동안 부스럼이 생기지 않는다고 한다.

부벼대다 → 비벼대다

부삽(불＋삽) = 화삽

부스레기 → 부스러기

부시다 → 부수다 ▷ 욕심껏 집어 넣지 말고 잘게 부숴 놓고 천천히 먹어라.

부시럭거리다 → 부스럭거리다

부시시하다 → 부스스하다

부저 → 버저(buzzer) ▷ 정답을 아시는 분은 바로 버저를 누르세요.

부페 → 뷔페

붇다[97] ▷ 잠시 이야기에 열중하는 사이에 국수는 불어 버렸다.

불독 → 불도그(bulldog)

불리우다 → 불리다

불쏘시개[98]

불칙하다 → 불측하다

불그락푸르락 → 붉으락푸르락

붙이다 ▷ 그래서 논문 제목은 뭐라고 붙이셨어요?(부치다×)

비끌어매다 → 비끄러매다

비로서 → 비로소

비석 = 빗돌

비스켓 → 비스킷

비젼 → 비전[99]

비지니스 → 비즈니스(business)[100]

비이커 → 비커(beaker)

비뚜로

빙그래 → 빙그레

빚장이 → 빚쟁이

빠트리다 = 빠뜨리다

빨래줄 → 빨랫줄

뺏지 → 배지 ▷ 요즘 대학생들은 학교 배지에 대해 관심이 없다.

뾰로통하다

뿔뿔히 → 뿔뿔이

삐지다 → 삐치다 ▷ 그런 일로 매번 삐치다간 어디 며칠이나 견디겠나? / 영희는 한번 삐쳤다면 평균 일 주일은 가야 풀린다.

---

97) ‘붇다’는 기본형으로 쓰이는 경우가 매우 드물다. 피동형도 ‘불리다’로 쓰이는 걸 보면 오히려 어간이 ‘불-’로 여겨질 정도이다.

98) 장작이나 숯 등에 불을 옮겨 붙이기 위해 먼저 불을 붙이는 종이, 관솔, 잎 따위를 이르는 말이다.

99) ‘이상, 전망’으로 순화함.

100) ‘사업’으로 순화함.

사그러지다 → 사그라지다

사날[101]

사래 → 사레 ▷ 면목이 없어 그저 밥만 넘기고 있던 차에 갑자기 아버지가 던진 질문에 급하게 답하려다 그만 사레가 들고 말았다.

사죽 → 사족(四足) ▷ 어떻게 된 사람이 먹는 거라면 사족을 못 쓰는지 모르겠다.

사향 산업 → 사양 산업

사글세(朔月貰) → 사글세

삭쟁이 → 삭정이

삯바느질[삭빠느질]

산산히 → 산산이

산수갑산 → 삼수갑산

산지니[102]

살레살레 → 살래살래 / 설레설레

살륙 → 살육(殺戮)

살모사 = 살무사

살붙이[103]

살고기 → 살코기

살괭이 → 살쾡이

삼가하다 → 삼가다

삼단[삼딴] ▷ 삼단 같은 머리채

삼짓날 → 삼짇날[104]

삼테기 → 삼태기

상두꾼 = 상여꾼

상서럽다 → 상서롭다 ▷ 출산을 앞둔 아낙네가 꿈에 용을 보았다면 매우 상서롭게 생각한다.

상쇄(相殺)하다

상채기 → 생채기

상치 → 상추

상판때기 → 상판대기

새벽별 → 샛별

새앙쥐 → 생쥐

새이레 → 세이레[105]

새침떼기 → 새침데기

샌달 → 샌들(sandal)

생각컨대 → 생각건대

생갱하다 → 생경(生硬)하다 ▷ 서울에 처음 올라온 그 사람에게는 모든 것이 생경하기만 했다.

---

101) '사나흘'의 준말이다. ▷ 사날도 못 갈 약속은 왜 하는지 모르겠다.
102) 야생으로 태어나 자란 것을 길들여 사냥에 쓰는 매
103) 혈연관계에 있는 매우 가까운 사람들.
104) 음력 초사흗날로 제비가 돌아온다는 날.

생때 → 생떼 ▷ 공공장소에서 간
혹 아이들이 생떼를 부리며 소
란을 피우는 것을 보게 된다.

생떼같다 → 생때같다 ▷ 생때같은
자식 잃고 넋을 놓고 미치고 말
았다.

샤마니즘 → 샤머니즘(shamanism)

서까래

서브 = 서비스

석비레106)

선그라스 → 선글라스

설겆이 → 설거지

설농탕(雪濃湯)107) → 설렁탕

설레이다 → 설레다

설합(舌盒) → 서랍

설흔 → 서른

세수물 → 세숫물

세째 → 셋째

새초 → 세초(歲初)

센치미터 → 센티미터

세파트 → 셰퍼드

소고기 = 쇠고기

소꼽놀이 → 소꿉놀이

소꼽장난 → 소꿉장난

소근거리다 → 소곤거리다

소배기 → 소박이

소복히 → 소복이 ▷ 길가에는 낙
엽이 제법 소복이 쌓여 있었다.

소숫점 → 소수점

소시적 → 소싯적 ▷ 나도 소싯적에
는 동네에서 천재로 알려졌었다.

속앓이[소가리]

손톱깎이

솔가리108)

솔잎[솔립]

솟대109)

송두리채 → 송두리째

송화가루 → 송홧가루

쇼윈도우 → 쇼윈도(show window)

숖 → 숍(shop)

---

105) 아기가 태어나서 스물하루째 되는 날. 흔히들 '삼칠일'이라고도 한다.

106) 잘 부서지는 돌이 많이 섞여 푸석푸석한 흙. 벽돌, 기와 따위를 만들거나 도로 포장에 많이 쓰인다.

107) 음식의 특징이 뽀얀 색깔이 흡사 눈처럼 하얗고, 또 농도도 짙다는 이유에서 한자를 근거로 설농탕이 맞는 말이라고 강변하는 경우를 더러 볼 수 있다. 이는 지나치게 어원을 의식하여 나올 수 있는 주장이고 현실은 '설렁탕'이 옳은 말이다.

108) 말라서 땅에 떨어진 솔잎들.

109) 옛날에 민속 신앙의 하나로 마을의 경계와 수호신이 되어준다고 생각하고 동네 입구에 높이 세웠던 새 모양을 매단 장대를 말한다.

수도물 → 수돗물

수북히 → 수북이

수수깡 = 수숫대[110]

수재비 → 수제비

숫제 → 숫제 ▷ 그럴 거라면 숫제
네가 형 노릇을 해라.

술레잡기 → 술래잡기

숨박꼭질 → 숨바꼭질

숫기와 → 수키와[111]

숫놈 → 수놈

숫적 → 수적(數的) ▷ 수적 열세에
도 불구하고 경기를 승리로 이
끌었다.

쉽상 → 십상(十常)

스카웃 → 스카우트

스탭 → 스태프[112]

스티로폴 → 스티로폼(Styrofoam)[113]

승강(昇降)이 = 실랑이 ▷ 이런 일

로 자네와 승강이를 할 생각이
없네.

승락 → 승낙(承諾)

시끌벅쩍하다 → 시끌벅적하다

시나브로[114]

시레기 → 시래기

시빗조 → 시비조

시앗 ▷ 아내가 아이를 갖지 못하
자 집안에서는 시앗을 보아서라
도 대를 이어야 한다고 했다.(씨
앗×)

시장끼 → 시장기

시체말 → 시쳇말[115]

신간 / 심관 → 신관[116] ▷ 요즘에는
신관이 아주 좋아 보이십니다.

신출나기 → 신출내기

실갱이 → 실랑이

실오라기 = 실오리

---

110) 경우에 따라서는 수수깡은 수숫대를 말린 것으로 의미를 축소하여 쓰이기도 한다.

111) 두 개의 암키와 사이를 덮어서 잇는 기와

112) 쓰이는 자리에 따라 알맞게 '간부, 참모진, 제작진'으로 순화함.

113) 생활 어휘로서 가장 많이 듣게 되는 발음은 [스치로폴]이다. 그러나 역시 틀린 것이므로 유의해야 한다.

114) 최근에 자주 볼 수 있는 우리말로서 모르는 사이에 혹은 의식하지 않는 사이에 천천히, 조금씩이라는 의미를 가지는 부사이다. ▷만나다 보니 자신들도 모르는 사이에 사랑이 시나브로 깊어가고 있었다.

115) 요즈음에 유행하는 말 혹은 흔히 하는 말이란 뜻

116) 원래 '신관'은 얼굴의 높임말이다. "신관이 편하다."로 많이 쓰이는 데 이때는 건강이나 마음의 상태가 아주 좋다는 뜻으로 여겨진다.

실큰 → 실컷

심메마니117) → 심마니

심볼 → 심벌(symbol)

싯가 → 시가(市價 / 時價) ▷ 점원의 말만 믿고 싸게 샀다고 흐뭇했는데, 친구는 시가보다 오히려 비싸게 샀다며 면박을 주었다.

싯귀 → 시구(詩句) ▷ 나도 윤동주 시인의 시구 하나에 감동 받아 가슴 저리던 시절이 있었다.

싸이클 → 사이클

싸인펜 → 사인펜

쌍동이 → 쌍둥이

쌍디을 → 쌍디근

쌍꺼플 → 쌍꺼풀

쌍판대기 → 상판대기

써비스 → 서비스

쐬기 → 쐐기 ▷ 저기 틈새가 벌어진 것 때문에 자꾸 소리가 나니 쐐기를 박아야겠다.

쑥맥 → 숙맥(菽麥) ▷ 다른 능력은 뛰어난 사람이 여자 문제에서만은 숙맥이다.

쑥쓰럽다 → 쑥스럽다

씁스름하다 → 씁쓰름하다

씨큰대다 → 씨근대다 ▷ 화가 나서 숨을 씨근대며 들어온 그는 경찰관의 멱살을 잡았다.

씨디 → 시디(CD)118)

ㅇ

아구(가 맞다) → 아귀

아둥바둥 → 아등바등

아래녘 → 아랫녘

아뭏든 → 아무튼

아뿔사 → 아뿔싸

아스라히 → 아스라이

아지랭이 → 아지랑이

악세사리 → 액세서리

안밖 → 안팎

안성마춤 → 안성맞춤

안스럽다 → 안쓰럽다

안장다리 → 안짱다리

안절부절하다 → 안절부절못하다

안해 → 아내

알콜 → 알코올

암닭 → 암탉

앙케이트 → 앙케트

---

117) 강원도 일대에서 쓰이는 방언형이다.

118) CD는 compact disk와 certificate of deposit(양도성 정기예금)의 약자로 모두 쓰인다.

앞잼이 → 앞잡이

애기씨 → 아기씨

애돌다 → 에돌다

액센트 → 악센트

앰블런스 → 앰뷸런스

야단법썩 → 야단법석

어구 → 어귀 ▷ 늦은 시간에 집이
　있는 골목 어귀에서 서성이며
　자식을 기다리던 어머니의 모습
　이 생각난다.

어그짱 → 어깃장[119]

어리[120]

어리숙하나 → 어수룩하다

어벌쩡하다[121]

어슴프레 → 어슴푸레

어줍잖다 → 어쭙잖다

언덕받이 → 언덕바지(＝언덕배기)

언덕베기 / 언덕빼기 → 언덕빼기

얼게 → 일개 ▷ 우선 작품 전체의
　얼개라도 잡아야 하는데 도무지

아무 생각이 없다.

얼르다 → 어르다 ▷ 오랜 시간을
　어르고 화도 내 보곤 했지만 아
　이는 울음을 그치지 않았다.

얼추 ＝ 대충, 거의

얼키다 → 얽히다

엉거추춤 → 엉거주춤

에오라지 → 애오라지

엣세이 → 에세이

여나믄 → 여남은[122] ▷ 대략 여남
　은 개만 더 팔면 된다. / 그래도
　모임에 여남은이 참석했으니 성
　공한 셈이다.

여닐곱 → 예닐곱

여보란듯이 → 여봐란 듯이

여우비[123]

역활 → 역할

연두빛 → 연둣빛

연연생 → 연년생

열띈 → 열띤

---

119) 고분고분하게 따르지 않고 쓸 데 없이 뻗대는 행동을 뜻하는 말이며 주로 "어깃장을
　놓다"는 식으로 쓰인다.

120) 병아리를 가두어 기르기 위해 싸리 같은 것을 둥글게 엮어 만든 것. 덮어서 가둘 수 있
　도록 되어 있다.

121) '어물쩡'이 대충, 얼렁뚱땅의 의미를 띠고 있다면, '어벌쩡하다'는 남을 속이기 위해 어
　물거리는 태도를 보인다는 뜻이다.

122) 대략 10을 조금 넘는 수.

123) 맑은 날에 잠깐 내리다 그치는 비.

열열하다 → 열렬하다

열적다 → 열없다 ▷ 모처럼 교단
　에 서려고 하니 열없는 느낌이
　들어 실수나 하지 않을까 걱정
　이다.

염체없다 → 염치없다

영글다 → 여물다

예사일 → 예삿일

예컨데 → 예컨대

옜다 → 옜다 ▷ 옜다, 용돈이다.

옛스럽다 → 예스럽다

오뚜기 → 오뚝이

오랫만에 → 오랜만에

오롯이[124]

오무리다 → 오므리다

오이소배기 → 오이소박이

오종쫑하다 → 오종종하다

오지랍 → 오지랖[125]

왕능 → 왕릉(王陵)

왠 → 웬

외토리 → 외톨이

요상하다 → 이상하다

욕찌거리 → 욕지거리

우레 = 천둥

우뢰 → 우레

우유빛 → 우윳빛

우풍 → 외풍(外風)

운률 → 운율(韻律)

움추리다 → 움츠리다

웃도리 → 윗도리

웃목 → 윗목

웅큼 → 움큼 ▷ 나물을 한 움큼
　집어 봉투에 집어 넣었다.

월급장이 → 월급쟁이

웬지 → 왠지

윗층 → 위층 ▷ 위층에 사는 부부
　의 금실이 워낙 좋아 다들 부러
　워한다.

육계장 → 육개장[126]

으레히 → 으레히

으시대다 → 으스대다

으시시하다 → 으스스하다

---

124) 온전히 혹은 고요하고 쓸쓸하게 등의 뜻으로 쓰인다.

125) 원래는 웃옷의 앞자락을 뜻하는 말인데, 주로 "오지랖이 넓다"로 쓰여 남의 일에 간섭
　　하기를 좋아하는 것을 지칭한다.

126) 음식점들에서 소고기 대신 닭고기를 넣어서 '육개장'처럼 맵게 끓인 음식을 팔고 있다.
　　이 경우, 한자로 닭이 '계(鷄)'이므로 '닭계장'이라고 하는 것이 옳다는 것이 일반적인
　　의견이지만, 문제는 '육개장'의 '개'가 소고기를 나타내는 한자 어휘가 아니라는 점이
　　다. 그러므로 '닭개장'이라고 쓰는 것이 옳다고 생각한다.

읊조리다[읍쪼리다]

음율 → 음률(音律)

-읍니다 → -습니다

응큼하다 → 엉큼하다

이레[127) ▷ 무려 이레만에 집에 도
착할 수 있었다. / 정월 초이레에
집을 떠나 다시 서울로 왔다.

이받이 → 이바지 ▷ 사돈댁에서
보내온 이바지를 먹으면서 신랑
집 식솔들은 음식에 담긴 정성
과 깔끔한 맛을 칭찬했다.

이슥도록 → 이슥토록

이즈러지다 → 이지러지다 ▷ 이즈
러진 달이 아니라 이지러진 달
이라고 해야 한다고 몇 번을 말
했는데 계속 틀린다.

이튼날 → 이튿날

인두껍 → 인두겁 ▷ 인두겁을 쓰
고도 낳아준 부모에게 고통을
주는 자식들이 많다.

일수 → 일쑤

일절(一切) → 일체(一體)[128)

일찌기 → 일찍이

잇점 → 이점(利點)

있슴 → 있음

있읍니다 → 있습니다[129)

잎파리 → 이파리

ㅈ

자그만치 → 자그마치

자욱 → 자국

자욱히 → 자욱이

자자들다 → 잦아들다 ▷ 상대방의
박식함에 놀란 그의 목소리는
점차 잦아들고 있었다.

자주빛 → 자줏빛

자판[130) → 좌판 ▷ 시장의 좌판
위에 올려진 물건들을 둘러보는

---

127) 칠 일 혹은 그 달의 7일.

128) 아직도 상점들 앞에 '○○일절'이라고 쓴 것들이 붙어 있는 것을 흔히 발견할 수 있다.
관련된 모든 것이 다 있다는 뜻을 나타내기 위해 쓴 것이지만, 의도하는 것과는 전혀
다르게 '한 번 잘라낸다'의 의미가 된다.

129) 더 말하기가 이상할 정도로 더 이상 '있읍니다'처럼 '-읍니다'라는 표기는 없다는 것은
널리 알려져 있다. 그러나 아직도 이런 표기가 더러 발견되기도 하고, 이 규정을 과잉
해석해서 '-읍니다'가 없어졌으니 당연히 '있음'과 같은 표기도 '있슴'으로 바뀐 것이
라고 생각하는 이들이 있어서 예로 제시해 보았다.

130) 이 말이 타자기나 컴퓨터의 글자판을 의미하는 '자판(字板)'으로 쓰일 때는 맞는 말이다.

것도 재미있는 일이다.

잔듸밭 → 잔디밭

잔솔[131)

잘디잘다 → 자디잘다 ▷ 금방 화를 내곤 하니까 친구들이 자디잘게 생각하지. / 가뭄이 들어서 자디잔 호박 한 개가 이천 원이나 한다.

장난끼 → 장난기

장물애비 → 장물아비

장사속 → 장삿속

장질부사 = 장티푸스

재원(才媛)[132)

재제 → 제재(題材)

재치기 → 재채기

재털이 → 재떨이

쟝르 → 장르(genre)

저으기 → 적이

적나나하다 → 적나라(赤裸裸)하다

전기줄 → 전깃줄

전률하다 → 전율(戰慄)하다

점괴 → 점괘

점장이 → 점쟁이

젓깔 → 젓갈 ▷ 부산에서 살았기 때문인지 다른 사람에 비해 젓갈을 잘 먹는 편이다.

정갱이 → 정강이

정네미 → 정나미

정열 → 정렬(整列) ▷ 사단장이 지켜보는 가운데 병사들이 연병장에 정렬해 있었다.

정열부인 → 정렬부인(貞烈夫人)

제가끔 = 제각각

제종 → 재종(再從)[133) ▷ 내 재종 형님 중에 한 분은 아주 큰 회사를 경영하고 계시지.

젯밥 → 잿밥[134)

젯상 → 제상(祭床)[135)

조무라기 → 조무래기

존대말 → 존댓말

---

131) 어린 소나무.

132) 이 단어는 여성에게만 사용할 수 있다. 능력이 뛰어난 젊은 여자라는 뜻을 가지고 있기 때문이다. 간혹 일상생활에서나 글에서 남자에게 이 말을 적용시키는 예를 볼 수 있는데 주의할 일이다.

133) 촌수를 따질 때, 육촌 관계 혹은 육촌 관계에 있는 사람

134) 부처에게 불공을 드릴 때 올리는 밥. 제례 의식과 연관이 있다고 생각하여 '젯밥'이라고 쓰는 경우가 많다.

135) '제사상'의 준말이다.

종가집 → 종갓집

죄값 → 죗값

주루룩 → 주르륵

주사바늘 → 주삿바늘

주착 → 주책

줄낙 → 주낙136)

중신애비 → 중신아비

쥬스 → 주스(juice)

지겟군 → 지게꾼

지푸라기 / 짚푸라기 → 지푸라기

진도개 → 진돗개137)

진무르다 → 짓무르다

진솔138)

진지상 → 진짓상 ▷ 아버님! 진짓
    상을 올릴까요?

질갱이 → 질경이

집개 → 집게 ▷ 요즘엔 연탄집게
    를 찾아보기 어렵게 되었다.

짖궂다 → 짓궂다

짚차 → 지프차

짜장면 → 자장면

짜투리 → 자투리

짝자쿵 → 짝자꿍

짧다[짤따]

짭잘하다 → 짭짤하다

짱아찌 / 짱아치 → 장아찌

째째하다 → 쩨쩨하다

쪽두리 → 족두리

쪽집게 → 족집게

찌꺼기 → 찌꺼기

찌게 → 찌개

찐드기 → 진드기

ㅊ

차집 → 찻집

착찹하다 → 착잡하다

찰라 → 찰나(刹那)

창란젓 → 창난젓

채이다 → 차이다 ▷ 그런 건 발길
    에 차일 정도로 많으니까 그만
    잊어.

처가집 → 처갓집

천렵[철렵]

천정 → 천장(天障) ▷ 천장이 높으
    면 아늑한 느낌이 떨어진다.

철뚝길 → 철둑길 ▷ 소년과 소녀
    는 기차가 지나간 철둑길을 다
    정하게 걷고 있었다.

---

136) 낚싯대 없이, 여러 개의 낚시 바늘을 단 낚시줄을 풀었다 감았다 하며 고기를 잡는 낚시.
137) 진도견(珍島犬)도 맞는 표현이다.

청녹색 → 청록색(靑綠色)

체 → 채 ▷ 어머니는 채를 썰면서
    도 다른 곳을 보며 이야기하실
    정도로 부엌일에 익숙하시다.

체면치례 → 체면치레

체신머리 → 채신머리

쳐넣다 → 처넣다139)

쳐먹다 → 처먹다

초생달 → 초승달

초죽음 → 초주검

촉촉히 → 촉촉이

촌노 → 촌로(村老)

촛점 → 초점焦點

추임새140)

추켜올리다141) → 추어올리다 ▷
    조금만 추어올리면 금방 저렇게
    흐뭇해지는 걸 보면 다루기가
    쉬운 사람입니다.

취짐 → 취침(就寢)

치닥거리 → 치다꺼리

치루다 → 치르다 ▷ 생각보다 비싸

서 동전까지 털어 값을 치렀다.

치솔 → 칫솔

칠삭동이 → 칠삭둥이

ㅋ

카스테라 → 카스텔라(castella)

카운셀러 → 카운슬러(counselor)

카톨릭 → 가톨릭

캥기다 → 켕기다

커텐 → 커튼(curtain)

커피 → 커피숍

켁켁거리다 → 캑캑거리다

케케묵다 → 케케묵다

코메디 → 코미디

콤파스 → 컴퍼스(compass)

콧배기 → 코빼기

크리스챤 → 크리스천(Christian)

클랙션 → 클랙슨(klaxon)

---

138) 순우리말로서 "새로 지어서 한 번도 빨지 않은 옷이나 버선 따위"를 이르는 말이다.

139) 이때의 '처-'는 접두사로서 동사 앞에 붙어서 "마구, 함부로, 많이"의 뜻을 더해 준다.

140) 우리 전통 음악인 판소리에서 북 치는 사람(고수)이 흥을 돋우기 위해 소리 중간 마디
    마다 넣는 소리. 보통 '좋다, 얼씨구'로 많이 한다.

141) '추켜올리다'가 "위로 추겨서 올리다"는 의미를 갖고 쓰이면 맞는 말이다. ▷ 배가 고
    프니까 허리도 홀쭉해져서 자꾸만 바지가 흘러 내렸다. 한 손으로 바지를 추켜올리며
    또 다른 손으로는 눈물을 닦아야 했다.

ㅌ

타레 → 타래

타스 → 다스 ▷한 자루만 팔지를
  않아 연필 한 다스를 다 사야했다.

타올 → 타월(towel) ▷개는 씻기는
  것보다 타월로 물기를 닦아주는
  것이 더 오래 걸린다.

탐미주의 = 심미주의 / 유미주의

태줄 → 탯줄

터트리다 → 터뜨리다

토배기 → 토박이

토사광란 → 토사곽란(吐瀉癨亂)
톳[142]

통털어서 → 통틀어서

통채로 → 통째로

ㅍ

파적 = 파전 ▷굴과 해물 따위를
  함께 넣어 지진 파전(파적)은 집
  집마다 맛이 또 다르다.

파해치다 → 파헤치다

판자집 → 판잣집

판토마임 → 팬터마임(pantomime)

팔굽 → 팔꿈치

팜플렛 → 팸플릿(pamphlet)[143]

패데기 → 패대기

팽겨치다 → 팽개치다

편연체 → 편년체(編年體)[144]

편람[펼람]

편자[145]

폐륜아 → 패륜아(悖倫兒)

폐할량 → 폐활량(肺活量)

폐염 → 폐렴

폐혈증 → 패혈증(敗血症)

폭팔적 → 폭발적 ▷최근 들어 저
  가수들이 폭발적인 인기를 누리
  고 있습니다.

폭싹 → 폭삭

푸대 → 부대(負袋) = 포대 ▷일
  주일 품삯으로 밀가루 한 부대
  를 지고 오는 영철이의 얼굴엔
  뿌듯함이 엿보였다.

푸닥꺼리 → 푸닥거리

---

142) 김을 백 장 단위로 묶어 세는 단위.

143) '소책자, 작은책자'로 순화함.

144) 역사 서술에서 연대순으로 기술하는 방식.

145) '편자'란 말굽에 붙이는 쇳조각이다. 흔히 "개발에 편자"라는 표현을 많이 듣고 쓰는데

푸락치 → 프락치

푸새146)

풀섶 → 풀숲

풋나기 → 풋내기

풍지박산 → 풍비박산(風飛雹散)

피래미 → 피라미

필림 → 필름

ㅎ

하늬바람

하루강아지 → 하룻강아지

하릴없다147)

한갓 → 한갓(＝한낱)

한냉전선 → 한랭전선[할랭전선]

핥다[할따]

함진애비 → 함진아비(＝혼수아비)

해거름

해괴망칙하다 → 해괴망측하다

해꼬지 → 해코지

해벌쭉하다 → 헤벌쭉하다

핼쓱하다 → 핼쑥하다

햇님 → 해님 ▷ 해님과 달님이 된 남매의 전설은 언제나 들어도 재미있다.

허급지급 → 허겁지겁

허물어뜨리다 ＝ 허물어트리다

허투로 → 허투루 ▷ 남이 하는 말을 허투루 듣지 말고 하나하나 담아둘 줄 알아야 한다.

헛갈리다 ＝ 헷갈리다

헛점 → 허점(虛點)

헤지다 → 해지다 ▷ 다 해진 옷을 입고 나타난 이몽룡의 행색에 월매는 낙담하고 말았다.

호수가 → 호숫가(＝호반)

호치켓 → 호치키스

혹성 → 행성148)

혼자말 → 혼잣말

홋가하다 → 호가하다 ▷ 고추 한 근에 오천 원을 호가한다니 겨

이는 바로 어울리지 않는다, 제 격에 맞지 않는다는 뜻이다.

146) 야생에서 저절로 자라는 풀들을 통틀어 이르거나, 옷에 풀을 먹이는 일을 뜻한다. 한편, '푸성귀'는 야생만이 아니라 사람이 재배한 것까지 포함한 나물을 이르는 말이다.

147) 달리 어찌할 방법이 없다, 여지없이 꼭 같다, 뚜렷한 목적이나 이유가 없다 따위의 의미를 나타낸다. 주로 '하릴없이, 하릴없는'의 형태로 많이 쓰인다. 당연히 "할 일 없다"와는 구분이 되어 쓰여야 한다.

148) '혹성(惑星)'도 굳이 틀린 말이라고 보기는 어렵다. 다만, 일본식 용어이므로 '행성(行星)'으로 순화하여 사용한다는 것이다.

울에는 고추 맛보기가 어렵겠다.

홍두께 → 홍두깨

화제거리 → 화젯거리

황토길 → 황톳길

회감 → 횟감 ▷ 모처럼 수산시장
　　에 가 보았더니 싱싱한 횟감들
　　이 많이 있었다.

회수(回數) → 횟수[149]

회집 → 횟집

후두둑 → 후드득 ▷ 맑은 하늘에
　　갑자기 먹구름이 모여들더니 소나

기가 후드득 쏟아지기 시작했다.

휜출하다 → 훤칠하다

휘둥그래지다 → 휘둥그레지다

휘익 → 휙

휘바람 → 휘파람

휴계실 → 휴게실

휴즈 → 퓨즈(fuse)

흉칙하다 → 흉측하다 ▷ 뭔가 한
　　바탕 흉측한 꿈을 꾸다 깬 느낌
　　이다.

흐믓하다 → 흐뭇하다

2. 구별이 어려운 어휘

철자는 다른데 발음상 거의 같게 들리거나 혹은 의미가 비슷한 편이라서 잘못 쓰게 되는 단어들은 얼마나 될까? 정확하게 확인은 어렵지만 상당수의 단어들이 그런 혼란의 대상이 될 것이라 여겨진다. 많은 사람들이 이런 단어들을 대하게 될 때면, 주변 사람들에게 "이 경우는 '던지'야, '든지'야?"라고 물어보고는 대충 그 대목을 마무리하는 경향이 있다.

그런데, 더 문제가 되는 것은 그렇게 쓴 것을 보고 다른 사람이 모방하

---

149) 이와 유사한 경우에서 문제가 되는 것이 있다. 만일, 한자의 독음을 다는 문제에서 '回數'가 나온다면 뭐라고 써야 옳은 것일까? 가장 이상적인 답은 단순한 독음은 '회수'이지만 <한글맞춤법>에 따르면 '횟수'라고 적어야 맞다고 쓰는 것이다. 그렇지 않다면 독음(獨音)이 아닌, 독음(讀音)을 물었으므로 '횟수'쪽이 정답에 가깝지 않을까 한다.

여 쓰는 사례 역시 많다는 것이다. 그렇게 대충 쓴 것이 맞는다면 다행이겠지만, 그렇지 않다면 틀린 말들이 계속 확산되어 가는 데에 오히려 일조를 하는 것이 된다. 더구나 팸플릿처럼 경비까지 많이 들여 제작된 문건에서 잘못된 예들이 나타나는 것에 대해서는 아쉬움이 많다.

이 절에서는 위에서 언급한 문제들을 해결할 수 있는 노력의 하나로 일상생활에서 많이 혼동되고 있는 어휘들을 골라 각각의 차이를 우선적으로 제시해 보았다. 더불어 쉽게 구별할 수 있는 방법이 있다면 이 역시 함께 제시하였다.

1) 가르치다 / 가리키다

'가르치다'와 '가리키다'는 구어로 사용할 때는 서로 혼용하여 써도 별로 문제가 되지 않는다. 다만, 막상 적으려고 하면 순간적으로 무엇이 맞는 것인지 혼란스러울 수 있다. 흔히 보이는 오류의 예들을 우선 살펴보기로 한다.

내가 언제 그렇게 가르켜 줬니?
우리 국어 선생님은 정말 재미있게 가리친다.
지금 가르킨 데가 어딥니까?

'가르치다'는 지식이나 도리 따위를 알게 한다는 의미를, '가리키다'는 손짓 따위로 방향이나 대상을 보이거나 알린다는 의미를 각각 갖는다.

2) 개재(介在)하다 / 게재(揭載)하다

이 둘 사이의 혼동은 뜻의 문제라기보다는 오히려 철자에 대한 문제일 가능성이 더 크다. 일반인들 사이에서 앞의 '개재하다'는 어휘는 점차 쓰임의 빈도가 줄어들고 있는 추세이다.

'개재하다'는 어떤 것들 사이에 끼여 있다는 뜻을 가지고 있으며, '게재하다'는 논문, 글, 사진 따위를 신문이나 잡지 등에 싣는다는 의미이다.

공무에 사적인 감정이 개재되어선 안 된다.
자신의 입장에 지나치게 몰두하다 보면 판단에 편견이 개재할 가능성이 높다.
그의 작품이 유명한 신문에 게재되었다.
학술지에 정서법과 관련한 논문을 게재하였다.

이 문제를 더 쉽게 이해하기 위해선 '개입'이라는 단어를 대신 넣어 보고 문맥에 이상이 없으면 '개재', 어색해지면 '게재'로 확정하는 방법도 생각해 볼 수 있다.

3) 결재(決裁)하다 / 결제(決濟)하다

'결재하다'는 결정할 권한이 있는 사람이 아랫사람이 올린 안건을 검토하고 승인한다는 의미를 갖는다. 한편, '결제하다'는 어떤 일을 처리하여 마무리 짓는다는 뜻이다.

이 둘 사이 역시 철자나 개념에서 혼동을 빚는 경우가 많은데 아래 예 문들을 통해서 의미 구분을 확실하게 해 둘 필요가 있다.

오전에 결재를 올렸는데 아직 아무 소식이 없다.
새로운 사업의 승인을 위해 결재를 받으러 사장실에 들어갔다.
오늘 어음 결제를 끝으로 저 회사와의 채무 관계를 완전히 정리했다.
현금이 없어서 음식 값을 카드로 결제했다.

4) 곪다 / 곯다

"객지 생활하는 동안 배를 하도 곯아서 이젠 밥투정도 안 해요."라고 말한다면, 어떤 이들은 '곯아서'를 '골아서'라고 적을 가능성도 있다. [고라서]라고 발음하지 [골하서]라고는 하지 않기 때문이다. 이 점 역시 '곯다'의 철자와 관련해 주의해야 할 점이다.

'곪다'는 상처에 염증이 생겨 고름이 들게 되었다는 뜻을 가진다. '곯다'는 속이 물크러져150) 상하다 혹은 먹은 양이 터무니없이 부족하거나 곯게 되는 것을 의미하는 말이다.

상처를 깨끗하게 하지 않으면 결국엔 곪게 된다.
곪은 부위를 수술 칼로 도려내자 한 움큼의 고름이 나왔다.

---

150) '물크러지다'는 너무 무르거나 상해서 본 모양을 알 수 없을 정도로 헤진 상태를 이르는 말이다.

두 어휘를 구분하기 위한 가장 좋은 방법은 '상처, 염증, 고름'과 관련된 말이 '곪다'라는 점을 염두에 두는 것이다.

5) 구명(究明) / 규명(糾明)

두 단어 모두 밝힌다는 의미를 갖는다는 면에서 공통적이다. 차이가 있다면, 학술 논문에서 흔히 발견할 수 있는 단어는 '구명'이고, 신문이나 여타 사회 문제와 관련된 분야에서 많이 나타나는 단어는 '규명'이라는 점이다. '구명'은 '사물의 본질이나 근원 따위를 연구하여 밝히는 것'을 의미하고, '규명'은 '어떠한 사실을 철저히 따져서 바로 밝힌다'는 뜻이다.

6) 그러므로 / 그럼으로

이 둘 역시 발음으로는 전혀 구분을 할 수 없다. 그러나 이 두 가지는 명백히 형태와 의미에서 차이를 보인다.

'그러므로'는 '그러니까, 그렇기 때문에'의 의미를 가진 말로서 원인을 나타낸다. 이에 반하여 '그럼으로'는 '그렇게 함으로써'의 뜻으로 방법이나 수단을 나타낸다. 일반적으로 '-써'가 결합할 수 있으면 '그럼으로', 그렇지 않으면 '그러므로'가 된다고 보아도 무방하다.

> 우리 며느리는 정말 착하다. 그러므로 집안 식구들이 예뻐하다.
> 그는 참 운이 없는 사람이다. 그러므로 하는 일마다 실패한다.
> 나는 오늘도 술을 마신다. 그럼으로 고민을 잊을 수 있다.

위의 예들은 지나치게 도식적인 느낌을 주는 것들이고, 보통은 다음과 같은 예들을 주변에서 많이 찾아볼 수 있다.

> 사랑하였으므로 진정 행복했네라.
> 두 사람은 사랑하므로 결혼을 하고 싶었다.
> 그녀는 아름다우므로 언제나 선망의 대상이었다.
> 순간 브레이크를 밟음으로 사고를 면할 수 있었다.
> 자주 만남으로 그녀의 거부감을 줄일 수 있었다.

'그러므로'는 접속부사로 인정되어, 단독으로 쓰이는 경우가 많다. 즉, 앞의 문장의 내용이 이어지는 문장의 원인이나, 근거가 되는 것을 나타내는 접속부사로 인정되는 것이다. 이에 비해 '그럼으로'는 '그러-+ㅁ+으로'로 분석이 된다. 물론 '그러므로'도 '그러+므로'로 분석이 가능하다. 더 올라가면 결국 이 문제는 '-므로'와 'ㅁ+으로'의 차이로 귀결된다.

7) 닻 / 돛

단순한 것이지만 순간 혼란이 올 수 있는 어휘들이다. 사전적 의미로 보면 '닻'은 '배를 정박시키기 위해 줄에 갈고리를 매어 바닥에 늘어뜨리는 기구. 갈고리가 강이나 바다의 바닥에 박혀 배를 움직이지 않게 한다.'고 되어 있다. 한편 '돛'은 '바람을 받아 배가 갈 수 있도록 하는 넓은 천'이라고 정의한다.

그리 어려운 정도의 것은 아니므로 식별 방법으로 '돛단배'인가 '닻단배'인가로 구분해 보는 것으로 순간에 닥친 혼란을 극복해 봄이 어떨까?

8) 대중(大衆) / 민중(民衆)

실제로 우리가 많이 쓰는 말은 둘 가운데 어느 것일까? 요즘은 '대중문화' 운운하며 '대중'의 쓰임이 많지만, 소위 386세대들이 대학을 다니던 시절에는 흔하게 들을 수 있던 말이 '민중'이었다. 그렇다면 과연 이 두 단어의 뜻을 정확하게 아는 사람은 얼마나 될까? 사실 사전 한 번 찾아보면 쉽게 확인이 될 것인데도 그러질 않아서 타인에게 정확하게 설명하기 어려운 것의 대표적인 예가 이 두 단어의 차이가 아닐까 한다.

'대중'은 '현대 사회를 구성하는 대다수의 사람으로, 엘리트 계층과 상대적인 개념으로 감정적이면서 비합리적, 수동적인 특성을 보인다'는 특징이 있다. 한편 '민중'은 '국가를 구성하는 일반 국민으로서 피지배계층으로서의 일반인'을 이르는 말이다.

쉽게 이야기하면 보통 사람들로서 문화 상품의 소비 계층에 놓인 사람들이 보통 대중이라면 정치적 개념이 어느 정도 가미된 사람들을 일컫는 말이 민중이라고 할 수 있다.

80년대의 운동 세력들은 민중 민주주의의 실현을 목표로 삼았다.
정치가 집단들은 전문적으로 정치에 종사하고 있다는 점에서 민중과 구분된다.
민중가요 / 대중가요
자동차도 이제 대중들의 관심사에 들어왔다.
가수들의 성공은 결국 대중들의 호응도에 달려 있다.

9) -던지 / -든지

서로 판이하게 다른 것임에도 불구하고 발음상에서도 구분이 불확실하고, 더러는 표기상의 오류도 발견되는 것들이다. 우선 문법적인 설명을 덧붙인다면 '-던지'는 과거 회상을 나타내는 '-더-'에 '-ㄴ지'가 결합한 어미로서 연결 어미와 종결 어미 모두로 쓰인다. '-든지'는 조사와 어미[151] 모두로 사용된다는 특징이 있다.

'-던지'는 '과거의 일을 회상하는 혹은 과거의 일이 현재 상황의 원인이 되었음을 나타내는 연결어미로서의 기능과 지난 일과 관련하여 감탄조로 문장을 맺는 종결 어미의 역할'이 있다. 반면, '-든지'는 '이것저것 가리지

---

151) 우선 조사와 어미의 차이를 살필 필요가 있다. 조사는 명사를 비롯한 체언과만 결합하고, 이에 반하여 어미는 형용사, 동사 같은 용언의 활용에 일조한다는 점에서 서로 기능상의 차이를 보인다.

않는다'는 의미로 쓰인다.

　먹든지 말든지 내가 상관할 바 아니다.
　나든지 너든지 중요한 건 그게 아니야.
　다시 만났을 때 정말 얼마나 반가웠던지.
　얼마나 먹었던지 지금도 배가 부르다.
　정신을 잃기 전에 무슨 일이 있었던지 전혀 기억이 안 난다.

10) -데 / -대

　'-데'와 '-대'는 동음어가 여럿 있지만 그 가운데에서 종결어미로 쓰일 때의 특징만을 살펴보기로 한다. 보통 띄어쓰기와 관련하여 '데'를 어떤 때는 붙여 쓰고, 어떤 때는 띄어 쓰느냐는 질문을 하는 경우가 있는데 이때는 의존명사로서의 '데'와 어미 '-는데'를 구분하는 것이다.

　종결 어미로서 '-데'는 과거에 직접 겪었던 일을 현재로 옮겨와 전하는 경우에 쓰이며, '-대'는 남에게 들은 내용을 간접적으로 전하게 될 때 쓰인다.

　야, 그 사람 정말 노래 한번 잘하데.
　그 사람이 그렇게 노래를 잘한대.
　결혼식이 정말 볼 만하데.
　친구 남편은 먹성이 아주 좋아서 뭐든지 잘 먹는대.

　다시 말하면, '하더라'로 직접 바뀔 수 있는 상황은 '-데'로, '라고 하더라'로 간접적으로 전해들은 사실을 말할 때는 '-대'로 쓴다.

11) 띄고 / 띠고

발음법에 따르면 '의의의'의 발음은 [으이에가 올바르다. 한편, 일상적으로 '의'의 발음은 고정된 것으로 보기가 어려운 면이 많다. '의사'는 [으새, '의자' 역시 [으재의 꼴로 [의로 발음된다. 그러나 '띄고'는 대부분 [띠고로 발음한다.

결국, 두 단어의 발음이 같다는 점에서 표기에서 혼동을 보이는 예의 한 가지가 되는 셈이다. 그런데, 상당수의 표기에서 흔히 발견할 수 있는 오류는 '띠고'가 들어가야 할 자리에도 '띄고'가 들어가는 것이다.

'띠다'는 '띠나 끈 따위를 두르다, 빛깔이나 색채 따위를 가지다, 용무나 직책 혹은 사명을 가지다, 감정이나 기운을 나타내다, 어떤 성질을 가지다' 따위의 다양한 의미를 가지는 단어이다. 한편, '띄다'는 '뜨이다' 혹은 '띄우다'의 준말로서, 사역형으로 쓰인다.

> 미소를 띤 얼굴이 마음을 편하게 해 주었다.
> 붉은색을 띤 오월의 장미처럼 화사한 분위기였다.
> 저 사람은 그래도 개혁적 성향을 띠고 있지.
> 우리는 민족 중흥의 역사적 사명을 띠고 이 땅에 태어났다.
> 아마도 다음에 또 눈에 띄면 못 참겠지.
> 요즈음 우리 막내가 눈에 띄게 차분해진 것 같다.
> 종이배를 물에 띄운 다음 조용히 바라보고 있었다.

12) -로서 / -로써

어린 시절부터 부단히 우리를 혼란시키는 것 중에 하나이다. 두 어미를 단순 비교해서 설명해 보라고 하면 거의 모든 사람들이 구별하는데, 막상 글을 쓰다보면 헷갈리는 경우가 잦다.

'-로서'는 '지위나 신분 또는 자격을 나타내는 조사'이며, '-로써'는 '수단이나 도구를 나타내는 조사'이다. 일반적으로 두 조사 모두 '-로'의 형태로 써도 무방하다.

> 장관은 대통령의 특사로(서) 북한을 방문했다.
> 눈물로써 호소해 봤지만 소용없었다.

사용하는 것이 드물기는 하지만 '-로서'와 '-로써'는 다른 의미도 가지고 있다. 즉, '-로서'는 '어떤 동작이나 일이 시작되는 것을 나타내는 격조사'의 기능을 하고, '-로써'의 경우는 '어떤 물건의 재료나 원료임을 나타내거나 시간의 한계를 나타내는 격조사'로 쓰인다.

> 이 모든 일들이 너로서 비롯된 것이다.
> 콩으로써 메주를 쑨다고 해도 안 믿는다. (원료)
> 오늘로써 우리가 결혼한 지도 10년이 되었다. (시간의 한계)

위의 예처럼 쓰면 뜻이 명확해지지만 오히려 그냥 '-으로'로 쓸 때보다 어색한 느낌을 주는 경향이 있기는 하다.

13) 부치다 / 붙이다

‘부치다’와 혼란을 보이는 ‘붙이다’는 ‘붙다’의 사동형이다. ‘부치다’는 동음이의어가 많은 단어이고, ‘붙다’는 뜻이 다양한 다의어적 성향을 보인다.

흔히 혼란을 가져 오는 ‘부치다’와 ‘붙이다’의 경우는 ‘붙이다’의 ‘서로 닿아 떨어지지 않게 하다’라는 의미로 쓰일 때가 가장 많다.

‘붙이다’의 경우는 주로 두 사물이나 행위 사이의 결합 관계를 중시하는 의미로 사용되는 것에 반하여 ‘부치다’는 ‘보낸다, 맡긴다’ 등의 의미로 많이 쓰인다. 만일 “봉투를 부쳤다.”고 하면 어딘가 받을 사람에게 보냈다는 의미가 되겠지만 “봉투를 붙였다.”고 한다면 풀로 봉투를 밀봉했다는 뜻이거나 혹은 펼쳐진 종이를 봉투 형태가 되도록 접어 풀칠을 했다는 의미가 될 것이다.

> ▷ 우표를 붙여 편지를 부쳤다./ 표결에 부쳤다./ 인쇄에 부쳤다./ 내 마음을 이 한 편의 시에 부쳐 함께 보내니 받아주시오./
> ▷ 봉투에 우표를 붙였다./ 담뱃불을 붙이다./ 인용한 구절에 각주를 붙이다./ 처음 보는 사람에게 말을 붙이기란 참 어렵다./ 흥정은 붙이고 싸움은 말려야 한다./ 요즘엔 자기 성까지 써서 개에게 이름을 붙이는 사람이 많다./ 하도 추근대기에 따귀를 올려붙였다.

14) 반드시 / 반듯이

‘반드시’는 ‘틀림없이, 꼭, 필연적으로’ 따위의 의미로 쓰이며, ‘반듯이’는 ‘물체 따위가 기울거나 비뚤어지지 않고 정돈되어 있는’의 의미를 나타낸다.

저런 죄인은 반드시 천벌을 받을 것이다.
노력하는 사람이 성공하는 세상은 반드시 온다.
책 좀 반듯이 정돈하는 습관을 가져라.

15) 본데 / 본때

'본데'는 무언가 보고 배워서 익힌 지식이나 솜씨 따위를 가리키는 말이다. 흔히 '본데 없는'의 꼴로 많이 쓰인다. '본때'는 타인에게 자랑 삼아 보여줄 만한 무언가를 의미하는 말로 보통 [뽄떼]로 발음하는 경우가 많다.

행동거지로 보아서는 영락없이 본데 없는 상것의 소생처럼 보였다.
안하무인으로 남을 대하는 저 친구에게 한번 본때를 보여 줘야겠다.

16) 봉오리 / 봉우리

간혹 이 두 단어를 동음이의어로 생각하는 사람이 있음을 본다. 그러나 분명히 구분되는 단어들이다.
'봉오리'는 '꽃봉오리'의 준말이고 봉우리는 '산봉우리'의 준말로 기억하면 된다.

화원에서 이제 막 봉오리를 틔우는 꽃들을 보며 흐뭇해 있는데, 저 먼 도봉산
봉우리에서 위급을 알리는 봉화가 피어올랐다.

17) 부군(夫君) / 부군(府君)

'부군夫君'은 상대방의 남편을 격식 있게 이르는 말이다. 이에 반해 '부

군부君’은 주로 위패나 지방에 쓰는 말로 돌아가신 아버지 혹은 남자 조상
들을 높여서 이르는 말이다.

18) 쇄락(灑落)하다 / 쇠락(衰落)하다

‘쇄락하다’는 정신이나 기분이 매우 상쾌하고 시원하다는 뜻이다. 잘 쓰
는 말은 아니지만 과거 소설들에서나 글에서 나타나는 말이다. ‘쇠락하다’
는 권력이나 재물 따위가 줄어들어서 보잘 것 없게 되어 버렸다는 뜻이다.
‘쇄락하다’라는 말을 거의 사용하지 않아서 둘 사이의 혼용은 거의 없는
것으로 보인다. 다만 철자법 상으로는 아직도 오류들이 발견되므로 확인
해 둘 만하다.

기분이 쇄락하다.
가문이 쇠락하다.
늙어서 기운이 쇠락하니 의욕이 자꾸 떨어진다.

결국, 철자 하나에 큰 오류나 실례를 범할 수 있는 예 중에 하나이다.

19) 실재(實在) / 실제(實際)

‘실재’는 “실제로 존재하는 것” 혹은 철학 특히 유물론에서 인간의 인식
이나 경험과 상관없이 독립적으로 존재하는 것을 말할 때 쓰인다. ‘실제’

는 현재 있는 그대로의 사실 혹은 상태를 의미하거나 사실 그대로를 뜻하는 말이다. 일상적으로 많이 쓰이는 쪽은 '실재'보다는 '실제, 실제로'이다.

실제로 나는 신이 실재한다는 것을 믿지 않는다.

20) 알갱이 / 알맹이

'알갱이'는 일반적으로 열매나 곡식의 낟알을 뜻한다. 그러므로 껍데기가 있고 없고를 문제 삼을 필요가 없다. '알맹이'는 껍데기 속에 들어 있는 것을 뜻하므로 껍데기와 분리되는 뜻으로 생각해야 한다.

아버지는 땅콩 알갱이를 하나하나 헤아리며 흐뭇해 하셨다.
호두는 껍질을 까기가 어렵지만 알맹이가 고소해서 힘든 보람이 있다.

21) 왠 / 웬(왠지 / 웬지)

맞춤법에서 가장 구분이 어렵다고 불평하는 예 중에 하나이다. '왠'은 혼자서 쓰이는 예가 없다. 오직 '왠지'[152)]의 형태 하나로만 쓰이며 '왜 그런지, 뚜렷한 이유 없이'라는 의미를 갖는 부사이다. 그러므로 '무슨 이유에선지 잘 모르겠지만'이라는 의미로 바뀔 수 있는 문맥이라면 '왠지'를 쓸 수 있다.

한편, '웬'은 '웬지'라고 쓸 수 없다. '웬'은 '어찌 된 혹은 어떤, 어떠한'

---

152) '왠지'로 쓰일 때는 '왜 그런지'가 줄어든 말이다. 그리고 품사가 부사이므로 절대로 명사나 불완전명사들을 꾸밀 수 없다. 이와는 반대로 '웬'은 관형사이므로 명사를 꾸밀 수 있다.

의 의미를 가진다.

> 왠지 기분이 울적하다.
> 그의 이름을 듣는 순간 왠지 행복한 마음이 들었다.
> 웬 남자가 밖에서 자네를 찾고 있던데.
> 도대체 웬 영문인지도 모르고 몰매를 맞았다.
> 이 주변엔 회사들도 별로 없는데 웬 가게들은 이렇게 많아?

22) 욕지거리 / 욕지기

'욕지거리'는 '욕설'의 속어이다. '욕지기'는 토할 것 같은 메스꺼운 느낌을 뜻하는 단어이다.

> 화가 나자 앞뒤 가릴 것 없이 욕지거리부터 퍼부었다.
> 위선과 가식으로 가득 한 회의 분위기 속에서 욕지기를 느꼈다.

23) 웃옷 / 윗옷

'웃옷'은 겉에 입는 옷이다. 코트와 같은 옷들이므로 이 경우에는 '윗옷'이라고 쓰면 안 된다. '윗옷'은 상반신에 입는 옷들을 뜻한다. 그러므로 이 경우에는 '웃옷'이라고 쓰면 틀린 것이 된다.

> 우리 고유의 웃옷이라면 두루마기를 들 수 있을 것이다.
> 저 친구는 항상 윗옷을 허리띠 안으로 넣어 입는다.

‘웃과 위 즉 윗’의 사용을 구별하는 방법은 ‘웃-’의 경우는 반대말이 없지만 ‘위-’의 경우는 반대말이 있다는 점이다. 즉, ‘윗입술’이 맞는 말인 이유는 ‘아랫입술’이라는 반대말 혹은 상대말이 있기 때문이다. 역으로 웃어른이 맞는 말이 될 수 있는 것은 아랫어른이라는 말이 있을 수 없는 이유 때문이다.

24) 으레 / 의례(儀禮)

쓰임에 있어서 두 단어 사이에는 아무 연관성이 없어 보이지만 이 둘 사이에는 의미상 유사한 부분이 있다. 즉, ‘마땅히’의 의미를 공유한다는 것에서 서로 공통점이 있다.

‘으레’ 혹은 ‘으레히’는 “당연히 / 언제나”의 의미를 갖는데 반하여 ‘의례’는 “이전의 예나 관습적인 예에 따라 당연한 것”이라는 좀 더 한정적인 의미를 갖는다.

> 영실이의 태도로 봐서 으레히 저렇게 나올 줄 알았다.
> 시간이 지나가면 으레 잊혀 질 거라고 생각했다.
> 마음에도 없지만 마주치면 으레 인사를 한다.
> 마음이 전혀 없는 의례적인 인사는 듣기도 싫다.

25) 잃다 / 잊다

‘잃다’는 사전마다 많은 뜻을 제시하고 있는데 공통점은 가지고 있던 것이 없어져 버렸다는 의미가 깔려 있다는 점이다. 돈, 지갑, 나라, 집, 애인

등 모든 것이 다 '잃다'의 대상이 될 수 있다.

한편 '잊다'는 기억이나 생각과 관련된 단어이므로 '잃다'와 다르다. 위에서 열거한 돈, 지갑 등이 '잊다'의 대상이 되는 것처럼 보이는 문장들도 있을 수 있다. 그러나 잘 살펴보면 그것들을 가져와야 한다는 사실을 기억하지 못했다는 뜻임을 확인할 수 있다.

> 사업에 실패한 그는 설상가상으로 집과 애인까지 잃게 되었다.
> 지하철에서 친구와 얘기하다가 지갑을 잃어 버렸다.
> 깜박 잊고 지갑을 두고 왔다.
> 아내의 정성어린 보살핌 속에서 나는 점점 고통스런 기억들을 잊을 수 있었다.

26) 작렬(炸裂)하다 / 작열(灼熱)하다

'작렬하다'의 의미를 쉽게 알기 위해 우선 한자의 훈을 살피면 '炸'은 "터지다, 폭발하다"이고 '裂'은 "찢어지다, 무너지다"이다. 그러므로 폭탄 등이 터지면서 소리나 파편 따위가 퍼지는 것이 '작렬하다'이다.

'작열하다'에서 '灼'은 "사르다, 굽다", '熱'은 "덥다, 타다"의 의미이다. 구워져서 뜨겁다는 의미를 지니므로 파괴의 이미지가 내포된 작렬과는 다를 수밖에 없다.

> 젊은이들은 작열하는 태양 아래에서 마음껏 열정을 발산하고 있었다.
> 머리 위에서 폭탄이 작렬하는 전투 중에 전진 명령에도 불구하고 그는 고개조
> 차 들 수 없었다.

27) 재고(再考)하다 / 제고(提高)하다

'재고하다'는 이미 정해진 일에 대하여 다시 생각한다는 뜻을 담고 있다. '제고하다'는 정도를 높인다는 뜻을 가진다.

이미 정해진 일이라 하더라도 재고하지 말라는 법은 없다.
더 이상 어려운 일을 겪지 않으려면 먼저 회사 이미지 제고부터 실현해야 한다.

28) 재창(再唱) / 제창(齊唱)

'재창'은 노래를 다시 부른다는 의미를 지니고 있다. 흔히 가수가 노래를 부르고 나면 청중들이 '앙코르'라고 외치는 경우를 볼 수 있는데 이 말과 같은 뜻이다.

'제창'은 우리 주변에서 가장 많이 들을 수 있는 예가 "애국가 제창"일 것이다. '합창'과 같은 말로서 모두 함께 부른다는 뜻으로 쓰인다.

29) 좇다 / 쫓다

두 단어의 구별이 더욱 어려운 까닭은 일상에서의 발음이 같기 때문이다. 즉 두 단어 모두 [쫀때]로 발음된다. 물론 '좇다'의 원래 발음은 [존때]이다.

'좇다'와 '쫓다'의 의미 해석이 사전마다 약간씩 차이를 보이는 경향이 있는데, 현재 가장 쉽게 이해할 수 있는 방법은 공간의 이동이 있으면 '쫓다', 그렇지 않으면 '좇다'로 구분하는 것이다.

'좇다'는 이상, 행복, 도리 등을 추구하거나 따르는 것, 혹은 눈길이 따

라오는 것을 의미하는 것으로 보면 된다. 한편, '쫓다'는 상대를 만나거나
잡기 위해서 급하게 뒤 따른다는 뜻을 지닌 단어이다.

그는 이루기 힘든 이상을 좇아 평생을 허비하였다.
경찰의 시선이 계속 자신을 좇고 있다는 것을 알자 명철이는 더욱 불안해 했다.
선생님이 나가신 지 얼마나 되었는지도 모르면서 명수는 정류장으로 쫓아갔다.
경찰에게 쫓기던 범인은 더 이상 기운이 없어서 쓰러지고 말았다.

30) 지그시 / 지긋이

'지그시'는 부사어로 슬그머니 힘을 주는 모양이나 조용히 참고 견디는
것을 나타낸다. '지긋이'는 나이와 관련된 말로 제법 나이가 많아서 듬직
한 느낌이 들 때 쓴다. 그리고 참을성 있게 잘 견디고 있다는 표현으로도
많이 쓴다.

악수를 하려 손을 맞잡았더니 상대방이 맞잡은 손에 지그시 힘을 주는 것을
　느꼈다.
상대방의 응대에 울화가 치밀어 올랐지만 지그시 눌러야만 했다.
영수는 잠시 옛 생각이 떠올랐는지 지그시 눈을 감았다.
나이도 지긋이 들었고 형편도 좋아졌으니 이제 그만 느긋하게 삶을 즐기도록
　하자.
그 또래의 아이들이 지긋이 앉아 있기를 기대할 수는 없다.

31) 채 / 체

이 단어들은 표기상 다른 모음들로 구성되면서 현실 발음에서는 거의

[ㅔ]로 통합되어 쓰이는 일종의 동음어에 해당된다. 그 가운데에서 주로 '-ㄴ 채/체'의 구분에서 혼란이 있으므로 이를 중심으로 살펴보기로 한다.

'-ㄴ 채'는 원상태를 그대로 유지한다는 의미를 가지는 자리에 쓰인다. '-ㄴ 체'는 태도를 적당하게 거짓으로 꾸미거나, 아는 것처럼 행동한다는 의미를 갖는다.

> 벌써 한 시간이나 저 자세를 유지한 채 있습니다.
> 동물원에 보내기 위해서 저 호랑이를 산 채로 잡아야 한다.
> 공부는 하지도 않으면서 그래도 지기는 싫어서 아는 체는 무척 한다.
> 아침에 지하철역에서 본 남잔데 자꾸 아는 체를 해서 곤란을 겪고 있다.

이때 '체'는 '척'과는 동의어의 관계에 있다. 그러므로 '척'과 바꿔 써 봤을 때 문장의 의미가 훼손되지 않으면 '체'를 쓰면 된다.

32) 편편(便便)하다 / 편평(扁平)하다

두 어휘가 모두 여러 뜻을 가지고 있지만 가장 널리 쓰이는 의미를 중심으로 차이점을 살펴보기로 한다.

'편편하다'의 의미는 편한 것이 둘이나 겹쳐 있는 것이니 곧 아주 편안하다는 뜻이 된다. 잘 쓰지는 않는 말에 속하지만 간혹 '편평하다, 평평하다'와 혼란을 보이는 경우가 있으므로 주의해야 한다.

'편평하다'는 의미상 '평평하다'와 비슷한 단어이다. 즉, 울퉁불퉁한 것 없이 고르고 평평하다는 의미를 지닌다. 그러므로 마룻바닥은 편평하거나 평평할 수는 있어도 편편할 수는 없다.

> 훈훈한 이야기들이 오가면서 모두들 마음이 편편해지는 것을 느낄 수 있었다.
> 논과 밭이 편평한 것을 보니 마음이 다 후련했다.

33) 한번 / 한 번

똑같은 철자이지만 앞에 것은 한 단어이고 뒤의 것은 두 단어가 결합한 것이다. 이 두 가지가 차이를 보이는 것은 띄어쓰기를 하느냐의 여부에 있는데 간혹 혼란을 부르는 경우가 있다.

먼저 '한번'은 시험 삼아 시도해 보다, 실제로, 과거의 어느 때 혹은 기회, 아주 혹은 참 따위의 여러 의미로 쓰인다. 한편 '한 번'은 '두 번, 세 번'처럼 횟수를 헤아리는 단어이다.

> 결과에 상관없이 한번 시도해 볼 가치는 있다.
> 자 이제 밥 한번 먹어보자.
> 지난번에 한번은 그 사람이 날 찾아왔더라.
> 그 사람 덩치 한번 볼 만하네.
> 언제 한번 만날 수 없을까요?
> 하루에 한 번 드시는 것이 좋습니다.
> 요새는 한 달에 한 번 보기도 어렵다.

이 둘을 가리는 가장 쉬운 방법은 '한번' 혹은 '한 번'이 들어가야 할 자리에 '두 번', '세 번'을 넣어 보고 문맥이 자연스러우면 '한 번'을 넣으면 된다. 물론 그렇지 않으면 당연히 '한번'이 들어가야 한다.

34) 홀몸 / 홑몸

사실 보통 언어생활에서는 '홑몸'이라는 말은 거의 들어보기 어렵다. 그래서 실제 어문 규정과는 다르게 사용한 예들이 많다. 결론부터 말하자면 임신한 여인에게 "옆집 새댁인데 홀몸이 아니라서 저렇게 조심시키는 거야."라고 말했다면 틀린 말이다. 곧 이때의 '홀몸'은 '홑몸'으로 바꿔 써야 한다는 것이다.

'홀몸'이란 배우자가 없는 사람이란 뜻이며, 이에 반하여 '홑몸'은 딸린 사람이 없거나, 아이를 배지 아니한 몸을 일컫는 말이다.

우리 옆집 아주머니는 20대 초반에 남편을 여의고 홀몸이 되었다.
임신을 해서 홑몸이 아닐 때는 이상하게도 먹고 싶은 것도 많아지는 모양이다.

이 둘을 식별하기에 가장 좋은 방법은 반대말이 홀은 짝이고, 홑은 겹이라는 점을 염두에 두면 된다. 그러므로 "홀몸이 아니시네요."는 짝이 있다는 말이 되므로 남편 있는 사람을 의미하는 것이 되고 달리 '홑몸이 아닌'이라고 할 때는 '겹' 즉 사람 안에 다시 사람이 있다는 의미가 되어 임신한 사람이라는 의미를 나타낸다.

35) 어휘(語彙) / 단어(單語) / 용어(用語)

이 두 가지 말도 일상적으로 혼란을 많이 가져 오는 것들이다. 이 둘을 모두 포괄할 수 있는 것, 즉 어휘와 단어가 들어가야 할 자리에 어색함 없이 모두 쓸 수 있는 것이 바로 '말'이다. 우선 뜻부터 헤아려 보기로 하자.

> 어휘 vocabulary 어떤 일정한 범위 안에서 쓰이는 낱말의 수효 혹은 낱말의 전체
> 용어 term 일정한 분야에서 주로 사용하는 말
> 단어 word 분리하여 자립적으로 쓸 수 있는 말

이 세 가지를 보면, 우선 다음과 같은 용례들의 적합성을 살필 수 있게 된다.

> 오늘은 '사랑'이라는 어휘를 중심으로 이야기를 전개해 보겠습니다. (어휘→단어, 말)
> 그 또래 아이들이 구사하는 어휘는 1만 개 정도이다.
> 토론에서는 언제나 정확한 어휘를 선택해야 오해가 없다. (어휘→용어, 말)

위에서 보이듯 일정한 범위에 속하는 단어들의 수와 관련된 것이 아니라면 원래 '어휘'라는 말을 함부로 사용해서는 안 된다.

한편, 과학어휘라는 말은 어색하지만 과학용어라는 말은 자연스럽다. 즉 해당 분야에서 주로 전문성 등을 갖추고 사용하는 말이 '용어'라는 것을 보이는 예라고 할 수 있다.

3. 어색한 사용

언어는 변한다는 것에 이의를 제기할 사람은 없다. 문법이란 말의 규칙 등을 모범적으로 규정하여 말의 올바른 사용을 강제하는 것이 아니라 오히려 말의 변화에 맞게 규칙들을 새롭게 설정하는 것이라는 정의가 더 타당성 있게 받아들여지는 현실이다. 그러나 이러한 규정들과는 상관없이 '역전앞'으로 대표되는 어색한 말 사용들이 많이 보인다. 많은 사람들이 그렇게 쓰고 있다는 이유로 전혀 타당성 없는 오류를 함께 범하고 있다는 것은 좋은 일이 아니다.

여기에서는 말 사용에서 범해지고 있는 오류의 범위를 문장 단위까지 넓혀서 확인해 보는 계기를 마련하고자 한다. 혹 자신의 언어 구사에서 발견되는 것이라면 한번쯤 짚어 보아야 할 것이라 생각한다.

1) 지양(止揚)하다

'지양하다'는 '지향指向하다'와 대비되는 개념인 양 오인하여 쓰이는 경우가 많다. 특히 이러한 대비를 문장에 드러내 수사적 효과를 노리는 경우도 왕왕 있다.

> 이제 우리는 더 이상 분열로 향하는 이 상황을 지양하고, 마음을 모아 화합의
> 　세계를 지향해야 한다.
> 이제 그만 퍼주기식 외교는 지양해야 한다.

만일 이 단어의 한자를 한번이라도 새겨 본 사람이라면 의아함을 느꼈을 것이다. 止揚에서 止는 '멈출 지'인데 揚은 '오를 양'으로 '오르다'는 의미 외에도 "날다, 하늘을 날다"의 뜻을 함께 가지고 있기 때문이다. 그렇다면 글자들의 의미에 의존하여 본다면 "멈추는 것을 극단적으로 드높인다." 정도로 해석이 가능하다는 말일까?

지양의 의미를 되짚어 보면, 원래 이 말은 독일어 aufhēben에서 비롯된 것으로 헤겔Hegel이 변증법 관련 용어로 처음 사용한 것이다. 이 말을 일본의 〈철학사전〉에서는 '부정, 높임, 보존'의 의미로 해석하면서, 발전하는 과정이란 낮은 단계를 부정하고 높은 단계로 나아가는 것인데 높은 단계 속에 낮은 단계의 실질을 보존하는 것이니 이러한 현상을 헤겔은 지양止揚이라고 하였다고 설명한다.

그러므로 단순히 멈추는 것의 의미만을 담은 것이 아니므로 사용에 유의해야 한다.

우리 사회에서 이제 더 이상 보수와 진보의 의미 없는 대립과 논쟁은 복지라는 개념으로 지양되어야 한다.
신대륙에서 이루어진 인디언과 유럽인들의 만남, 결과적으로 석기와 유럽 문명의 만남은 비록 높고 낮음의 수준 차이를 보였지만 변증법적으로 지양되어 새로운 풍요를 낳았다.

2) 만남을 가지다

만남을 가질 예정, 만남이 있을 것 등 어색한 말들도 자주 그리고 오래되면 듣기에도 익숙해지는 모양이다. '만날 예정' 정도로 간단하게 정돈될 수 있는 말을 굳이 복잡하게 그리고 어색하게 만드는 이유는 무엇인지 이해하기 어렵다.

다시 말하면 '만남을 가지다'는 우리말 표현에 적합하지 않고 이 경우는 그냥 '만나다'로 바꿔 써야 한다.

3) 있으시겠습니다

흔히 행사에서 사회를 보는 사람들이 많이 쓰는 말이 "있으시겠습니다."이다. 너무 자주 들어서인지 오히려 자연스럽다는 느낌을 주는 말이다.

결혼식에 참석하여 식을 지켜보고 있다 보면 자주 듣게 되는 말이다. 이때는 왠지 빈정이 상해서 "왜, 차라리 '계시겠습니다'라고 하지?"라고 중얼거리게 되기도 한다. 올바른 사용은 "주례 선생님께서 주례사를 해 주시겠습니다." 정도가 된다. '-시-'는 주체 존대의 선어말어미인데 위의 문장은 우선 주체가 주례사로 되어 있다. 그리고 '주례 선생님'은 관형격 조사와 결합하여 뒷말을 수식하는 역할을 하고 있다. 결과적으로 위의 예문은 주례가 아닌 그가 하게 되는 주례사를 높이는 형태의 이상한 문장이 된다.

제2부

국어 어문 규정의 원칙

〈한글 맞춤법〉의 원리

우리말 표기 규정의 기준이라 할 수 있는 〈한글 맞춤법〉은 1989년 1월 19일 확정된 '문교부 고시 제88-1호'를 근거로 1989년 3월 1일부터 전면적으로 시행하게 되었다. 전체 체제상으로는 6장 57항으로 구성된 '본문'과 문장 부호편인 '부록'으로 구성되어 있다. 한글학회의 전신인 조선어학회에서 1933년 〈한글 마춤법 통일안〉이라는 명칭으로 우리글의 바르게 쓰는 법을 제시한 이래 크고 작은 변화들을 규정 속에 반영하면서 오늘에 이르게 된 것이다.

[표] 한글 맞춤법의 개정 과정

일 시	명 칭	주 관	내용 및 특징
1933. 10. 29	한글 맞춤법 통일안 −조선어 철자법 통일안	조선어학회	최초의 한글 철자법 관련 규정. 총론 3개 항, 각론 7개 장, 65개 항
1937. 3. 1	한글 맞춤법 통일안 (고친판)	조선어학회	1936년 10월에 '사정한 조선어 표준말 모음'이 발표되어 이를 반영한 것. 표준어의 예와 용어 수정
1940. 6. 15	한글 맞춤법 통일안	조선어학회	19항 접미사 '-후'를 '-추'로 바꿈. 30항에 사이시옷 항목 씀.
1946. 9. 8	한글 맞춤법 통일안	조선어학회	사이시옷 규정을 다시 폐지
1979. 12.	한글 맞춤법 통일안 −국어심의회안	국어심의회	여론 수집 과정과 심의 과정을 거쳐 결정된 본문 5개 장 47개 항, 부록 9개 항
1984. 12	한글 맞춤법 통일안 −학술원안	학술원 어문연구위원회	1979년 개정안의 재검토를 중심으로 개정, 본문 5개 장 54개 항, 부록 8개 항
1989. 3. 1	한글 맞춤법 −문교부 고시 88-1	국어연구소	본문 6개 장 57개 항, 부록 1개 항으로 조정. 불필요한 규정들의 정리. 자모순과 문장부호의 보완, 실제 발음 형태 중심 표기 등

이전까지의 한글 정서법에는 〈한글 맞춤법 통일안〉처럼 '통일안'이 명칭의 꼬리처럼 붙어 있었는데, 현행 맞춤법 규정은 이 꼬리를 떼고 〈한글 맞춤법〉으로 명칭을 정했다는 사실에 우선 주목을 해야겠다. 이 사소해 보이는 변화가 의미하는 것은 이전의 정서법들이 여러 학회나 연구자 혹은 단체의 의견을 모은 것이라는 제안적 의미를 가지고 있었는데 반하여, 현재의 정서법은 그야말로 법과 규정의 의미를 갖게 되었음을 의미한다.

실제로 어느 정도 강제성을 띤 강력한 규범이 필요한 것은 시대의 요청이라고도 할 수 있다. 한 예로 컴퓨터와 관련하여 Word Process Program을 개발할 때에도 정확하고 합리적인 규정이 설정되어 있는지와 그렇지 않은지의 차이는 매우 크다. 아울러 점차 한국에 대한 관심이 늘고 있는 국제 사회의 동향과 관련하여 한국어를 배우고자 하는 외국인들의 숫자가 점차 늘고 있음을 고려해 볼 때 역시 정확하고 통일된 정서법 규범이 절실하게 필요함은 물론이다.

통일된 정서법의 필요는 재삼 강조할 필요가 없다. 지금 한반도의 경우는 남과 북으로 분단되어 민간 차원의 교류가 거의 없이 지낸 지도 반세기를 넘었다. 최근 들어, 금강산 관광과 개성 공단 유치 등 사업상의 통로 개척이 비록 있었다 하더라도 이 정도로는 아직 정책교류 차원에 머물러 있을 뿐, 언어 화자들이 서로의 언어에 영향을 주고받을 수 있는 수준은 아니다.

현재 평양을 중심으로 발간되는 북한의 서적들을 보면 상당한 이질감을 느끼게 된다. 물론 용어를 비롯하여, 일찍이 북한에서 시행해 온 '말 다듬기 운동'[1]으로 인한 차이도 있겠지만 정서법에서 오는 문제 역시 그에 못지않게 심각하다.

그렇다면 맞춤법은 왜 그렇게 자주 변한다는 느낌을 주는 것일까? 그 이유는 언어의 특성과 관련이 있다. 언어의 여러 가지 특성 가운데 역사성이 있다. 이 역사성은 '언어는 쉼 없이 변화를 겪는다'는 특성이다. 일반

---

[1] 북한에서 해방 직후부터 일본어의 잔재와 한자의 난해함을 극복해야할 필요성에 제기하며 시작된 운동이다. 사회과학원 언어학 연구소 산하 전문용어 분과위원회에서 주체 운동의 일환으로 진행되었다. 본격적인 업적이 드러나기 시작한 것은 1970년대 이후로 보는 것이 일반적이며 남한의 '국어순화운동', 국립국어원의 '우리말 다듬기 운동'과 같은 성격이다. 예로 아이스크림을 '얼음보숭이', 석교(石橋)를 '돌다리' 등으로 고치는 것이다.

적으로 우리가 흔히 사용하는 입말 즉 구어口語의 변화를 글말인 문어文語가 좇아가는 양상을 취하는 것이 일반적인데 변화에 너무 민감하게 대처할 경우엔 문자 표기의 혼란상이 심해질 수 있으므로 이러한 규범을 정하여 일정 시기의 표기를 제어하는 것이다.

문자의 표기가 항상 당대의 언어를 그대로 반영한다고 보기는 어렵지만 일정 부분은 담고 있는 것이기에 언어 연구에서도 상당히 중요한 의미를 갖는다.

표기의 변천을 이해할 수 있도록 다음 몇 가지 예들을 제시해 본다.

〈고문헌 표기의 예〉
세존이쌍뚱산애가샤룡과귕씬과위ᄒ야쉃법ᄒ더시다 부톄목련이ᄃ려니ᄅ샤ᄃ
네강뻥랑궉에가아아바닚긔와아ᄌ마닚긔와아자바님내씌다한붕ᄒ 습고ᄯ앙슝
땅랑를달애야흔힝를그쳐(釋譜詳節 권6:1a-b, 1447년)

土門에뫼해티미조ᄇ니ᄀ는길흔ᄀ숤티리버므런는둣ᄒ도다　棧道앳구루믄하며
놉고ᄃ리옛돌흔얽믜요굳도다　一萬고랜드문수프리가웃ᄒ얏고積陰은든는믌겨를씌찻도다(〈飛仙閣〉 중 일부 옮김, 重刊杜詩諺解권1:30, 1632년)

저 구라파의 문명이 우리됴선에 슈입된지二十여년에 우리난 상업에나, 공업에나, 무엇에나, 무엇에 무삼견실한, 진보는 이즉 도금도 옷지못하엿다 혹 이말을 너무 과도하다고, 싱각하실이도, 잇겟지마는(泰西文藝新報 1918. 10. 13)

예를 통해 알 수 있듯이 과거 문헌들의 표기는 특별히 연구하거나 학습한 사람들이 아니면 우리글임에도 불구하고 독해하기가 어렵다. 물론 양

시대의 표기적 차이도 문제가 되겠지만, 가장 중요한 이유는 어휘와 발음 자체의 변화에 있다. 처음에는 일부 지방에서 통용되던 말이 전국에서 통용되던 단어들의 영역을 점점 잠식해 들어오면서 마침내는 그 이전 단어의 자리를 차지하게 된다. 또, 시간이 흐르면서 중세까지는 존재했던 발음이 사라지고, 이러한 발음이 다른 발음으로 대체되는 과정을 거치면서 다시 이전 시대와는 다른 형태의 단어들이 생기게 되는 것이다.

바로 이 시간에도 언어는 이러한 변화의 과정들 속에 놓여 있다. 물론 이러한 변화는 문자에서 시작되는 것이 아니다. 표기는 어느 정도 보수성保守性을 지니고 있기 때문에 발음 변화가 완전히 이루어진 후에도 오히려 바뀌지 않는 것이 일반적이다. 변화의 시작은 이처럼 문자가 아닌 실제 말, 즉 구어에서 비롯된다. 더욱 발음하기에 편안하고 간결한 방향으로 자연스럽게 변화가 생긴다.

이러한 발음의 변화, 실생활에서의 언어 사용의 변화를 표기에서 수용하지 않으면 우리의 현실 언어생활은 결국 말과 글이 서로 다른 이원적인 것이 될 수밖에 없다. 이러한 문제를 해결하기 위해서는 맞춤법이 언어 현실에 맞게 변화를 수용해야 하는 것이다. 바로 이것이 맞춤법이 변하는 원인이 되고, 그래야만 하는 근거가 된다.

제 2 장

한글 맞춤법의 이해

맞춤법이란 말 그대로 우리 자모를 모아서 맞춤하는 법을 일컫는다고 할 수 있다. 개개의 발음을 담은 자모들이 모여 하나의 글자를 이루는 방식이라 할 수 있는 것이다. 이러한 맞춤법은 기본적으로 한자와 같은 표의문자表意文字에는 존재할 수 없고 오직 표음문자表音文字 그리고 음소문자音素文字에만 존재할 수 있다.

이러한 맞춤법 곧 글자를 이루고 문장의 연결을 유지하는 형식을 제시하는 방법은 곧 글자로 기록하고 또 이를 효율적으로 읽기 위한 방법과 연관을 맺고 있다는 관점에서 이해해야 한다.

1부에서 이미 언급한 것처럼 한국어문규정은 〈한글 맞춤법〉을 위시하여 4개의 하위 범주들이 있다. 모든 하위 규범들이 일반 언어생활과 관련이 있지만 그 가운데 특히 〈한글 맞춤법〉과 〈표준어 규정〉은 가장 직접적인 영향을 끼치는 규범들이라고 할 수 있다.

〈한글 맞춤법〉은 국민 언어생활의 통일을 목적으로 이루어지는 작업의 총화라고 할 수 있다. 거리를 걷다 보면 음식점 등의 영업 장소에서 여전히 볼 수 있는 "어서 오십시요."를 비롯하여 조금만 관심을 가져도 되는 것을 틀리게 표기해 둔 사항을 찾기란 그리 어려운 일이 아니다. 그런데도 아직 예전의 규범의식에 사로 잡혀 성과 이름을 띄어 쓰는 등의 오류를 범하는 사례들이 많다는 사실에 안타까울 따름이다.

규범規範이라는 것은 물론 자연적으로 익혀질 수 있는, 혹은 실제 우리들이 많이 행하고 있는 사실들을 바탕으로 세워진 것이라 보는 것이 옳다. 말 그대로 '모범이 되는 규칙'을 정해 편의를 꾀하자는 것이다. 전혀 현실과 동떨어진 사실을 어느 날 갑자기 혁명처럼 강요하는 것이 아니다. 곧 점진적인 변화와 현실이 반영되는 것이라고 보아야 한다. 이런 관점에서 〈한글 맞춤법〉이나 〈표준어 규정〉을 이해하고자 한다면 더욱 편하게 수용할 수 있으리라 생각한다.

이 장에서는 〈한글 맞춤법〉을 쉽게 이해할 수 있도록 각 항들을 세밀하게 살피기로 한다. 각 장과 항들에 대해서는 〈한글 맞춤법〉의 체계를 그대로 따랐으며 장들 앞에 붙이는 번호는 장들을 편리하게 구분하기 위한 것으로 임의적인 것이다.

일차적으로 한글 맞춤법의 전체 구성을 살펴보면 다음 표와 같다.

장	절	내용 및 특기 사항
제1장 총칙		한글 맞춤법의 일반 원칙
제2장 자모		한글 자모의 순서와 이름
제3장 소리에 관한 것	제1절 된소리	된소리의 표기 반영
	제2절 구개음화	구개음화의 표기
	제3절 'ㄷ'소리 받침	ㅅ소리의 받침 적기
	제4절 모음	모음의 소리와 실제 표기
	제5절 두음 법칙	두음 법칙 관련 표기
	제6절 겹쳐 나는 소리	첩어(疊語) 표기의 원칙
제4장 형태에 관한 것	제1절 체언과 조사	체언과 조사의 구별 표기
	제2절 어간과 어미	어간과 어미의 구별 표기
	제3절 접미사가 붙어서 된 말	접미파생어의 표기 원칙
	제4절 합성어 및 접두사가 붙는 말	합성어 결합의 원형 표기 / 사이시옷
	제5절 준말	준말의 환경과 표기
제5장 띄어쓰기	제1절 조사	조사의 띄어쓰기
	제2절 의존명사, 단위를 나타내는 명사 및 열거하는 말 등	의존명사 등의 띄어쓰기 원칙과 허용 규정
	제3절 보조 용언	보조 용언 띄어쓰기와 허용 규정
	제4절 고유 명사 및 전문 용어	성과 이름 등의 띄어쓰기
제6장 그 밖의 것		부사, 한자어, 특정 어미, 접미사 및 혼용되는 어휘의 정서법
부록	문장 부호	문장 부호의 이름과 사용 통일

1) 제1장 총칙

한글 맞춤법 제1장 총칙은 모두 3항으로 이루어져 있다. 원래 총칙이란 규칙 전체의 원리나 방향을 통합적으로 제시하는 것이라 할 수 있다. 한 언어의 맞춤법이란 곧 정서법正書法을 의미하는 것으로 규칙 자체의 설정이 대체로 일반적이며 관용적慣用的인 성격을 띠고 있다. 그동안 사용해 온 방식 그리고 현재 사용하고 있는 방법을 절충하여 가장 보편타당하며 합의가 될 수 있는 방향으로 규칙화하는 것이다. 그러므로 해당 언어의 사용자들은 이 규칙에 대해 위반하지 않고 수용하는 것이 의무라고 할 수 있다.

'총칙'의 3개 항에서는 한글 맞춤법의 정의와 대원칙의 제시, 띄어쓰기 및 외래어 표기법에 대한 일반적인 사항들이 언급되어 있다.

제1항에서는 한글 맞춤법이 취하고 있는 원칙을 보여주고 있다. 이 내용에 대해서는 논란의 여지가 많고 표현에 대해서는 명확성 등에 대한 시비가 많은 것도 사실이다. 그럼에도 불구하고 결과적으로는 현행 맞춤법의 일반적인 원리를 담고 있는 것이 사실이므로 이를 잘 이해하고 있으면 전체적인 규범들을 이해하는 데 매우 도움이 된다.

우선 제1항에 담겨 있는 내용을 정리하여 제시해 보면 다음과 같다.

> **[한글 맞춤법의 기본 원칙]**
>
> ① 표준어일 것
> ② 소리대로 적을 것
> ③ 어법에 맞도록 할 것

언급 내용에서 애매한 점은 ②와 ③ 사이의 관계가 독립적인가 혹은 종속적인가의 문제가 서술에서 정확하게 드러나지 않는다는 점2)이다. 또 만일 종속적이라면 우선시되는 조건이 무엇인지도 확실히 구분하기 어렵다. 즉 소리가 우선인지, 어법이 우선인지를 가리기가 어렵다는 점이다. 구체적인 예를 든다면, '두음 법칙'의 경우는 소리 우선의 원칙이고, '구개음화'의 경우는 어법 중심의 원칙이라고 할 수 있는데 그렇다면 환경에 따라 병렬적 관계를 구성한다는 것인가도 의문이 된다.

어떻게 보면 애매하게 여겨지는 이러한 규정이 원칙으로 제시된 까닭은 우리말의 표기 원칙이 형태음소적形態音素的 원리를 따르고 있기 때문이다. 단순히 소리 나는 대로 적을 수가 없고, 뒤따르는 단어가 모음으로 시작하는지 자음으로 시작하는지 등 여러 요인에 따라 형태의 교체가 생기기 때문에 '어법에 맞도록'이라는 단서가 또 필요하게 된 것이다. 결국 ②와 ③의 두 조건은 상호보완적인 관계로 보는 것이 가장 적합하다.

덧붙이자면 무엇을 보든지 중시해야 할 것은 부가적으로 언급되는 사항이다. 외국인들뿐만 아니라 한국인들까지도 맞춤법이 어렵다고 하는 이유는 바로 1항과 관련이 있다. 물론 표준어를 소리대로 적는 것이 한글 맞춤법이라면, 지금 우리가 책이나 신문 등의 활자 매체에서 보게 되는 것과는 전혀 다른 모양이 된다.

---

2) 이와 관련하여서는 반론이 특히 많았다. 대표적인 예를 들어보면 "表音主義와 表意主義는 相反되는 개념인데 한번은 이쪽을 쫓는다고 했다가 한번은 반대쪽을 쫓는다고 하여 論理的으로 모순을 일으키는 규정이 되어 버리기 때문이다(이익섭, 1992 : 384)."와 같은 내용이다.

실제로 ②와 같이 쓰게 될 경우에는 그 단어의 원형이 무엇인지를 확인하기가 상당히 어렵다. 표기가 중요한 것은 시각적으로 의사소통이 원활하게 이루어지는 것이기 때문이다. 그러기 위해서는 독서의 능률을 높일 수 있어야 좋은 표기법이 될 수 있다. 그러므로 ②와 같은 표기를 할 경우에는 의미전달이 제대로 이루어지기 어렵다는 문제를 안게 된다. 더불어 모든 단어에 대한 개인마다의 자의적인 발음들이 존재하기 때문에 혼란은 더욱 커지게 된다. 이를 보충하기 위하여 덧붙여진 사항이 바로 '어법에 맞도록 한다'는 규정이다.

이 규정과 관련하여 참고로 언급해 두면, 한글학회 주도로 1980년에 개정된 〈한글 맞춤법〉 총론1에는 이전과 매우 다른 방식으로 원칙을 제시하고 있다.

[한글학회(1980), 〈한글 맞춤법〉 총론1]

한글 맞춤법은 표준말의 각 형태소를 소리대로 적되, 그 원형을 밝힘을 원칙으로 한다.

앞부분은 형태소形態素3) 운운하면서 문법 용어들이 들어가 복잡한 내용을 보인다고 할 수 있을지 모르지만 뒤의 내용 즉, '그 원형을 밝힘'이라고 한 부분은 '어법에 맞게 함'이라는 현재 표현보다 이해하기에 더욱 쉬운 것이라 여겨진다. 원형을 밝혀 적는다는 것은 어느 자리에 놓이든 서로 섞이기 이전의 글자 모양을 적어주는 것이 원칙이라는 것을 의미하기 때문이다.

그런데 이 내용이 현행 맞춤법에서는 예전으로 되돌려 진 것이다. 형태소들 간의 결합으로 이루어지는 경우, 이들 형태소의 원형原形을 살려 적는다는 것은 오히려 '어법語法'이라는 애매모호한 표현보다 더 명확할 수 있다.

한편, '어법에 맞도록 한다'는 말은 쉽게 이해한다면 '통일된 문법에 맞게 표기하도록 한다'는 뜻으로 해석된다. 즉, 경우에 따라 달리 나타날 수 있는 한 단어의 발음 양상을 인정하기는 하지만 형태는 통일된 것으로 정하여 쓰자는 것이다.

예를 들어 본다면, 서로 동일하다는 의미를 가지는 '같-'이라는 단어는 뒤에 오는 말에 따라 '[가치](같이)', '[간대(같다)', '[가튼](같은)' 등으로 환경에 따라 각기 다른 발음으로 나타난다. 이러한 것을 그대로 표기에 반영하면 당연히 그에 뒤따르는 혼란이 엄청날 것이므로 쉽게 모두가 알아볼 수 있도록 통일된 어법을 정하자는 것이다.

위의 두 가지 사항 모두는 조금의 차이는 있을지라도 결과적으로 우리 표기법이 형태음소적 기준을 두고 있다는 점을 제시하고 있다.

---

3) 형태소(morpheme)란 문법 연구의 구성 요소인 형태론의 기본 단위이다. 일반적으로 '의미의 최소 단위'라고 정의한다. 자체로 의미를 나타내는 실질 형태소와 조사, 어미와 같이 주로 문법적 의미를 나타내는 형식 형태소로 구분한다. 이외에도 자립 형태소와 의존 형태소로 구분하는 경우도 있다.

한편, 현행 북한어의 규범이 되는 〈조선어 규범집〉의 내용을 확인해 보면 다음과 같다.

> **[조선어 규범집 총칙(1987)]**
>
> 조선말맞춤법은 단어에서 뜻을 가지는 매개 부분을 언제나 같게 적는 원칙을 기본으로 하면서 일부 경우 소리나는대로 적거나 관습을 따르는것을 허용한다.
>
> **[조선어 규범집 총칙(1966)]**
>
> 1. 맞춤법은 단어에서 뜻을 가지는 매개의 부분을 언제나 같게 적는 원칙을 기본으로 한다.
> 2. 조선글은 왼쪽에서 오른쪽으로 가로쓰는것을 원칙으로 한다.

문화어 관련의 규범 총칙들을 보면 1966년의 시행 원칙과 1987년의 원칙에 차이가 있음을 알 수 있다. 1966년의 내용에서 가로쓰기 원칙을 제시한 2항은 완전히 정착되었다고 판단하여 이후에 적용에서 제외한 것으로 여겨지므로 크게 의미를 부여할 만한 문제가 아니다. 그러나 1항의 경우는 당시 북한에서 '형태주의 원칙'을 정서법의 기본으로 삼았음을 확인하게 한다.

유의할 점은 1971년에 발간된 해설집[4]에서 다음과 같이 기술하고 있다는 사실이다.

---

4) 1971년에 사회과학원 언어학연구소에서는 '〈조선어규범집〉해설'이라는 책자를 발간하여 〈조선어규범집〉(1966)의 각 항목에 대한 자세한 설명과 원리들을 제시하였다. 그냥 보기에 형태주의 표기로만 해석할 수 있는 1항의 내용 역시 보완하여 설명하고 있다.

이와 같이 우리 말 맞춤법이 뜻을 가지는 매개의 부분을 언제나 꼭같이 적는 형태주의원칙을 기본으로 하고있음으로 해서 우리 말이 가지고있는 여러가지 특성을 잘 나타낼수 있게 한다.

우리 말 맞춤법에 적용되고있는 원칙을 더 정확히는 형태―음운론적원칙이라고 할수 있다. 그것은 단어에서 뜻을 가지고있는 매개 부분을 이루는 음운은 다른 형태부와 결합하거나 단어가 변화할 때에 오늘날의 어음변화의 규칙에 따라 이러저러한 말소리로 바뀔수 있지만 이렇게 바뀐 소리대로 적지 않고 언제든지 매개 음운을 그 기본이 되는 음을 나타내는 자모로 적기 때문이다.

―사회과학원 언어학연구소(1971 : 3)

이 말은 결과적으로 단어의 원형을 중시하여 표기하는 원칙을 취하고는 있지만 결과적으로 '불+삽→부삽'의 예처럼 음성적 변이를 반영하여 적는 형태음소적 표기법을 따른다는 설명이다.

결국 1966년 규정의 총칙에 충분히 반영되지 못한 내용을 보완하여 제시한 것이 1987년의 총칙이라 할 수 있다. 단어의 원형 즉 형태소를 중심으로 표기하는 것이 원칙이지만 음성적 변이형들도 반영한다는 것을 밝힌 것이라 하겠다. 또한 순서와 내용에서 어느 정도 차이를 보이지만 내용에서는 한글학회(1980)의 총칙과 유사한 면을 확인할 수 있다.

북한의 맞춤법 총칙의 특징이라면 표준어에 대한 언급이 존재하지 않는다는 점이다. 즉 특정 지역이나 계층에 대한 설정은 없고 다만 표기 원칙에만 집중하였다는 사실 역시 특기할 만하다.

> **제2항** 문장의 각 단어는 띄어 씀을 원칙으로 한다.

총칙의 제2항은 띄어쓰기와 관련한 원칙을 제시하고 있는데 그 내용이 그야말로 빈약하다. 물론 이러한 진술의 원인은 본문에서 세목들을 정리하여 드러낼 것이기 때문에 원칙을 제시하는 총칙의 속성에 충실한 것이라 볼 수 있다.

과거 〈한글 맞춤법 통일안〉(1933)에서는 3항에서 "문장의 각 단어는 띄어 쓰되, 토는 그 웃말에 붙여 쓴다."고 규정하고 있는데 조사와 관련된 부분이 하나 더 추가되어 있지만 현재와 비교해 세밀한 것이라 보기는 어렵다. 만일 예전 규정을 그대로 수용하게 된다면 41항에서 다시 조사와 관련된 규정이 존재하므로 동어 반복의 오류를 범하게 될 뿐이다.

엄격하게 적용하자면 제2항의 단어는 어절語節을 의미한다. 우리말의 교착어膠着語적 특성이 반영된 예가 띄어쓰기에는 적용된다. 즉 조사, 어미, 접사 등의 의존형태소들이 어간, 어기 등의 요소와 결합하여 띄어쓰기의 한 단위를 이루게 되기 때문이다.

문제는 〈한글 맞춤법〉의 하부 영역이라 할 수 있는 띄어쓰기에 대한 혼란과 불만이 산재해 있다는 점이다. 사용자들의 실수에서 비롯되는 것이 일반적이기는 하지만 여전히 모두가 만족할 만한 예외 없는 원칙 설정에 실패한 것은 아닌지 뒤돌아보게 한다. 〈띄어쓰기사전〉이 나올 정도라면 새삼 더 설명이 필요 없다 할 것이다.

참고로 일반적으로 오류를 범하기 쉬운 띄어쓰기의 예들을 살펴보기로 한다.

원칙을 뒷받침하는 이론들을 이해하면 위에 제시된 어려운 예들을 다 수긍하겠지만 그렇지 않은 대다수의 경우에서는 쉽게 받아들이기 어려운 것이 바로 띄어쓰기라 할 수 있다. 한자漢字와 관련된 예를 들어 보면 어

---

5) '같은'과 '같이'는 띄어쓰기에서 헛갈리기 쉬운 예이다. 앞의 '같은'은 일반적으로 '-과 같은'에서 앞말의 조사 '-과'가 탈락한 것이며, '같이'의 경우는 부사격 조사로 앞말에 붙여 쓰거나 '같이 먹자.' 등의 용례에서처럼 용언을 수식하는 부사로 쓰일 때는 띄어 쓴다.

떤 사람들은 한자는 표의 문자여서 한 글자마다 다 뜻이 있으므로 단어로 인정해야 한다는 주장을 펼칠 수도 있고, 다른 이들은 이미 국어화 되어 쓰이고 있는 단어를 굳이 한자라는 이유에서 달리 봐야할 것까지는 없다는 주장을 펼칠 수도 있다.

표기와 무관할 것 같은 한자 문제가 사실은 매우 근본적이면서 중요한 역할을 한다. 어떤 입장을 취하느냐에 따라 '촛점 / 초점焦點'에서 맞는 것이 달라지기 때문이다. 현행 맞춤법에서는 초점이 맞는 것이라는 입장을 취하고 있는데 이는 초점을 한 단어로 인식해야만 가능하다.

대부분의 사람들이 이 발음을 [초쩜]으로 해 왔는데 두 음절을 각각의 두 단어로 인식한다면 앞서 이미 언급한 바 있는 사이시옷 규정에 따라 '촛점'으로 표기하는 것이 옳다. 그러나 이 단어가 각기 독립적인 의미를 지닌 한자어의 결합이지만 하나의 의미로 결합되어 쓰인 것이라 보는 관점이라면 두 음절 사이에 사이시옷은 삽입될 수가 없다. 현재의 표기는 후자의 입장을 고수하여 '초점'이라 적는 것이 옳은 표기라 규정하고 있다.

이 예는 바로 한자어 낱자가 가진 의미를 각기 단어 구성의 요건으로 볼 것인가에 따른 시각의 차이에 기인한 것이다. 이러한 이견들이 아직도 맞춤법을 둘러싸고 여러 분야에서 제기되고 있는 현실이다.

주의할 사항은 'ㄹ, ㄴ' 뒤는 띄어 쓰는 것6)이 일반적이라는 점이다. 깡충깡충과 같은 첩어疊語는 무조건 띄어 쓴다는 식으로 일반화된 내용을 무조건 적용하려다 보면 오류가 반드시 발생하게 된다. 위의 예에서도 보듯

---

6) 이런 생각을 하는 이유에는 일반적으로 'ㄹ/ㄴ'이 관형격을 만드는 어미로 많이 쓰이기 때문이다(예 : 먹는 풀, 검은 구름, 낚을 장소). 그렇다면 뒤에 오는 명사류어들과는 당연히 띄어 쓰는 것이라 생각하기 쉬운데 복합어를 이룰 때의 경우의 수는 훨씬 다양하다.

이 '가도 가도'의 첩어와 '감칠맛' 등은 그 오류의 예가 될 수 있다.

이후 서술의 편의를 위해서 국어 단어의 분류에 대한 일반적인 사항을 잠시 짚고 넘어 갈 필요가 있다. 일반적으로 국어에서는 기능과 의미를 기준으로 흔히 품사品詞를 구분한다. 학자들에 따라 구분의 방법에 조금씩 차이를 보이고 있는데 여기서는 일상적으로 사용하는 학교 문법의 예를 중심으로 그 구분을 확인해 보고자 한다.

학교 문법에서는 우리말 단어들을 9품사로 분류하고 있다.

[국어의 품사 분류－학교 문법]

- 체언－명사, 대명사, 수사
- 용언－동사, 형용사
- 수식언－관형사, 부사
- 독립언－감탄사
- 관계언－조사

학교 문법의 품사 분류에서 특기할 만한 것이라면 어미와 접사가 제외되어 있다는 점이다. 한편, 조사가 품사의 한 자리를 차지하고 있다는 사실은 다시 말해 조사가 한 단어로서 인정이 되었다는 것을 의미한다. 이러한 사실은 조사가 가진 기능을 하나의 의미로 인정한다는 것을 의미한다.

한편, 제2항에서 각 단어는 띄어 씀을 원칙으로 한다고 서술한 것은 위에서 품사로 인정된 단어들을 구별하여 띄어 쓰는 것을 의미한다. 한 가지 예외가 있다면 조사는 윗말에 붙여 쓰도록 규정한 것이라 할 수 있는데 이는 조사의 기능적 특성을 고려한 점이라 할 것이다.

규정에 '원칙으로 한다'라고 언급하고 있는 것은 다시 말해, 예외적인 사항들이 존재할 수 있다는 것을 의미한다. 현행 맞춤법에서 특히 주의해야 할 점은 바로 이러한 예외적인 사항들과 허용 규정들이라 할 수 있다. 이들 각각의 세부 내용들은 맞춤법 본문의 각 항에서 다시 살피겠지만 예외를 최대한 잘 기억해 두는 것이 필요하다.

제3항 외래어는 외래어 표기법에 따라 적는다.

외래어란 외국말이 우리말에 흘러들어 우리말화 된 외국어를 일컫는다. 과거에 우리말에 수용되는 과정에서 '라디오radio'를 '나지오'라 부르던 시기가 있었을 정도로 지나치게 우리말 위주의 표기나 발음이 이루어진 적도 있었다. 하지만 근자에 들어서는 최대한 원음을 살리는 방향으로 노력을 하되 우리가 수용할 수 없는 것들은 표기와 발음에 억지로 반영하지 않는다는 방향으로 원칙이 전환하고 있는 것으로 보인다.

제3항은 선언적·홍보적 어감이 느껴진다. 1부에서 이미 언급한 것처럼 외래어는 외래어 표기 규정이 〈외래어 표기법〉으로 따로 정해져 있으며 아울러 우리들이 자주 사용하는 외국어들의 한글 표기는 '정부·언론 외래어심의공동위원회'에서 정해 둔 것에 따라 통일하여 적게 되어 있다.

〈외래어 표기법〉은 다시 언급할 기회가 없으므로 기본 원칙을 제시한 제1장의 내용만을 간략하게 소개해 두기로 한다.

[〈외래어 표기법〉7)의 원칙]

제1장 표기의 기본 원칙

    제1항 외래어는 국어의 현용 24자모만으로 적는다.

    제2항 외래어의 1음운은 원칙적으로 1기호로 적는다.

    제3항 받침에는 'ㄱ, ㄴ, ㄹ, ㅁ, ㅂ, ㅅ, ㅇ'만을 적는다.

    제4항 파열음 표기에는 된소리를 쓰지 않는 것을 원칙으로 한다.

    제5항 이미 굳어진 외래어는 관용을 존중하되, 그 범위와 용례는 따로 정한다.

표기 원칙의 기본적인 흐름을 살펴보면 최대한 국어의 발음 체계에 외국어의 발음을 흡수하여 동화하려는 노력이 엿보인다. 그러면서 받침 표기의 원칙에서 7개 모음만으로 적도록 한다는 것은 음소주의적 표기를 원

---

7) 〈외래어 표기법〉은 계속 용례집을 통해 자료의 보완이 더해지고 있지만 기본 원칙에는 변화가 없다. 실제로 이 부분은 문화 체육부 고시 제1995-8호의 내용과 문화 관광부 고시 제2005-32호의 내용에서 차이를 보이지 않는다.

칙으로 한다는 것을 의미한다. 사실 제3항의 내용은 시각적 가독성可讀聲을 중시하는 우리말 표기에서는 이형태를 모두 고려한 원형 표기의 통일성을 생각하면 중요한 것이지만 타 언어의 발음을 옮기는 과정에서는 겹받침과 형태 위주의 받침 표기가 의미가 없기 때문에 제한을 둔 것으로 받아들일 수 있다.

파열음이란 폐에서 나오는 공기를 일단 막았다가 터트리면서 나는 소리들을 지칭하는데 'ㄱ, ㄷ, ㅂ'과 그 된소리, 거센소리 등을 이르는 용어이다. 제4항은 이들 가운데 'ㄲ, ㄸ, ㅃ'을 표기에 반영하지 않겠다는 것이다. 실제 이전 표기에서 '빠리 / 파리Paris'와 '도꾜 / 도쿄Tokyo'와 같이 혼란이 있었던 부분인데 이를 거센소리 즉 격음激音으로 통일한다는 의도가 포함되어 있다.

외래어의 경우는 우리말에 적응하여 우리 음운 체계나 규칙에 쉽게 합일되기도 하지만 그렇지 않아서 오히려 우리 음운 체계나 규칙에 영향을 끼치는 경우도 많다. 우리말에서는 어두에 'ㄹ' 발음을 허용하지 않는 것이 제약의 하나였으나 앞서 예시한 '라디오'처럼 물건 이름 등으로 인해 불규칙적인 것을 수용할 수밖에 없는 점도 있다. 세계화와 정보화를 중시하는 우리 시대의 흐름을 감안한다면 이러한 사항도 점차 늘어날 수밖에 없을 것이라 여겨진다.

2) 제2장 자모

자모字母란 흔히들 말하는 알파벳Alphabet이다. 우리말을 적기 위해 필요한 가장 기본적인 낱글자들을 말하는데, 국어는 소리글자이면서 동시에

음소문자인 까닭에 상당히 간결한 체계를 갖추고 있다. 이 장에서 중시해야 할 사항은 한글 자모의 이름과 사전에 올릴 적의 자모 순서를 제대로 기억하는 일이다.

제4항 한글 자모의 수는 스물넉 자로 하고, 그 순서와 이름은 다음과 같이 정한다.

ㄱ(기역)	ㄴ(니은)	ㄷ(디귿)	ㄹ(리을)
ㅁ(미음)	ㅂ(비읍)	ㅅ(시옷)	ㅇ(이응)
ㅈ(지읒)	ㅊ(치읓)	ㅋ(키읔)	ㅌ(티읕)
ㅍ(피읖)	ㅎ(히읗)		
ㅏ(아)	ㅑ(야)	ㅓ(어)	ㅕ(여)
ㅗ(오)	ㅛ(요)	ㅜ(우)	ㅠ(유)
ㅡ(으)	ㅣ(이)		

[붙임 1] 위의 자모로써 적을 수 없는 소리는 두 개 이상의 자모를 어울러서 적되, 그 순서와 이름은 다음과 같이 정한다.

ㄲ(쌍기역)	ㄸ(쌍디귿)	ㅃ(쌍비읍)	ㅆ(쌍시옷)
ㅉ(쌍지읒)	ㅐ(애)	ㅒ(얘)	ㅔ(에)
ㅖ(예)	ㅘ(와)	ㅙ(왜)	ㅚ(외)
ㅝ(워)	ㅞ(웨)	ㅟ(위)	ㅢ(의)

[붙임 2] 사전에 올릴 적의 자모 순서는 다음과 같이 정한다.

자음 ㄱ ㄲ ㄴ ㄷ ㄸ ㄹ ㅁ ㅂ ㅃ ㅅ ㅆ ㅇ ㅈ ㅉ ㅊ ㅋ ㅌ ㅍ ㅎ

모음 ㅏ ㅐ ㅑ ㅒ ㅓ ㅔ ㅕ ㅖ ㅗ ㅘ ㅙ ㅚ ㅛ ㅜ ㅝ ㅞ ㅟ ㅠ ㅡ ㅢ ㅣ

현재 한글의 기본 자모 수는 제4항에서 언급하고 있는 것처럼 자음 14개와 모음 10개를 합쳐서 모두 24개이다. 한글이 훈민정음으로 창제되었

을 당시에 비하면 4글자가 줄어든 셈인데, 자음에서는 'ㆁ, ㅿ, ㆆ'이, 모음에서는 'ㆍ'가 없어진 것[8]이다.

한편, 자음은 된소리 포함의 문제가 있고 모음과 관련하여 논란의 여지가 있는 것은 모음 자모 10개의 설정에 일관성이 결여되었기 때문[9]이다. 첫째는 'ㅑ, ㅕ, ㅛ, ㅠ'의 네 글자가 단모음이 아닌 이중모음二重母音이라는 사실이다. 다른 여타의 글자들은 모두 한 개의 음만을 표시하고 있는데 이 네 가지는 두 개의 음이 합쳐져 있어서 각각 [ja, jə, jo, ju]를 나타내고 있으므로 알파벳으로서 부적절하다는 점이다. 영어의 경우를 보더라도 이중모음을 포함하는 자모는 없는 것을 확인할 수 있으니 비록 전통과 관습을 따른 것이라 하더라도 논란이 있을 수 있는 부분이라고 생각한다.

둘째, 'ㅔ, ㅐ'는 분명 단모음으로 각각 [e]와 [ɛ]를 나타내는데 기본 자모에서는 빠져있고 두 개 이상의 형태를 이루는 [붙임 1]에 포함되어 있는 것은 아무리 문자 형성 방법 혹은 글자쓰기에 치중하였다 하더라도 문제가 있다.

셋째, 아직 단모음으로 인정되는 [ㅟ] 그리고 일부 음가는 단모음으로 역할을 하고 있다고 보는 [ㅚ]는 오히려 기본 자모에서 빠져 있다는 점이다. 이 부분은 음운적 환경 차이에 따라 변동이 있지만 확실한 이중모음들이 포함된 것을 감안한다면 역시 논란의 소지를 안고 있다.

---

8) 현재 이들 글자의 명칭은 각각 '옛이응, 반치음, 여린히읗, 아래아'이다. 이들 가운데 '옛이응ㆁ'은 그 음가(音價)가 'ㅇ'으로 합쳐져 사용되고 있다. 글자는 없어졌으나 기능 혹은 소리는 여전히 남아있다는 것이고 다른 세 글자는 문자와 함께 음가도 사라진 것으로 판단한다.

9) 4항에서 밝히고 있는 현재 우리나라 말의 자모는 자음체계 및 모음체계와 관련한 음소체계와 차이를 보인다. 이러한 점은 문자와 음소를 혼동하는 사례들로 나타나기도 한다.

넷째, 이 부분은 첫째 사항과 어느 정도 연관이 있다. 즉 같은 이중모음인데 j-계 이중모음들은 기본 자모에 넣어두고 한편으로 w-계 모음들은 제외시켰다는 것에서 올 수 있는 문제이다.

이상의 문제들은 결과적으로 전통적인, 관습적인 기준을 바탕으로 그리고 음소 중심이 아닌 글자 형성을 중심으로 자모의 명칭과 일종의 자격을 부여한 것은 아닌지 생각하게 한다. 지금 생각해도 혼란 없이 이 모든 문제를 해결하기는 어렵겠지만 여전히 해결에 대한 노력이 필요한 부분이다.

한편, 제4항의 [붙임 2]는 이전까지 한 번도 언급된 적이 없었던 내용으로 사전마다 특히 모음에서 제각각 그 순서를 제시하는 혼란을 막기 위하여 새롭게 추가된 내용이라고 할 수 있다. 현행 맞춤법의 실용성을 엿볼 수 있는 항목으로 기본 자모에 속하는 자음과 모음뿐 아니라 여러 자모가 어울려 적게 되는 경우에도 일정한 순서를 부과하여 자모 나열을 통일시키는 역할을 한다.

이러한 문제점들 외에도 제4항과 관련하여서 몇 가지 기억해 두어야 할 사항들이 있다.

첫째, 우리 자모 즉 문자는 '음소 문자'이다. 한글은 한자와 같은 표의문자와 표음문자를 구분함에 있어서 영어, 불어, 일어 등과 같은 표음문자에 속한다는 특징을 가지고 있다. 그리고 그 표음문자 가운데에서도 일본어와 같은 음절문자가 아닌 '1자 1음주의'에 가장 부합되는 문자이다.

둘째, 현실적으로 현재 자모의 명칭은 옛 훈민정음 창제 당시의 자모 명칭과 일치하는지 확인할 수 없다는 점이다. 이미 1부에서 언급한 것처럼 현재의 명칭과 가장 유사한 형태로 명칭이 제시된 근거는 최세진의

<훈몽자회> 범례凡例가 처음이라 할 수 있다.

[한글 자모 명칭의 전개]

① ㄱ는 엄쏘리니 君군ㄷ字쭝 처섬 펴아나는 소리 ㄱ ᄐ니 <訓民正音>
   (諺解本)

② ㄱ其役 ㄴ尼隱 …중략… ㅋ箕 … ㅏ阿 ㅑ也 <訓蒙字會>(崔世珍, 1527)

③ ㄱ기윽 ㄴ니은 ㄷ디읃 … 시웃 <諺音捷考>(石帆, 1846)

④ ㄱ그윽 ㄴ느은 ㄷ드읃 ㄹ르을 <국문졍리>(이봉운, 1897)

⑤ ㄱ극 ㄴ는 ㄷ들 ㄹ를 … ㅈ즈 ㅊ츠 <大韓文典>(유길준, 1909)

⑥ ㄱ기윽 ㄴ니은 ㄷ디읃 … ㅅ시웃 <조선말본>(김두봉, 1916)

⑦ ㄱ기역 ㄴ니은 ㄷ디귿 … ㅅ시웃 … ㅈ지읒 … ㅋ키윽 … ㅎ히읏
   <諺文 綴字法>附記(總督府學務局, 1930)

⑧ ㄱ기역 ㄴ니은 ㄷ디귿 … ㅅ시옷 … ㅈ지읒 … ㅋ키윽 … ㅎ히읗
   <한글 맞춤법 통일안>(조선어학회, 1933)

앞의 표를 보아 알 수 있는 것은 현재 우리가 사용하는 자모의 명칭[10]은 결국 최세진의 <훈몽자회>에서 그 시작을 보여 약 400년의 세월을 거쳐 오면서 첨삭 등 변화를 거듭해 오다가 <한글 맞춤법 통일안>에서 완성된 것이라 할 수 있다. 한편, 북한의 경우는 김두봉[11]의 견해를 수용하여 현재 규정에 적용한 것으로 짐작할 수 있다.

---

10) 자모의 명칭과 순서에 대한 자세한 내용은 이은정(1988 : 21~25)을 참고할 것.

11) 김두봉(金枓奉, 1890~1961)은 독립투사, 한글학자, 북한의 정치인으로 알려진 인물이다. 해방 전에는 조선독립동맹의 주석으로 항일 투쟁을 벌였으며, 한글 연구가로서는 <조선말본>, <깁더 조선말본> 등의 업적을 남겼다.

셋째, 현행 맞춤법의 자모의 순서 역시 훈민정음 창제 당시의 순서와는 차이가 있다. 오히려 이 순서도 〈훈몽자회〉 범례凡例를 따른 측면이 강하다. 거듭되는 언급이지만 구체적으로 살피면 최세진은 〈훈몽자회〉 범례에서 자모를 셋으로 구분하여 설명하고 있다.

[〈訓蒙字會〉 凡例의 字母 구분]

諺文字母一俗所謂反切二十七字
① 初聲終聲通用八字：ㄱ ㄴ ㄷ ㄹ ㅁ ㅂ ㅅ ㅇ
② 初聲獨用八字：ㅋ ㅌ ㅍ ㅈ ㅊ ㅿ ㆁ ㅎ
③ 中聲獨用十一字：ㅏ ㅑ ㅓ ㅕ ㅗ ㅛ ㅜ ㅠ ㅡ ㅣ ㆍ

〈훈몽자회〉의 이러한 구분법에는 일종의 규칙이 있다. 곧 중국 운학의 구분법을 따른 것이지만 〈훈민정음〉에서 자음을 발음 위치상 구분할 때, 아설순치후牙舌脣齒喉로 구분한다. 이들은 각각 연구개, 혀, 입술, 이빨, 목구멍의 순서를 의미하는데 자음의 경우 순서에서 이들이 그대로 적용된다. 즉, ㄱ은 아음牙音, ㄴㄷㄹ은 설음舌音, ㅁ과 ㅂ은 순음脣音, ㅅ은 치음齒音 그리고 ㅇ은 후음喉音이므로 아설순치후의 순서를 제대로 따른 순서라 할 수 있다.

초성독용팔자의 순서에는 변화가 생겼으나 이는 평음을 유기음 앞에 두기 위한 것에서 비롯된 것이라 보는 것이 가장 타당하다. 이에 반하여 모음의 경우는 'ㆍ'소실로 인한 전체 숫자의 차이를 제외하곤 현행 맞춤법과 차이를 보이지 않는다.

<훈몽자회>가 간행된 16세기 초엽 당시의 표기 방식은 현대의 맞춤법과 상당히 달라서 음소주의 표기에 가까운 것이었다. 즉, 어원을 밝혀 적거나 어법에 맞도록 표기하는 것과는 다르게 소리 나는 대로 적는 것이 일반적이었을 것으로 추측되는 시기이다. 그래서 '초성독용팔자'에 해당하는 글자가 받침자리에 적는 일은 거의 없었을 것이다. 그러므로 당시 발음들을 중시하여 범례의 설명이 가능하였을 것이라 여겨진다.

3) 제3장 소리에 관한 것

제3장에서는 일반적으로 통용되는 발음들이 표기에 어떻게 반영되는지를 중심으로 한 규정들을 제시하고 있다. 실제 우리가 발음하는 것과 표기 사이에 차이가 존재하는 단어들과 단어 안의 위치에 따라 음가音價가 달라지는 발음들에 대한 것들이다. 구개음화, 두음 법칙 등이 이 범주에 속하는데 여기서 특히 유의할 사항들은 '다만'으로 시작되어 예외적인 것을 인정하는 항목들이다.

① 제1절 된소리

원래 단어의 원형이 된소리가 아니었지만 발음 과정에서 앞뒤 소리의 영향, 즉 음운적 환경에 의해 된소리로 발음되는 현상을 된소리되기, 또는 경음화硬音化라고 한다. 원래 된소리가 아닌 발음이 된소리가 되는 경우는 음운론적으로 설명이 되는 현상들이 대부분이지만 더 강조해서 발화하고 싶은 심리에서 비롯되는 것과 같이 자의적인 현상들도 존재한다. 이러한 사항들을 모두 고려하여 이 규정을 이해해야 한다.

5항에서 제시하는 '뚜렷한 까닭 없이 나는 된소리'는 다시 말하면 원래부터 된소리였던 것을 말한다. 가까운 일본어만 해도 된소리와 거센소리의 구분이 없는 것에 반하여 우리말은 된소리가 음소로써 매우 중요한 역할을 한다. '덕, 떡, 턱'을 보아 알 수 있듯 한 음절에서 다른 음운적 환경이 같은데 오직 'ㄷ, ㄸ, ㅌ'의 차이로 인해 의미가 구분되는 것을 알 수 있다. 우리말에서 이러한 예는 수없이 많이 찾을 수 있다.

그런데 아래 1과 2항을 보면 모음 사이, 그리고 비음 및 모음 받침과 모음 사이로 한정된 조건을 제시하고 있다. 이 환경을 구성하는 음들의 공통된 자질資質 특성12)은 [+sonorant]이다. 이 조건은 다시 말해서 폐쇄음 등 장애음 받침 뒤에서 이어지는 자음은 된소리화 될 수 있는 음성적 환경을 지닌 것이지만 [+sonorant] 자질을 가진 음들 사이에서는 된소리화가 일어날 수 없다는 것을 전제로 제시하는 것과 같은 표현이다. 이러한 전제하에 된소리가 발음된다면 그 된소리는 음성 환경의 영향을 받아 일어난 것이 아니라 원래 그 단어에 된소리가 포함되어 있는 것을 의미하므로 이 경우는 된소리로 적는다는 규정이다.

어렵게 푼 말이지만 결국은 원래 단어의 원형에 된소리가 들어 있는 말은 그대로 된소리로 적는다는 매우 단순한 원리로 이해할 수 있다. 이러한 제5항의 규정이 필요한 이유는 오히려 '다만'으로 이어지는 추가 내용 때문이라 할 수 있다.

제5항에서는 'ㄱ, ㅂ' 받침 뒤에서의 경음화에 대하여 특별히 제한적인 설명을 하고 있다. 이 설명은 '다만' 이하에 나타난 설명과 예들은 단어의 원형에서는 된소리가 아닌 음들이 발음되는 과정에서 된소리화된 것들이기 때문에 '어법에 맞게' 다시 말해 '원형에 맞게' 적기 위해서는 된소리로 적지 않는다는 것을 의미한다. 이 경우들은 대체로 예측할 수 있는 현상인데 특히 소리 나는 대로 적는 것보다는 오히려 원형을 밝혀 적는 것이 더 중요한 원칙임을 확인시켜 주는 예라고 할 수 있겠다.

정리해 본다면 예측할 수 있는 발음 규칙, 여기서는 된소리화에 의해 발음 과정에서 생기는 변화라면 원래 모양을 찾아 적어야겠지만, 제5항의 1, 2에서 보인 예들인 '산뜻하다, 잔뜩, 어깨, 오빠' 등의 단어는 발음 규칙

---

12) 자질(features) 이론은 생성 음운론에서 중시하는 내용들이다. 공명성(共鳴性) 유무를 표시하는 [sororant] 자질은 [syllabic]과 함께 Chomsky & Halle(1968)의 소위 SPE 이론에서 [vocalic] 대신 제시된 자질이다.

의 영향을 받은 것이 아니라 원래 된소리이므로 된소리로 적는다는 것이다. 그러므로 여기서 '뚜렷한 까닭 없이'란 바로 '원래 단어의 형태'로 바꿀 수 있게 된다.

② 제2절 구개음화

우리말에서 구개음화란 경구개음화硬口蓋音化를 의미한다. 일반화되어 사용되고는 있지만 우리 음운에 구개음은 'ㅈ'으로 대표되는 경구개음과 'ㄱ'으로 대표되는 연구개음이 있으므로 이러한 사실을 구별해서 알고 있어야 한다.

음운 규칙에서 '-화化'가 붙은 것은 원래는 '-'이 아니던 것이 '-'으로 바뀐 것을 의미한다. 즉 구개음화는 구개음이 아니던 것이 구개음으로 바뀐 현상을 의미하고, '비음화鼻音化'는 비음 즉 콧소리가 아니던 음이 비음으로 바뀐 것을 의미하는 것이다. 아주 단순한 사실이지만 이러한 용어의 문제를 잘 이해하고 해당되는 규정들을 살피면 문제의 본질에 더욱 쉽게 접근할 수 있다.

제6항 'ㄷ, ㅌ'받침 뒤에 종속적 관계를 가진 '-이(-)'나 '-히-'가 올 적에는 그 'ㄷ, ㅌ'이 'ㅈ, ㅊ'으로 소리나더라도 'ㄷ, ㅌ'으로 적는다. (ㄱ을 취하고, ㄴ을 버림.)

ㄱ	ㄴ	ㄱ	ㄴ
맏이	마지	핥이다	할치다
해돋이	해도지	걷히다	거치다
굳이	구지	닫히다	다치다
같이	가치	묻히다	무치다
끝이	끄치		

우리말의 경구개음은 'ㅈ'과 'ㅊ' 그리고 'ㅉ'이 있다. 그러므로 구개음화란 구개음이 아니던 음이 뒤따르는 다른 소리의 영향을 받아 'ㅈ'과 'ㅊ' 등의 구개음으로 변하는 역행동화 현상이다. 이 변화를 주도하는 음운 환경은 주로 반모음 [j]와 모음 [i]가 된다. 다시 말해 'ㄷ, ㅌ' 등이 뒤따르는 모음 'ㅣ, ㅑ, ㅕ, ㅛ, ㅠ' 앞에서 'ㅈ, ㅊ'으로 바뀌는 현상이다.

제6항에서 중시해야 할 점은 위와 같은 구개음화의 조건을 충족시키고, 실제로 발음이 구개음으로 변하여 나는 경우라도 소리대로 적어서는 안 되는 경우를 유의해야 한다는 것이다. 곧 앞서의 된소리 관련 조항인 제5항처럼 원형을 밝혀 적어야 하는 경우를 제시하고 있는 것을 알 수 있다.

비록 한 조항으로 제시하고 있는 것처럼 보이지만 여러 내용이 포함된 6항의 요구 사항들을 정리해 보면 다음과 같다.

[원형을 밝혀 적는 조건 – 필수조건]

① 'ㄷ, ㅌ' 받침 뒤
② 종속적인 관계를 가진
③ '-이(-)'나 '-히-'가 올 때

제시한 조건들 가운데 ②의 '종속적인 관계'란 '아들+딸, 빵+집'처럼 단어와 단어[13]의 결합에서 보이는 독립적인 요소들의 만남에서 보이는 '대등한 관계'가 아닌 것을 말한다. 단어들끼리의 만남이란 대등한 조건과

---

13) 이때의 단어란 형태소로 본다면 자립형태소로 독립적으로 의미를 구성하는 어간, 어근 등을 의미한다.

자격으로 맺어지는 것이므로 어느 한쪽으로 기울어진 것이 아닌 관계가 된다.

이에 반하여, '종속적인 관계'란 사동의 의미를 첨가한다든지 문법적 기능을 덧붙이는 등의 역할만을 하는 접미사, 조사, 선어말어미 등 독립성이 없는 문법 형태소들이 체언이나 용언의 어간에 결합할 때를 의미한다. '먹-'이라는 어간 뒤에 '-고'라는 형태소가 붙어서 먹는 행위와 동시에 혹은 순차적으로 일어나는 행위가 있음을 보여주는 역할을 담당한다. 이것은 '먹-'에 대해 '-고'가 종속적인 관계를 형성한다고 볼 수 있다.

제6항에서 예시된 것들을 보더라도 '굳이'의 경우에 용언의 어간 '굳-'에 부사로 품사를 전성시키는 접미사가 붙어서 이루어진 것이다. 원래 어간이 가지고 있는 '굳-(堅)'의 의미는 변화가 없고 다만 문법적 기능에서만 변화를 보이는 예가 되는 것이므로 종속적 관계라 할 수 있다.

③의 경우는 '-이(-)'가 올 때라는 조건은 위에서 보인 일반적인 구개음화의 환경에 부합하지만 '-히'와 결합할 경우는 왜 조건에 포함 되었을까는 의문14)이 생길 수 있다. 그런데 이 경우는 일차적으로 앞선 'ㄷ'이 뒤따르는 'ㅎ'과 결합하여 거센소리인 'ㅌ'으로 합류 과정을 거치고 다시 뒤따르는 'ㅣ'모음의 영향으로 구개음화가 이루어져 'ㅊ'으로 소리나는 것을 의미한다.

정리해 본다면 제6항에서는 현실 발음이 비록 구개음화를 일으켜 'ㄷ과 ㅌ'이 'ㅈ과 ㅊ'으로 나더라도 위의 세 조건에 의거한 것들은 표기에 반영

---

14) 구개음화는 비구개음들이 바로 이어지는 모음이나 반모음의 영향으로 구개음으로 바뀌는 것이다. 중간에 자음이 개재되어 있을 때는 이 규칙이 적용되지 않는다.

하지 않는다는 것을 말한다. 결국 '소리대로'가 아닌 '원형을 밝혀 적는 쪽'을 택한 것이다. [15]

③ 제3절 'ㄷ'소리 받침

제7항 'ㄷ' 소리로 나는 받침 중에서 'ㄷ'으로 적을 근거가 없는 것은 'ㅅ'으로 적는다.

덧저고리	돗자리	엇셈	웃어른
핫옷 무릇	사뭇	얼핏	
자칫하면	뭇[衆]	옛	첫
헛			

제7항은 흔히 말하는 말음법칙末音法則, 다시 말해 중화中和와 관련된 규정이다. 그리고 다르게 본다면 말음법칙의 적용을 받더라도 표기는 그것과 다르게 하라는, 즉 표기 관습에 따라 적으라는 규정이다. 이와 관련하여 북한안에서는 아예 '관습대로'라는 표현을 사용하고 있다.

말음법칙 곧 음절말 중화는 받침자리에서 'ㅅ'을 비롯하여 'ㅈ, ㅊ, ㅎ' 등의 자음들이 모두 본래 음가대로 발음되지 못하고 'ㄷ'으로 발음되는 것이다. 즉, 원래 서로 대립되는 음가를 가지고 있다가 음절 말음 위치에서는 중화되어 대립을 상실하게 되는 현상이다.

제7항에서 보이는 예들과 규정은 모두 음절말 중화에 의해 'ㅅ'이 원래

---

15) 참고로 북한의 경우는 <조선말 규범집>에는 구개음화에 대한 규정이 빠져 있다. 다만 <문화어 발음법>의 제21항에 "받침 <ㄷ, ㅌ, ㄸ> 뒤에 토나 뒤붙이인 <이>가 올 때 그 <이>는 각각 [지, 치]로 발음한다."고 하여 구개음화를 발음에서만 인정한다는 사실을 나타내고 있다.

음가를 잃고 'ㄷ'으로 발음되는 것들을 보여준다. 이 예들은 '접두사, 부사, 관형사'들로 국한되어 있다는 특징이 있다. 비록 소리가 'ㄷ'으로 나지만 원래의 형태가 'ㅅ'이므로 관습에 의존하여 표기하도록 한다는 것이다.

〈훈민정음〉(1446)에서는 '八終聲可足用'이라 하여 음절의 끝자리 즉 받침자리에서 발음될 수 있는 자음은 'ㄱ, ㄴ, ㄷ, ㄹ, ㅁ, ㅂ, ㅅ, ㅇ'의 여덟 자음임을 말하고 있고, 〈훈몽자회〉(1527)에서도 'ㅅ'이 받침으로 발음되었음을 보이고 있다. 이런 근거들을 바탕으로 한다면 원래 'ㅅ'은 받침에서도 발음이 되던 것인데 이후에 'ㄷ'으로 중화된 것임을 알 수 있다. 그렇다면 당연히 '소리대로 적기'의 원칙에 의거하여 모두 'ㄷ'으로 적어야 일관성 있는 표기법이 되지 않겠냐는 의문이 생긴다.

이와 관련하여 흔히 '표기의 보수성'이라는 말을 떠올리게 된다. 발음이 아무리 바뀌어 가도 시각적 전달 도구인 표기는 그 변화를 곧바로 수용하지 않고 옛 표기를 고수하려는 경향이 있음을 이르는 말이다. 한 예로 'ㆍ'의 경우는 그 발음이 근대에 이미 사라진 것으로 인정되는데도[16] 불구하고, 20세기 초반까지 꾸준히 표기에 반영되었다.

제7항의 예로 제시된 것들 중 '웃어른'을 어떻게 발음하는지를 생각해 보면 이 규정이 필요한 이유를 알 수 있다. 즉 무엇이[무어시]의 경우에는 모음으로 시작하는 말이 뒤따르면 음절구조 재조정에 의하여 'ㅅ'의 발음이 유지되는데 반하여 '웃어른'은 [우더른]으로 나타나 이미 받침뿐만 아니

---

16) 이 말은 정확하게 표현하면, '서울, 경기를 비롯한 대부분의 지역'에서 사라진 것으로 해야 옳다. 왜냐하면, 아직도 제주도를 비롯한 남부지역에서는 'ㆍ'의 흔적을 찾을 수 있기 때문이다. 다만, 음소로서의 자격으로 남아있는 것이 아니라 음성으로서 남아있는 것이 일반적이다.

라 더 이상 'ㅅ'으로 적을 만한 근거가 없음을 알 수 있다. 그럼에도 불구하고 이를 표기에 반영하는 이유는 바로 이런 표기의 보수성과 관련한 관습을 존중하자는 것에 있다.

표기가 발음과는 상관없이 자기 모양을 고수하려고 하는 보수성은 모두 독해의 능률과 관련지어 설명할 수 있다. 지금껏 '웃어른'으로 표기되던 단어가 어느 순간 갑자기 '운어른'으로 나타난다면 눈에 익지 않은 표기로 인해 독서의 효율성이 떨어질 수밖에 없는 것이다. 그러므로 이러한 혼란을 막기 위해 실제 발음은 변화를 겪었다 하더라도 그 표기는 발음보다 아주 느리게 변화를 일구어 간다는 특징을 보인다.

④ 제4절 모음

된소리, 구개음화, ㄷ소리 받침 등의 예들을 보면 "새로운 맞춤법이라면 현실 발음을 최대한 반영하여 발음과 표기의 차이를 줄이는 것이 좋지 않았을까?"는 의혹이 생길 수 있을 것이다. 이러한 의문은 표기의 보수성에 대한 이해로 의문을 어느 정도 해소할 수 있다.

실제로 우리말뿐만 아니라 영어에서도 'psychology'의 묵음을 비롯하여 현실음에서 'a'가 여러 음가로 발음되고 있는 등의 문제가 있지만 철자를 발음에 맞게 바꾸지 않는 점을 고려해 본다면 불만스러워 할 사실이 아님을 인정할 수 있다. 제4절 역시 현실음과는 다르지만 단어의 원래 형태를 보존하기 위한 규정들 중 특히 모음과 관련한 내용들이다.

제8항과 이어지는 제9항은 이중모음과 관련한 규정들이다. 8항은 [ㅖ]의
발음을, 9항은 [ㅢ]의 발음에 대하여 규정하고 있다. 이들은 원래 모두가
이중모음이다. 〈표준발음법〉 제5항에서는 이들을 모두 이중모음으로 발음
하는 것으로 규정하였으며 실제로 표기에서 '예수, 예' 등의 단순한 예들
이 이중모음으로 발음되는 것을 확인해 준다.

한편, 단모음과 이중모음을 구별하는 가장 쉬운 방법은 단모음은 처음
발음을 시작하고 끝날 때까지 입술 모양이나 혀의 위치에 변화가 없는 반
면, 이중모음은 입술 모양과 혀의 위치에 변화가 생긴다는 점이다. 일반적
으로 이중모음에서 반모음半母音[17]은 결합하는 모음보다 개구도가 작기 때
문에 입술이 처음 발음보다 크게 되는 것이 특징이다.

우리말에서 이중모음을 발음하는 것이 불가능한 것은 아니지만, 보통
발음을 하다보면 제8항에 예든 '계, 례, 몌, 폐, 혜' 등의 이중모음을 '게,

---

17) 과도음(過渡音) 혹은 활음(滑音)이라고도 한다. 우리말에는 [j]와 [w]가 있다.

레, 메, 페, 헤' 등의 단모음으로 발음하는 것이 일상적이다. 즉, [je]음을
[e]로 발음하게 되는 현상으로 '단모음화 현상'이라 할 수 있다. 결론적으
로 비록 현실 발음은 [e]로 나더라도 원래 한자음이 [je]이므로 원형을 밝
혀 적도록 한다는 내용이다.

한편, '게송偈頌, 게시판揭示板, 휴게실休憩室' 등을 본음대로 적는다는 내
용을 부차적으로 기술하고 있는데 이는 '偈, 揭, 憩'의 원래 한자음과 현실
음이 모두 '게'이기 때문이다. 이 항목은 없어도 상관없는 내용을 덧붙여
놓은 것18)에 지나지 않는다. 다만, 이 어휘들의 실제 표기가 '휴게실 / 휴
계실, 게시판 / 계시판, 게양揭揚 / 계양, 게재揭載 / 계재' 등으로 혼란스럽다
는 의문을 제기하는 경우가 많아서 그 혼란을 해소하기 위해 덧붙여진 내
용이 아닌가 생각된다.

제9항 '의'나, 자음을 첫소리로 가지고 있는 음절의 'ㅢ'는 'ㅣ'로 소리나는 경우
가 있더라도 'ㅢ'로 적는다. (ㄱ을 취하고 ㄴ을 버림.)

ㄱ	ㄴ	ㄱ	ㄴ
의의(意義)	의이	닝큼	닝큼
본의(本義)	본이	띄어쓰기	띠어쓰기
무늬[紋]	무니	씌어	씨어
보늬	보니	틔어	티어
오늬	오니	희망(希望)	히망
하늬바람	하니바람	희다	히다
닁리리	닁리리	유희(遊戲)	유희

---

18) 제8항의 내용은 '원래 음이 그것이므로 혹시 다르게 소리 나더라도 원형을 밝혀 적는
다.'는 것이다. 결국 총칙 제1항의 내용을 잘 이해해 두면 편리하다는 것이 다시 증명되
는 셈이다.

제8항의 내용을 살피기 전에 우선 [ㅢ]에 대하여 알아보면, 다른 이중모음들이 반모음이 앞에 오는 데에 반하여 오직 [ㅢ] 즉 [ɨj]만은 반모음이 뒤에 온다는 특징이 있다. 전자를 상향 혹은 상승이중모음, 후자와 같은 예를 하향이중모음이라고 한다. [ㅢ]는 우리 이중모음 체계에서 유일한 하향이중모음이므로 매우 특이한 예에 속한다고 할 수 있다.

'의'는 놓인 위치에 따라 그 발음이 상이하게 나타난다는 특징이 있다. 가령 '의의意義의'의 발음은 어떻게 하는 것이 올바른 것일까? 이 발음은 현재 다수의 언중들이 [으이에]라고 발음하고 있다.

'의'의 발음은 〈표준어 규정〉의 제2부인 '표준 발음법' 제5항에서 다시 다루고 있다. 이 내용들 중 관련 사항들을 보면 "자음을 첫 소리로 가지고 있는 음절의 '의'는 [ㅣ]로 발음한다."는 것과 "단어의 첫 음절 이외의 '의'는 [ㅣ]로, 조사 '의'는 [ㅔ]로 발음함도 허용한다."는 것들이다. 이 규정은 결국 모든 '의'는 [ɨj] 즉 [의]라 발음하는 것이 원칙이지만 예외적으로 '희, 늬' 등 자음과 규정된 경우는 [ㅣ]로 발음해야 한다고 밝히고 있는 것이다. 그리고 다시 허용 규정으로 첫 음절이 아닌 위치에서는 [ㅣ]로 그리고 조사일 때는 [ㅔ]로 발음할 수 있다는 것을 덧붙여 둔 것이다.

전라 방언에서 보이는 조사의 발음이 [의로 나타나는 것들, 예를 들어 '우리의[우리의]'와 같은 예는 한정된 지역에서 나타나는 방언이다. 그런데, 상당수 실제 발음들에서 [의가 '의'의 발음에 수용된 것을 인정해야 하는 측면이다.

보기에서 보인 ①은 '의'의 발음이 규정대로 [의로 나는 것을 보인 것이고, ②는 자음이 음절 초에 오는 경우로 발음은 [이]로 나는 예들이다. 그리고 ③은 '의'의 발음이 첫 음절임에도 불구하고 [의로 나거나 혹은 '[의 ∽이[의]'로 자유변이를 일으키는 예를 보인 것이다. 사람마다 약간의 차이는 있을 수 있으나 특히 ③의 예들은 '의[의]'를 의식해서 발음하려 노력하지 않을 경우엔 거의 [의로 발화되는 것이 일반적이다.

제9항 역시 어법 즉 원형을 밝혀 적는 표기 원칙을 강조하는 규정인데 실제 발음에서 널리 유포되어 쓰이는 [의 발음이 전혀 언급되지 않았다. 이러한 사실은 이미 변화의 단계가 완료된 것만을 적용할 뿐, 변화의 과정에 속해 있는 것은 반영하지 않는다는 의미인지 다소 애매한 적용이 될 수 있다.

이상에서 실제 발음과 표기에 차이를 보이는 예들을 중심으로 자음과 모음에 관련된 사항들을 살펴보았다. 혹은 불합리한 것으로 여길 수도 있는 내용들이지만 우선적으로 고려해야 할 것은 맞춤법 곧 정서법은 규범이며, 어문 생활의 통일을 위하여 필요한 것이라는 점이다. 위에 언급된 사항들에서 주목할 만한 것은 서로 근본이 다른 단어들끼리 섞어 적는 표

기는 사용하지 않으며 비록 소리대로 쓴다는 원칙이 있지만 어원을 해치
는 표기는 피한다는 점이다. 예를 든다면 '먹이'[머기]의 경우는 실제 발음
이 [머기]가 되므로 소리대로 쓴다면 '머기'라고 표기해야 하지만 '먹-'이라
는 동사어간과 '-이'라는 명사화접미사가 합쳐서 이루어진 단어이다. 그러
므로 서로 근간을 달리하기에 섞이지 않고, 어원을 살리는 쪽의 표기를 택
하게 된 것이다.

⑤ 제5절 두음 법칙

제5절의 10~12항은 한자음의 표기와 관련된 것이다. 일찍이 우리말에
편입된 소위 차용어借用語로써의 한자어는 우리말의 발음 규칙에 많은 영
향을 끼쳤다. 우리말 체계 속에 편입되는 과정에서 또한 많은 변화를 겪
었다. 즉 우리말화 과정을 거친 셈인데 중국말과 우리말 사이의 차이를
좁히는 이러한 과정들의 일환이 두음 법칙이다.

우리말은 역사-비교언어학에서 알타이어족에 속하는 것으로 알려져 있
다. 이러한 분류를 위한 공통 특질에서 중요한 요소 가운데 하나가 바로
두음 법칙頭音法則이다. 두음 법칙과 관련한 사항은 이미 제1부에서 언급하
였는데 워낙 표기상에 혼란이 많은 부분인 만큼 표기에서 특히 주의를 기
울여야 한다. 자세한 내용을 살피기 전에 우선 유의해야 할 사항들을 점
검해 두면, 두음 법칙과 관련한 사항들을 이해하기가 훨씬 수월할 것이다.

> **[두음 법칙의 특징]**
>
> ① 두음 법칙은 한 단어의 첫 머리에 나타나는 'ㄴ, ㄹ'과 관련이 있다.
> ② 첫 음절의 모음이 '야, 여, 예, 유, 이'일 경우에는 앞선 'ㄴ, ㄹ'이
> 두음 법칙의 영향을 받아 탈락하게 된다.
> ③ 'ㄹ'로 시작하는 단어는 없다. 물론 '라면, 라디오, 랄랄랄' 등 상품
> 명, 외래어, 시늉말 등 특수한 예외들이 있기는 하지만, 원칙적으로
> 우리말에는 'ㄹ'로 시작하는 말이 없다고 보면 된다.

③의 조건을 어길 경우에는 '로동당勞動黨, 로인老人' 등의 사용이 가능하게 되는데, 이러한 'ㄹ'의 사용은 북한 사람 혹은 중국 연길 중심의 조선족이라는 오해를 불러일으킬 수 있다는 사실에 유의하기 바란다.

한편, 두음 법칙과 관련하여 유의할 만한 북한의 규정은 〈조선어규범집〉(1987)의 제25항이다.

> **[북한의 두음 법칙 관련 규범]**
>
> 〈조선어규범〉 제25항 한자말은 소리마디마다 해당 한자음대로 적는
> 것을 원칙으로 한다.
> 례 : 국가, 녀자, 뇨소, 당, 락원, 로동, 례외, 천리마, 풍모
> 그러나 아래와 같은 한자말은 변한 소리대로 적는다.
> 례 : 궁냥, 나사, 나팔, 류월, 시월, 오뉴월, 오륙월, 요기

대략 예든 것들을 보아서 알 수 있겠지만, 북한에서는 특별히 두음 법

칙과의 관련선상에서 한자어의 표기를 규정하지는 않는다. 다만, 한자어 표기의 일반 원칙이 한자어의 원음대로 적는 것임을 명시하고, 아주 변해 버린 것은 표기에 그대로 반영한다는 것으로 규정하고 있다.

어차피 한자어는 우리말이 아니므로 우리말의 규칙을 적용하기보다는 그냥 원래의 음을 표기에 반영하겠다는 의도도 보인다. 같은 한자어인데 단어 내에서 위치가 다르다는 이유로 발음이나 표기 또한 달리될 이유는 없다는 점을 표기 규정에 반영한 것이다. '류월'의 경우 원음이 '류월'인데, 〈한글 맞춤법〉에서는 음이 변하여 'ㄱ'이 받침에서 탈락한 것과 두음 법칙 을 함께 적용하여 '유월'이라고 적는데 반하여 북한에서는 음이 변한 것만 을 반영하여 '류월'이라고 적고 있다.

이후의 규정들을 보면 알 수 있겠지만 두음 법칙과 관련한 제10~12항 은 10항은 'ㄴ'과 관련한 것이며, 11항과 12항은 'ㄹ'과 관련한 사항이다. 또 제10항과 제11항은 'ㅣ'모음이나 반모음 [j]나 이중모음 앞에서 'ㄴ, ㄹ' 이 탈락하는 경우를, 제12항은 다른 모음들 앞에서 'ㄹ'이 'ㄴ'으로 바뀌는 경우에 대하여 언급하고 있다. 이 점을 유의하면서 각 항들의 내용을 살 피기로 한다.

제10항 한자음 '녀, 뇨, 뉴, 니'가 단어 첫머리에 올 적에는 두음 법칙에 따라 '여, 요, 유, 이'로 적는다. (ㄱ을 취하고 ㄴ을 버림.)

ㄱ	ㄴ	ㄱ	ㄴ
여자(女子)	녀자	유대(紐帶)	뉴대
연세(年歲)	년세	이토(泥土)	니토
요소(尿素)	뇨소	익명(匿名)	닉명

다만, 다음과 같은 의존명사에서는 '냐, 녀' 음을 인정한다.
　　　냥(兩)　　　　　냥쭝(兩-)　　　　년(年)(몇 년)

[붙임 1] 단어의 첫머리 이외의 경우에는 본음대로 적는다.
　　　남녀(男女)　　　당뇨(糖尿)　　　결뉴(結紐)　　　은닉(隱匿)

[붙임 2] 접두사처럼 쓰이는 한자가 붙어서 된 말이나 합성어에서, 뒷말의 첫소
　　　리가 'ㄴ'소리로 나더라도 두음 법칙에 따라 적는다.
　　　신여성(新女性)　　　공염불(空念佛)　　　남존여비(男尊女卑)

[붙임 3] 둘 이상의 단어로 이루어진 고유 명사를 붙여 쓰는 경우에도 [붙임 2]
　　　에 준하여 적는다.
　　　한국여자대학　　　대한요소비료회사

제10항에서는 우리말 단어의 첫머리에 'ㄴ'의 구개음인 [ɲ]이 오는 것을 꺼리는 현상에 따라 구개음화된 'ㄴ'이 탈락하게 되는 예들을 보여준다. 뒤따르는 모음들이 모두 구개음화의 환경과 같은 점을 고려해 보면 쉽게 이해할 수 있다. 다시 말해서 어두 자리인 경우, [i] 혹은 [j]로 시작하는 모음 앞에서 'ㄴ'은 탈락하는 것이 원칙임을 보여주는 규정이다.

〈한글 맞춤법〉 등 어문 규정을 살필 때, 항상 중시해야 할 것은 '다만'이라는 말 뒤에 이어지는 부분이다. 제10항에서도 '다만'을 두고 '냥兩이나 년年'과 같은 의존명사[19]의 경우에는 예외를 인정하고 있다.

---

19) 의존명사를 가장 쉽게 이해하는 방법은 절대로 단독으로 쓰이는 경우가 없고 꼭 꾸밈을 받는 명사라고 생각하면 된다. 뒤이어 나올 띄어쓰기와 관련해서는 앞말과 반드시 띄어 쓰도록 되어 있는 명사로, 대체로 단위를 나타내는 말에 많다. 문법적으로 설명한다면 자립성이 없어서 앞에 수식(한정)하는 성분 없이는 홀로 쓰일 수 없는 명사이다. 일반적

의존명사는 꾸밈말 즉 수식어 없이는 홀로 쓰일 수 없다. 그러나 그럼에도 불구하고 하나의 단어로서 의미와 자격을 가지고 있다. 제 홀로 쓰이지는 못하지만 이미 독립된 단어로서의 모양까지 갖추고 사전에 등재되어 있기까지 하다. 그러므로 이미 굳어진 형태를 받아들인다는 측면이 오히려 강하다고 볼 수 있다.

그런데 '냠냠, 녀석' 등에서 보이는 첫머리의 'ㄴ'은 두음 법칙의 적용을 왜 받지 않느냐는 의문을 가질 수 있다. 그 이유는 간단하다. 한자어가 아닌 우리말이기 때문이다. 즉, 원래 두음 법칙의 지배를 받는 우리 단어에는 '니, 냐, 녀, 뇨, 뉴'로 시작하는 예는 거의 없기 마련인데 특이하게 예외로 몇 개가 존재하고 있는 것이다. 이 대목에서 "예외 없는 규칙은 없다."는 말을 다시 한 번 생각해 보기 바란다.

[붙임 1]에서 규정하고 있는 내용을 예를 들어 좀 더 설명해 보면, '여자'의 경우에는 '女'의 훈과 음이 '계집 녀'임을 고려하면 '녀자'가 원래 음이다. 그런 것이 두음 법칙의 영향으로 '여'로 발음되고 또 그렇게 적게 되지만 '수녀修女, 남녀男女, 자녀子女' 등의 예처럼 본음처럼 적게 된다. 이문열의 작품으로 잘 알려져 있는 소설에 '익명匿名의 섬'이 있는데 이것이

인 것으로는 '것, 만큼, 나름, 수, 뿐' 등이 있고, 수량을 나타내는 것으로는 '냥, 년, 되, 마리, 장' 등이 있다.

'은닉隱匿'이 되면 '닉'으로, 병원의 '비뇨기과泌尿器科'와 '요도尿道' 등의 비교에서도 그 예는 수월하게 찾을 수 있다.

결국 [붙임 1]은 어두가 아닌 다른 위치에서는 원음대로 쓰인다는 것을 재삼 설명한 것이다.

[붙임 2]의 경우는 접두사[20]처럼 쓰이는 한자가 붙어서 된 말이나 합성어의 경우처럼 단일어가 아닌 단어와 관련한 규정이다. 즉 파생어나 합성어에서 비록 첫소리는 아니라 하더라도 단어 구성에서 뒷말이 자립성이 있다면 두음 법칙의 적용을 받아야 한다는 것을 규정한 것이다.

'신여성'의 경우는 독립된 단어인 '여성'에 새롭다는 의미를 가진 접두사 '신'[21]이 붙어서 여성은 여성인데 새로운 조류에 영향을 받아서 의식이 바뀐 여성들의 부류를 일컫는 말이 된다. 이와 같은 경우, 이미 여성이라는 단어가 자립성을[22] 띠고 있으므로 다른 말과 결합하더라도 두음 법칙의 적용을 받는다는 것이다. 규칙의 적용 순서에 있어서 서로 결합하기 이전의 적용 규칙이 우선시 된다는 것을 의미하는데 '신여성'의 경우는 '녀성'에 대한 두음 법칙이 먼저 적용된 후, '신-'과 결합한 결과이다. 이러한 규칙의 순서는 국어의 모든 파생어와 합성어의 결합에서 적용된다.

---

20) 일반적으로 접사(接辭)는 독립적인 뜻은 가지고 있지만 홀로 쓰일 수 없어서 다른 단어의 앞이나 뒤에 붙어 그 단어의 뜻을 더해 주거가 문법적 기능을 변화시키는 역할을 한다. 단어의 앞에 오면 접두사, 뒤에 오면 접미사라고 한다.

21) <한글 맞춤법>에서는 '신'이 아직 독자적인 뜻으로도 쓰인다는 의미에서 접두사라고 직접 언급하고 있지는 않다. 그러나 실제 우리 언어생활을 돌아보면 '신'은 매우 생산적으로 쓰이는 접두사로 자리한 것으로 보인다.

22) 흔히 문법에서 사용하는 자립성이란 용어의 의미는 말 그대로 홀로 쓰일 수 있으며, 독립적인 의미를 가지고 있다는 것을 뜻한다. 명사, 수사 등이 그 대표적인 예가 될 수 있고, 비자립적인 부류에는 조사가 대표적이다.

제11항 한자음 '랴, 려, 례, 료, 류, 리'가 단어의 첫머리에 올 적에는 두음 법칙에 따라 '야, 여, 예, 요, 유, 이'로 적는다. (ㄱ을 취하고 ㄴ을 버림.)

ㄱ	ㄴ	ㄱ	ㄴ
양심(良心)	량심	용궁(龍宮)	룡궁
역사(歷史)	력사	유행(流行)	류행
예의(禮儀)	례의	이발(理髮)	리발

다만, 다음과 같은 의존명사는 본음대로 적는다.

리(里) : 몇 리냐?

리(理) : 그럴 리가 없다.

[붙임 1] 단어의 첫머리 이외의 경우에는 본음대로 적는다.

개량(改良)	선량(善良)	수력(水力)	협력(協力)
사례(謝禮)	혼례(婚禮)	와룡(臥龍)	쌍룡(雙龍)
하류(下流)	급류(急流)	도리(道理)	진리(眞理)

다만, 모음이나 'ㄴ' 받침 뒤에 이어지는 '렬', '률'은 '열', '율'로 적는다. (ㄱ을 취하고 ㄴ을 버림.)

ㄱ	ㄴ	ㄱ	ㄴ
나열(羅列)	나렬	분열(分裂)	분렬
치열(齒列)	치렬	선열(先烈)	선렬
비열(卑劣)	비렬	진열(陳列)	진렬
규율(規律)	규률	선율(旋律)	선률
비율(比率)	비률	전율(戰慄)	전률
실패율(失敗率)	실패률	백분율(百分率)	백분률

[붙임 2] 외자로 된 이름을 성에 붙여 쓸 경우에도 본음대로 적을 수 있다.

신립(申砬)	최린(崔麟)	채륜(蔡倫)	하륜(河崙)

[붙임 3] 준말에서 본음으로 소리나는 것은 본음대로 적는다.

국련(국제연합)　　　　　　대한교련(대한교육연합회)

제11항과 제12항은 모두 'ㄹ'과 관련된 규정들이다. 이들 가운데 어두에서 예외적으로 혹은 특이하게 적용되는 내용이 있으므로 이들에 대하여 특히 주목해야 한다.

제11항은 단어의 첫머리에 오는 'ㄹ'이 두음 법칙의 적용을 받아 탈락하는 경우를 보이고 있다. 일견하기로 11항의 기본 원칙은 10항과 별반 차이가 없다. 의존명사를 본음으로 적은 '다만'의 내용도 같다.

그러나 예외적으로 적용되어 차이를 보이는 것들이 혼란을 가져올 수 있으므로 몇 개의 예제를 제시하여 자세한 내용을 살피기로 한다.

다음은 제11항의 [붙임 1]과 관련한 내용이다.

우선 ①부터 살피면, 답은 '법률, 능률'이다. 워낙 흔히 쓰이는 단어이므로 올바른 것을 찾는데 어려움은 없었을 것이다. 그런데 ①과 같은 한자인데 두음 법칙의 적용을 받는 예들을 보면 '율동律動, 율령律令, 율법律法, 율사律師, 율격律格, 율조律調' 등 여러 가지가 있다. 이 ①의 예들은 단어의 첫머리가 아닌 다른 자리에서 쓰이면 본음대로 적는다는 원칙에 충실한 것들이다.

한편, ②의 예들은 모음이나 'ㄴ' 받침 뒤에 이어지는 '렬, 률'은 단어의 첫머리가 아니더라도 실제 발음을 반영하여 '열, 율'로 적는 것이 맞다. 그러므로 '운율, 전율, 할인율'이 맞는 답이다. 이들의 공통점은 'ㄴ' 받침 뒤라는 점이다.

③의 예들도 혼란의 여지가 많은 것들이다. 맞는 것은 '맹렬, 충렬사, 무열왕릉'이다. 이들 외에 ④의 예에서 보듯 'ㄴ'이나 모음 다음에서는 단어의 첫 소리가 아니더라도 '열'이라고 적는다.

보기　맞춤법에 맞는 단어 고르기

① 거품량 / 거품양(量), 알카리량 / 알카리양(量)
② 폐활양 / 폐활량(肺活量), 원자양 / 원자량(原子量)

위의 보기에는 별개의 단어 혹은 형태소의 첫머리로 인정되면 '양'이 되어야 하고, 그렇지 않은 경우는 '량'이 되어야 한다는 것을 보여준다. 위의 보기에서 '량量'을 단어의 첫소리로 인정하느냐, 그 이외의 경우로 인정하느냐의 기준은 앞선 말들이 우리말 혹은 외래어냐, 한자어냐에 따라 달라진다.

보기로 다시 돌아가면 ①은 '거품양, 알카리양', ②는 '폐활량, 원자량'이 맞는 표기이다. 이것을 구별하는 방식은 우리말과 한자어의 결합이냐, 혹은 한자어와 한자어의 결합이냐에 달려 있다.

한자어에 '량量'이 덧붙으면 한 단어처럼 인식되므로 '분자량, 주식량, 음식량'에서 보듯 두음 법칙의 영향을 받지 않는다. 그러나 우리말이나 외래어에 한자인 '량'이 결합하게 되면 서로 이질적인 단어가 합쳐진 것으로 간주되고 단어 사이의 분리 의식도 분명해 진다고 보는 것이다. 곧 합성어로 인식하게 된다는 것으로 그 결과 '우리말 / 외래어+량'의 경우는 '양'으로, '한자어+량'은 '량'으로 표기하게 된다.

한편, 똑같은 '염치廉恥'에 접두사처럼 쓰이는 한자가 붙어서 이루어진 단어들인 '몰염치沒廉恥, 파렴치破廉恥'의 경우, 위의 규정과는 다르게 표기된 예가 있어서 어리둥절해 질 수 있다. '몰염치'의 경우는 문제가 없지만 '파렴치'의 경우는 현실적으로 모두 그렇게 발음하고 있기 때문에 이를 표기에 반영한 예외가 된다. 이와 같은 경우로는 '수류탄手榴彈, 과린산過燐酸, 아린산亞燐酸' 등이 있다.

> **제12항** 한자음 '라, 래, 로, 뢰, 루, 르'가 단어의 첫머리에 올 적에는 두음 법칙에 따라 '나, 내, 노, 뇌, 누, 느'로 적는다. (ㄱ을 취하고 ㄴ을 버림.)
>
> | ㄱ | ㄴ |
> |---|---|
> | 낙원(樂園) | 락원 |
> | 내일(來日) | 래일 |
> | 노인(老人) | 로인 |
> | 뇌성(雷聲) | 뢰성 |
> | 누각(樓閣) | 루각 |
> | 능묘(陵墓) | 능묘 |

제12항은 어두의 'ㄹ'이 두음 법칙의 영향으로 'ㄴ'으로 바뀌는 예들이
다. 이 현상이 생기는 환경은 단어의 첫 모음이 '이'모음이거나 '야, 여,
예, 요, 유' 따위의 이중모음이 아닌 경우로 한정된다. 또 한 가지 제12항
과 관련하여 기억을 상기해야 할 것은 두음 법칙은 우리말에서 외래어, 시
늉말 등의 일부 특수한 경우를 제외하고는 단어의 첫 머리에 'ㄹ'이 올 수
없다는 점을 언급한 사실이다.

과거 한때 '라디오radio'를 [나지오]라고 한 적이 있다. 이를 잘 살피면
우선 두음 법칙의 적용을 받아 'ㄹ'이 어두에 올 수 없어서 'ㄴ'으로 바뀐
것과 [i] 모음 앞에서 [ㄷ]이 [ㅈ]으로 바뀌는 구개음화의 적용을 받은 것을
확인할 수 있다. 이러한 것은 외래어가 우리 음운 규칙의 영향으로 우리
말화 되는 과정에서 일어난 현상이다. 이 예는 우리말의 음운 규칙은 엄
격하게 적용되는 것임을 보여준다.

[붙임 1]의 경우에서는 예시만 들어 놓았을 뿐, 구체적인 규정을 제시하
지 않은 문제가 하나 남아 있다. 가령 "신문에서 흔히 볼 수 있는 '정치란

政治欄 / 정치난, 경제란經濟欄 / 경제난' 등은 어떻게 적는 것이 옳은 것인가?"라는 질문에 대한 답은 무엇일까? 워낙 익숙한 단어들이라서 문제없이 답할 수 있을 것이다. 그런데 조금 들여다보면 그렇게 단순한 문제가 아니다.23)

이러한 질문은 제11항에서 보인 '량量'과 같은 원리로 해결해야 한다. 즉, 한자어와 결합할 경우는 원음대로, 우리말 혹은 외래어와 결합할 경우는 두음 법칙의 적용을 받는 것으로 다르게 적용된다.

우선 정치, 경제, 비고, 가정, 생활 등은 한자어이므로 '정치란, 경제란, 비고란, 가정란' 따위로 쓰는 것이 옳다. 이에 반하여 '어린이난, 스포츠난' 등은 원칙적으로 두음 법칙을 적용받는 쪽으로 적는 것이 옳다.

이상에서 살핀 내용들 가운데 특히 유의할 것들을 살피면 제11항과 제12항의 'ㄹ' 관련 규정들이다. 이들을 정리해 보면 다음과 같다.

['렬/률' 및 '란/량'의 어중 표기]

① 한자음 '렬/률'은 모음과 'ㄴ' 다음에 올 때는 '열/율'로 적는다. 제11항 [붙임 1]
② '경제란, 비고란'의 '란(欄)'과 수량을 나타내는 '량(量)'이 우리말 혹은 외래어 뒤에 올 때는 각각 '난'과 '양'으로 적는다. 제12항 [붙임 1]

---

23) 요즘 신문에서는 정치면, 경제면 등으로 '-면(面)'을 주로 쓰는데, 이것이 오히려 표기의 혼란을 가져오지 않아 좋은 점이 많다. 두음 법칙과는 상관이 없으므로 굳이 환경을 구별하여 표기까지 구별해 쓰지 않아도 되기 때문이다.

⑥ 제6절 겹쳐나는 소리

제6절에서 대상으로 삼는 것은 첩어들이다. 첩어疊語는 한 단어 안에서 같은 음절 또는 비슷한 음절이 겹쳐서 나는 것이다. 이러한 겹쳐나는 소리들을 같은 글자로 적음으로써 되도록 원형을 고정시키는 효과를 거두게 된다. 이 절의 내용을 이해하기에는 크게 어려운 점은 없지만 한자어와 관련된 부분에서는 주의를 기울일 필요가 있다.

제13항 한 단어 안에서 같은 음절이나 비슷한 음절이 겹쳐 나는 부분은 같은 글자로 적는다. (ㄱ을 취하고 ㄴ을 버림.)

ㄱ	ㄴ	ㄱ	ㄴ
딱딱	딱닥	꼿꼿하다	꼿곳하다
쌕쌕	쌕색	놀놀하다	놀롤하다
씩씩	씩식	눅눅하다	눙눅하다
똑딱똑딱	똑닥똑닥	밋밋하다	민밋하다
쓱싹쓱싹	쓱삭쓱삭	싹싹하다	싹삭하다
연연불망(戀戀不忘)	연련불망	쌉쌀하다	쌉살하다
유유상종(類類相從)	유류상종	씁쓸하다	씁슬하다
누누이(屢屢-)	누루이	짭짤하다	짭잘하다

제13항에서 예든 항목들을 보아 알 수 있듯이 '딱닥, 씩식' 등으로 겹쳐 나는 소리를 서로 다르게 표기해 두면 당장 우리가 알아보기도 어려울뿐더러 원래 어형이 무엇인지도 구분하기 어렵게 된다. 이러한 점을 생각해 보면, 이 규정이 필요한 까닭을 이해할 수 있다.

그런데 이 가운데에서 '연연불망戀戀不忘, 유유상종類類相從' 등의 용례를 보고 한자어도 다 그런 것이 아닐까 착각하는 경우들이 많다. 이들은 첩어이기 때문에 원음을 무시하고 같은 소리로 적은 것이 아니고, 현실 발음이 '연연, 유유'로 나기 때문에 표기에 반영된 예일 뿐이다.

같은 한자가 겹쳐지는 경우라고 해서 항상 같은 글자로 적는 것은 아니다. 제13항의 내용과는 다르게 '냉랭冷冷하다, 늠름凜凜하다, 연년생年年生, 열렬烈烈하다, 염념불망念念不忘, 적나라赤裸裸하다' 등은 첩어임에도 불구하고, 원래 발음대로 적는 것을 볼 수 있다.

이상에서 〈한글 맞춤법〉 제3장에 대하여 살펴보았다. 제3장은 그 제목대로 발음과 표기에 관한 내용을 다루고 있는데 이 가운데 특히 유의할 점은 예외적인 것들과 표기와 발음 사이의 괴리를 해결하는 방법으로는 주로 원형을 밝혀 적는 쪽으로 원칙을 설정하였다는 점이다.

4) 제4장 형태에 관한 것

제4장에서 다루는 내용은 명사에 조사가 결합하는 방법, 동사·형용사의 어간에 어미가 결합하는 방법, 접사에 속하는 접두사와 접미사가 다른 단어에 결합할 때 등으로 단어와 활용에 관한 것이다. 이 가운데 특히 유의할 것은 '사잇소리'이다. 현실 표기에서도 가장 문제가 되는 것 중에 하나가 바로 '사잇소리'이므로 찬찬히 살펴볼 필요가 있다. 이것 외에도 혼란을 가져오는 현상들이 상당수 언급되어 있는데, 이들 각각은 해당 항목에서 정리해 나가기로 한다.

이 장에서는 문법 용어들이 많이 나타나는데 이해를 위해 미리 이들의 개념을 정리해 두고자 한다. 체언과 용언, 접두사와 접미사, 어근과 어간

그리고 어미, 단일어와 파생어 그리고 합성어 등이 그것이다.

먼저 체언과 용언에 대하여 살피기로 한다.

체언體言은 문장 내에서 주어, 목적어, 보어가 되는 낱말들로서 명사名詞, 대명사代名詞, 수사數詞가 이에 속한다.

용언用言은 문장에서 서술어의 구실을 담당하는 낱말들이다. 동사動詞와 형용사形容詞 그리고 지정사指定詞인 '이다'[24)가 이에 해당된다. 이들 외에도 수식언修飾言인 부사副詞와 관형사冠形詞가 있다.

접사接辭는 우선 놓이는 위치에 따라 접두사, 접요사, 접미사로 구분한다. 접사의 일반적인 특징은 독립적으로 쓰이지 못하고 어근이나 어간 등에 붙어서 의미나 품사를 바꾸는 역할을 하는 것이다.

이 가운데 접두사接頭辭는 어근의 앞에 붙어서 그 의미를 한정하는 구실을 하지만, 품사를 바꾸는 역할을 하지 못하는 것이 일반적인 특징이다. '군-소리, 헛-소리, 잔-소리' 등에서 '군-, 헛-, 잔-'이 그 예이다.

접요사接腰辭는 어근의 가운데에 끼어드는 것인데 우리말에서는 그 예를 찾을 수 없다. 굳이 예를 든다면, Yurok어에서 sepolah는 '들 혹은 밭'의 의미를 나타내는 단어인데, 그 복수형은 접요사 '-ge-'가 개입되어 segepolah가 된다.

끝으로 접미사接尾辭는 어근 뒤에 붙어서 의미를 한정하거나 품사를 바꾸는 역할을 한다. 예를 들면, '오뚝이, 멋쟁이, 잠보, 먹음직스럽다' 등이 있다.

---

24) 품사 분류에 있어서 '이다'를 서술격 조사로 보는 의견도 있고, 다르게는 계사(繫辭)라고 칭하는 경우도 있다.

한편, 낱말을 분석할 때 많이 쓰이는 용어로 '어근, 어간, 어미'가 있다.

어근語根은 한 낱말에서 실질적인 의미를 나타내는 부분을 의미한다. 보통 접사가 붙어서 새로운 낱말을 만드는 부분이다. 명사 어근의 예로 '사람, 노래, 달, 별' 등이 그대로 어근이며, 용언의 경우는 '자다, 먹다, 숨다'에서 '자-, 먹-, 숨-' 등이 된다. 그리고 접사와 결합했을 경우를 보면, '욕심꾸러기, 장난꾸러기, 장난치다, 휘젓다, 깔보다' 등에서 '욕심, 장난, 젓-, 보-'가 각각의 어근에 해당된다.

어간語幹은 용언이 활용할 때, 변하지 않고 고정되는 부분이다. '자다, 자니, 자고, 자서' 등에서 변하지 않는 부분인 '자-'가 어간이다.

어미語尾는 용언 등의 어간에 붙어서 쓰임에 따라 변하는 부분이다. 어간에서 보인 예들 가운데 '-다, -니, -고, -(어)서' 등이다.

한편, 단어는 단일 어근으로 이루어진 단일어와 그렇지 않은 복합어로 나눈다. 단일어單―語는 다른 말로 단순어單純語라고도 하는데 낱말이 하나의 어근 혹은 어간으로 이루어 진 것을 통칭하는 말이다. '날, 달, 해, 별, 먹다, 자다, 읽다'25) 등이 그 예이다.

파생어派生語는 어근에 접사가 붙어서 생겨난 낱말들이다. 이때 접사는 하나가 붙을 수도 있고 두 개가 붙을 수도 있다. '군소리, 참기름, 짓밟다, 심술쟁이, 길이, 멀리, 헛손질' 등이 파생어에 속한다. 이 가운데 '헛손질'의 경우는 접두사와 접미사가 어근 '손'에 같이 결합한 경우에 해당된다. 우리말의 경우는 특히 접두사에 비해 접미사의 쓰임과 종류가 다양해서

---

25) 주의해야 할 점은 단일어에서 용언의 경우, 어간에 해당하는 '먹-, 자-, 읽-' 등만이 해당 요소가 된다는 것이다. 보통 우리말에서 어미 '-다'를 붙여서 표시하는 것이 일반적이므로 이렇게 나타낸 것이다.

접미파생어가 많다는 특징이 있다.

합성어合成語는 두 개 이상의 어근이 결합하여 새로운 낱말을 이루는 것이다. 파생어와의 차이점은 파생어 구성 요소 중 접사가 독립적으로 쓰일 수 없는 의존 형식인데 반하여 합성어를 이루는 요소들은 모두 자립 형식으로 이루어진다는 점이다. 돈지갑, 열쇠, 톱밥, 손발 등이 합성어에 속한다.

이상에서 정리한 용어들은 이 장에서 자주 쓰일 뿐 아니라, 일반적으로도 사용이 잦은 어휘들이므로 잘 기억해 두면 유용할 것이라 여겨진다.

① 제1절 체언과 조사

4장 1절은 맞춤법에서 가장 무난하게 이해할 수 있는 영역에 속한다. 그러나 유의해야 할 것은 일반적인 주격, 목적격, 부사격 조사 이외에 어떤 것이 조사의 범주에 포함되는 것인지를 알고 있어야 한다는 점이다. 그리고 어간과 어미에서는 특히 표기에 신경을 써야 할 기준들이 무엇인지를 잘 알아 두어야 한다.

체언은 말 그대로 문장에서 주어, 목적어, 보어 따위의 몸이 될 수 있는 단어로서 품사로 볼 때, 명사·대명사·수사가 여기에 속한다. 조사는 이러한 체언에 붙어서 뒤에 오는 말과의 관계를 나타내 주는 단어[26]이다.

제14항은 매우 단순한 내용을 담고 있다. 그렇지만 이 단순한 내용을 이해하기 위해 간과해서는 안 되는 것이 총칙 제1항에서 강조한 바 있는

---

26) 드문 경우지만 문법 관련 서적 등에서 조사를 후치사(postposition)라고 일컫는 경우가 있다. 특히, 부사격 조사인 '-에, -에서, -으로' 따위를 그렇게 칭하는 경우가 많다. 이 경우는 영어의 전치사(preposition)와 기능상 유사한 점이 많기 때문에 붙인 명칭인데, 학자마다 관점에 따라 후치사의 범위가 다르다는 점을 유의해야 한다. 자세한 내용은 서정수(1996)을 참고하기 바란다.

'어법에 맞도록 함을 원칙으로 한다'는 내용이다. 다른 표현으로는 '어원을 밝혀 적는다'는 것이다. 즉, 서로 뿌리가 다른 어휘의 성분들은 결코 섞어 표기할 수 없다는 점이 강조된다.

제14항 체언은 조사와 구별하여 적는다.

떡이	떡을	떡에	떡도	떡만
손이	손을	손에	손도	손만
팔이	팔을	팔에	팔도	팔만
밤이	밤을	밤에	밤도	밤만
집이	집을	집에	집도	집만
옷이	옷을	옷에	옷도	옷만
콩이	콩을	콩에	콩도	콩만
낮이	낮을	낮에	낮도	낮만
꽃이	꽃을	꽃에	꽃도	꽃만
밭이	밭을	밭에	밭도	밭만
앞이	앞을	앞에	앞도	앞만
밖이	밖을	밖에	밖도	밖만
넋이	넋을	넋에	넋도	넋만
흙이	흙을	흙에	흙도	흙만
삶이	삶을	삶에	삶도	삶만
여덟이	여덟을	여덟에	여덟도	여덟만
곬이	곬을	곬에	곬도	곬만
값이	값을	값에	값도	값만

앞서 언급한 것처럼 제14항에서 '구별하여 적는다.'는 것은 '원형을 밝히어 적는다.'는 의미가 된다. 이렇게 예시된 내용과 같이 체언과 조사를 '떡이, 손이, 팔을' 따위로 명확하게 구분하여 적으면 소리대로 '떠기, 소니, 파를' 식으로 적을 때와는 달리 독서 능률도 한층 높아질 수 있다.

이 문제를 확장하여 살펴보면, 띄어쓰기와도 관련된 것으로 주의를 기울여 살필 구체적 문제들이 생겨난다. 곧, '만큼, 밖에'와 같이 조사와 의존명사의 쓰임이 혼란스러운 경우이다. 이외에도 여러 가지 예들이 있지만 여기서는 두 사례를 중심으로 살피기로 한다.

> **보기**　의존명사로서의 '만큼'과 '밖'
>
> ① 항상 주는 만큼 받는다는 것을 기억하라.
> ② 손발이 꽁꽁 얼 만큼 추운 날씨이다.
> ③ 이건 정말 예상 밖의 일이다.
> ④ 공부를 안 했으니 낙방할 밖에 없지.

위의 보기 ①과 ②에 쓰인 '만큼'은 앞에 말한 내용과 같은 정도나 한도를 표시하고, 반드시 관형사나 용언의 관형형 뒤에 나타난다. 앞에 한정하는 말이 반드시 온다는 의존명사의 특징을 생각한다면 그리 어렵게 생각할 내용은 아니다.

한편, '밖'의 경우는 ③과 같이 어느 범위나 한도를 넘어선 것을 나타내거나, 혹은 ④의 경우처럼 '-ㄹ/을 밖에 없다' 형으로 쓰여 "-할 행동이나 방법만이 있을 뿐이다"라는 의미[27]를 나타내게 된다.

이러한 의미들로 사용하게 될 때의 '만큼'과 '밖'은 의존명사로 쓰이게 되는 것으로 앞선 말과 띄어 쓰는 것이 원칙이다. 이에 반하여 조사로 쓰

---

27) '밖'은 원래 자립명사로 선이나 경계를 넘어선 쪽이라는 의미를 가진다. 예들 들면, '창 밖에 있는 사람'이라든지, '밖은 추운데, 집은 난로구나!'처럼 쓰인다. 이것과 유사한 의미를 가지면서 제한적으로 사용되는 의존명사의 예만을 본문에 제시하였다.

일 때의 예들은 어떠한지를 살펴보기로 한다.

위의 예들을 보면 조사로 쓰이는 '만큼'은 정도가 아주 엇비슷할 때 "그 정도까지"라는 의미를 나타내거나, "그에 못지않게"라는 의미를 나타낸다. 그리고 '밖'은 "-이외에, -말고는"의 의미로 쓰임을 알 수 있다.

이들 이외에도 '병아리 눈물만큼, 셀 수 없을 만큼, 공부한 만큼 나온 학점' 등의 예를 구분하여 본다면 구별에 대한 안목을 세울 수 있을 것이다.

이처럼 조사와 의존명사를 넘나들며 사용되는 단어들에서는 그 기능이 조사인지, 의존명사인지를 판가름할 수 있는 안목이 필요하다.

② 제2절 어간과 어미

제2절의 내용은 용언의 어간과 어미가 결합할 때의 표기 방식에 대하여 언급한 것이다.

예전에 한 학생이 과제물을 제출했는데, 모든 문장의 마무리가 '있슴, 없슴, -하였슴' 등으로 되어 있었다. 그래서 수업 시간에 그 문제에 대해 물었더니, 군에서 제대하고 복학한 첫 학기였던 그 학생은 오히려 어리둥절한 표정으로 당연한 것을 묻는다는 투로 설명을 했다. 그 내용이란 현행 맞춤법에서 '-습니다, -읍니다'를 모두 '-습니다'로 통일[28]했기 때문에 명사형에서도 '있슴, 없슴, -하였슴' 등으로 통일된 것이고, 군에서 행정병이었던 자신도 항상 이렇게 써 왔다는 설명이었다. 이와 관련하여 더 심한 경우에는 '있음'으로 했다가 다시 '있슴'으로 되돌려졌다고 주장하는 사람들도 있다.

지금은 이렇게 쓰는 사람은 거의 없지만, 이런 오류들이 있었던 것은 어간과 어미에 대한 이해가 부족했기 때문이다. 위에서 말한 방식대로라면 우리말의 명사형 어미 가운데 '-슴'이라는 형태를 새로 세워야 한다. 그러나 '-습니다'도 어미이고, '-ㅁ/-음'도 명사형 어미로서 어간에 구별하여 적어야 하는 요소일 뿐이다.

한편, 이 절에서 유의한 사항들을 따로 정리하여 적어보면 다음과 같다.

[어미 사용의 유의 사항들]

① 종결형의 어미 '-오'는 언제나 '-오'로 쓴다. 그러나 연결형의 '-이요'는 '-이요'로 적는다.(제15항)

② "어서 오십시오."와 "어서 오세요."가 각각 맞는 말이다.(제15 · 17항)

③ '있슴, 없슴'은 인정하지 않는다.

---

28) 이러한 사실은 <표준어 규정> 제17항과 관련된 내용인데, 확대 해석 혹은 잘못 이해한 결과로 이러한 오류들이 생겨난 것이다.

제15항 용언의 어간과 어미는 구별하여 적는다.

먹다	먹고	먹어	먹으니
신다	신고	신어	신으니
믿다	믿고	믿어	믿으니
울다	울고	울어	(우니)
넘다	넘고	넘어	넘으니
입다	입고	입어	입으니
웃다	웃고	웃어	웃으니
찾다	찾고	찾아	찾으니
좇다	좇고	좇아	좇으니
같다	같고	같아	같으니
높다	높고	높아	높으니
좋다	좋고	좋아	좋으니
깎다	깎곳	깎아	깎으니
앉다	앉고	앉아	앉으니
많다	많고	많아	많으니
늙다	늙고	늙어	늙으니
젊다	젊고	젊어	젊으니
넓다	넓고	넓어	넓으니
훑다	훑고	훑어	훑으니
읊다	읊고	읊어	읊으니
옳다	옳고	옳아	옳으니
없다	없고	없어	없으니
있다	있고	있어	있으니

[**붙임** 1] 두 개의 용언이 어울려 한 개의 용언이 될 적에, 앞말의 본뜻이 유지되고 있는 것은 그 원형을 밝히어 적고, 그 본뜻에서 멀어진 것은 밝히어 적지 아니한다.

(1) 앞말의 본뜻이 유지되고 있는 것

넘어지다	늘어나다	늘어지다	돌아가다	되짚어가다
들어가다	떨어지다	벌어지다	엎어지다	접어들다
틀어지다	흩어지다			

(2) 본뜻에서 멀어진 것

    드러나다   사라지다   쓰러지다

[붙임 2] 종결형에서 사용되는 어미 '-오'는 '요'로 소리나는 경우가 있더라도
그 원형을 밝혀 '오'로 적는다. (ㄱ을 취하고 ㄴ을 버림.)

ㄱ	ㄴ
이것은 책이오.	이것은 책이요.
이리로 오시오.	이리로 오시요.
이것은 책이 아니오.	이것은 책이 아니요.

[붙임 3] 연결형에서 사용되는 '이요'는 '이요'로 적는다. (ㄱ을 취하고 ㄴ을 버림.)

ㄱ	ㄴ
이것은 책이요, 저것은 붓이요, 또 저것은 먹이다.	이것은 책이오, 저것은 붓이오, 또 저것은 먹이다.

원칙으로 정해진 '용언의 어간과 어미는 구별하여 적는다.'에서 구별하여 적는다는 것은 역시 체언에서와 마찬가지로 '원형을 밝히어 적는다.'를 의미한다. 이 원칙이 반드시 지켜지는 것은 아니다. 우리말에도 흔히 말하는 불규칙 용언들이 존재하기 때문이다. '밉다 / 미워, 곱다 / 고와, 아름답다 / 아름다워'에서 보듯 구별 표기가 불가능한 경우들이 소수지만 존재하고 있다.

[붙임 1]은 앞말의 본뜻이 살아있으면 원형을 밝혀 적고, 그 본뜻에서 멀어진 것이라면 소리대로 적으라는 규정이다. 본뜻이 살아있는지의 여부는 각자의 판단에 따라 달라질 수 있으므로 유의해야 한다. 다시 말해, 규정과는 다르게 해석을 하고 있는 것은 아닌지에 관심을 기울여야 한다는

것이다. 이는 특히 제57항의 규정과 표준어 관련 규정에서 매우 중요한 원리로 작용하는 내용임에 유념할 필요가 있다.

[붙임 1]에서 (1)의 예들은 용언의 어간과 어미가 결합할 때와 같은 규정이다. 다만, 용언 두 개가 결합하여 한 단어를 이룬다는 점에서 차이를 보인다. '넘다(越), 늘다(增), 돌다(回)'와 같은 용언들이 '넘어지다, 늘어나다, 돌아가다' 등으로 되어도 각각 원래의 의미를 가지고 있다.

이에 반하여 (2)의 예들은 '들다, 살다, 쓸다' 등의 의미가 보존되지 않으므로 굳이 단어의 원형을 밝혀 적을 필요가 없다. '드러나다, 사라지다, 쓰러지다'의 경우에는 앞말의 본뜻이 살아있는 것으로 보기 어렵기 때문이다. 무엇보다도 이 말들을 보면서 의미의 상관성도 이유가 되겠지만 '{(들+어)+나}+다'를 생각하기엔 워낙 뜻과 형태가 멀어진 것이 이유가 될 것이다. '나타나다, 바라보다, 부러지다, 자라나다, 자빠지다' 등도 이와 같은 예가 된다.

[붙임 2]와 [붙임 3]은 종결형 어미 '-오'와 연결형 어미 '-이요'의 표기와 관련된 사항이다. 과거에는 이것이 '-이요'로 통일되어 있었는데, 'ㅣ' 모음 동화를 표기에 반영하지 않기로 함에 따라 두 가지로 구분하게 되었다. 원리는 간단하다. 연결형에서는 '-이요', 종결형에서는 '-오'라는 것인데 아주 단순하게 설명하면 쉼표(,) 앞에서는 '-이요'가 되고 마침표(.) 앞에서는 '-오'가 된다는 것이다.

제16항 어간의 끝음절 모음이 'ㅏ, ㅗ'일 때에는 어미를 '-아'로 적고, 그 밖의 모
음일 때에는 '-어'로 적는다.

1. '-아'로 적는 경우

나아   나아도   나아서
막아   막아도   막아서
얇아   얇아도   얇아서
돌아   돌아도   돌아서
보아   보아도   보아서

2. '-어'로 적는 경우

개어   개어도   개어서
겪어   겪어도   겪어서
되어   되어도   되어서
베어   베어도   베어서
쉬어   쉬어도   쉬어서
저어   저어도   저어서
주어   주어도   주어서
피어   피어도   피어서
희어   희어도   희어서

제16항은 알타이어의 공통 특질 가운데 하나인 모음조화母音調和와 관련
이 있는 부분이다. 흔히 우리가 한 어절 내에서 밝은 느낌을 주는 양성모
음은 양성모음끼리, 크고 어두운 느낌을 주는 음성모음은 음성모음끼리
어울리는 것으로 이해하고 있는 규칙이다.[29]

---

29) 실제 언어학에서는 음성모음이니, 양성모음이니 하는 식으로 음감(音感)을 기준으로 모
음을 구분하지 않는다. 이해의 편의상 이런 용어를 쓰기는 하지만 원래 우리말과 관련하
여 본다면 우리말 모음조화의 특징은 구개적 조화(口蓋的調和)로 보는 이론이 타당성 있
는 것으로 보인다. 입 안에서 발음되는 위치가 앞쪽인 모음들과 뒤쪽인 모음들이 서로
대립되는 것을 말하는데, 우리말은 이미 15세기 이후에 이러한 조화가 깨어져 버렸다고
보는 것이 학계의 주장이다. 후설모음의 한 축을 이루던 'ㆍ'가 소멸되면서 대립의 균형

현재 모든 단어들에서 이러한 규칙성을 기대하기는 어려운 일이지만 제
16항에서 제시된 '-아, -어'와 관련된 어미들이 어간과 결합할 때는 엄격
히 지켜지는 것으로 이해해야 한다. 즉, '-아, -아서, -았-' 그리고 '어,
어서, -었-'과 용언의 어간이 결합할 때는 반드시 적용되는 규정이다.

제17항 어미 뒤에 덧붙는 조사 '-요'는 '-요'로 적는다.

읽어	읽어요
참으리	참으리요
좋지	좋지요

제17항에서 주목해야 할 사항은 마침표 뒤, 즉 종결어미 뒤에서도 '-요'
가 나타날 수 있는 예가 있다는 사실이다. 여기서 '-요'를 조사라고 한 점
에 유의해야 한다. 앞서 제15항에서 설명한 내용은 '종결형 어미와 연결형
어미'에 관한 것이었는데, 이 항의 내용은 문장 말미에 붙어서 존경의 의
미를 더 하는 조사와 관련된 것이다. 워낙 특이한 쓰임을 보이는 보조사
이므로 그 특징을 우선 살피기로 한다.

[보조사 '-요'의 쓰임]

① '해 혹은 하게'체의 종결어미 뒤에 붙어서 청자에게 존대의 뜻을 나
타낸다. 그러나 격식을 갖추어야 하는 상대에게는 잘 쓰지 않는다.
② 명사류어, 부사, 연결어미 등의 뒤에 붙어서 청자에 대한 존대의 뜻
을 나타낸다.

이 깨어진 것이 가장 큰 원인이다.

이러한 특징을 가진 조사 '-요'는 일상의 대화에서 매우 많이 쓰이고 있으나 이를 조사가 아닌 종결어미로 착각하는 경우가 왕왕 있다. 특히 제17항에서 보인 예들과 ①과 관련하여 그런 예가 많은 것으로 보인다.

'-요'는 앞선 말이 독립되어 쓰일 수 있다는 점에서 어미와 구별할 수 있다. 즉 어간은 어미와의 결합을 통하여 문장에서 제 역할을 다 할 수 있지만, '-요'와 결합하는 말은 '-요' 없이도 독립적으로 사용될 수 있다는 특징이 있다.

문법적인 지적은 아니지만 '-요'의 지나친 사용은 '유아적 언어 사용'을 벗어나지 못한 것처럼 보이게 하거나 지나치게 긴장한 태도의 하나로 보일 수 있어서 대화에서 특히 공식적인 자리에서는 그 사용을 특히 자제하는 것이 좋다.

> **보기** 조사 '-요'의 쓰임
>
> ① 제발 책 좀 읽어. → 제발 책 좀 읽어요.
>   아주 기분이 좋아. → 아주 기분이 좋아요.
> ② 제가요 지금요 발표할 내용은요 한국 경제의 문제를요 세 가지 관점에서요 분석한 것이거든요.

보기 ①의 예들처럼 '-요'가 없는 상태에서도 반말이기는 하지만 충분히 독립적으로 쓰이고 있으며, 여기에 '-요'가 붙으면 단지 높임의 의미가 더해짐을 알 수 있다. 이러한 경우의 '-요'는 보조사의 구실을 한다. 그리고 원래 어형이 '-요'이고, 동시에 발음도 '-요'이므로 당연히 '-요'로 표기하게 되는 것이다.

어느 정도 과장된 예가 되긴 했지만 ②의 예를 보면 '-요'를 모두 생략해도 문장 전개에 전혀 무리가 없다. 오히려 생략하는 편이 원활하고 명확한 표현이 된다.

제15항과 비교해 보기 위해 다음 문제들을 확인해 보자.

ㄱ. 어서 오십시오.(O)
　　어서 오세요.(O)
ㄴ. 그 사람은 우리 가족이 아니요.(×)
ㄷ. 그런 뜻이 아니에요.(O)

〈보기〉에서 ㄴ을 제외하고는 다 맞는 표기이다. ㄱ은 둘 다 맞다.

한편, 아직까지도 상점이나 식당 등에서 '어서 오십시오.'가 '어서 오십시요.'로 쓰인 예들을 흔히 발견할 수 있다. 규범인 맞춤법을 생각해서 정확한 표기가 필요한 부분인데 어떤 경우에는 그럼 '오세요.'도 '오세오'로 써야 되냐고 반문하기도 한다. 그런데 이 둘은 서로 명확하게 다른 것이다.

'-시오'의 경우는 상대존대 종결어미인 '-오'에 주체존대 선어말어미인 '-시-'가 결합하여 이루진 것으로 '-시오'라 쓰는 것이 올바르다. 그러나 '-세요'의 경우는 일차적으로 조사 '-요'에 선어말 어미 '-시-'가 붙는 과정에서 조음소調音素 역할을 하는 '어'가 붙어 '-시어요'가 된다. 이때 '-시어요'가 음절 축약을 거쳐 '-셔요'로 변한 후 다음 단계에서 '-세요'로 변

한 형태이다.[30)]

아래 제18항은 워낙 제시하고 있는 내용들이 많으므로 항목의 내용들을 세분하여 살피기로 하겠다.

제18항은 우리말의 불규칙 용언들을 소항목으로 구분하여 설명하고 있다. 예전 고등학교 교과과정에서 흔히 'ㄹ변칙, 르변칙, 우변칙, ㅅ변칙' 따위의 이름으로 배웠고, 또 그렇게 기억하고 있는 용언들을 말한다.

이들 용례의 특징은 용언의 원형을 되도록 살리고자 하는 맞춤법의 일반 원리에 위배된다. 활용 즉 일부 특정 어미들과의 결합 과정에서 생긴 불규칙형들이 이미 언어생활에 정착되었으므로 그 점을 인정하기 위해 따로 언급한 것이다. 결과적으로 제18항의 모든 내용들은 '어법에 맞도록'이라는 규정에서 벗어나는 표기를 의미한다. 예를 들어 '선을 긋다.'의 경우에 '긋+어'를 어간과 어미를 구분하기 위하여 '그어'가 아닌 '긋어'라고 적도록 한다면, 이는 언어 현실을 무시한 것일 뿐 아니라 독서의 효율성까지도 떨어뜨리는 결과를 낳게 될 것이다.

---

30) 굳이 결합 후 변화 과정을 설명한다면 '−시어요'에서 반모음화인 [i] → [j]를 통해 '시어'가 '셔'로 바뀌고 다시 여기에 단모음화와 전설모음화가 더해져 '세'로 바뀐 것으로 볼 수 있다.

제18항의 1은 'ㄹ'불규칙 용언에 대하여 설명하고 있다.

1970년대에 TV에 방영되었던 '원더 우먼Wonder Woman'이라는 제목의 미국 드라마가 있었다. 이때 주제가로 나왔던 노래가 "날으는, 날으는 원더 우먼"으로 시작되었는데, 골목길에서 인기를 누리며 한참을 불렀던 것으로 기억한다. 그런데 이 가사는 어법상 틀린 것이고, 이를 발음대로 적는다면 '나르는, 나르는 원더우먼'이 되므로 요즘 흔히 보게 되는 배달 아줌마를 일컫는 노래가 된다. 그러므로 이 가사는 제18항 1의 규정에 의해 "나는, 나는 원더 우먼"으로 바뀌어야 올바른 것이 된다.

이러한 오류를 범하기 쉬운 것이 'ㄹ'불규칙인데, 어간의 끝이 ㄹ인 용언이 활용할 때면 거의 대부분의 경우에서 이 ㄹ탈락을 발견할 수 있다. 그러나 언제나 'ㄹ'이 탈락하는 것이 아니고 일부 어미와의 결합에서 나타나기 때문에 불규칙이라 하는 것이다. 동사 '울다'의 활용에서 '울고, 울어, 울게, 울려면, 울어서, 우니' 등에서 보듯 일부와의 결합에서 나타나는 현상이다.

한편, 'ㄷ, ㅈ' 그리고 모음 '아'로 시작하는 어미 앞에서는 '놀지, 놀다가, 놀아, 울지, 울다가'의 예로 보아 알 수 있듯이 'ㄹ'이 발음되는 것이 원칙인데 [붙임]은 이러한 일반적 현상에서 벗어나는 것이므로 따로 언급해 둔 것이다.

2. 어간의 끝 'ㅅ'이 줄어질 적

긋다:	그어	그으니	그었다
낫다:	나아	나으니	나았다
잇다:	이어	이으니	이었다
짓다:	지어	지으니	지었다.

제18항의 2는 'ㅅ' 불규칙 용언과 관련된 내용이다. 자음으로 시작하는 어미 앞에서는 'ㅅ'이 발음되고, 모음으로 시작하는 어미 앞에서는 'ㅅ'이 발음되지 않는 것이 일반적이다. 물론 '빼앗다, 솟다, 웃다' 등처럼 어간의 끝이 'ㅅ'음인데도 규칙 활용을 하는 용언들이 있다.

3. 어간의 끝 'ㅎ'이 줄어질 적

그렇다:	그러니	그럴	그러면	그러오
까맣다:	까마니	까말	까마면	까마오
동그랗다:	동그라니	동그랄	동그라면	동그라오
퍼렇다:	퍼러니	퍼럴	퍼러면	퍼러오
하얗다:	하야니	하얄	하야면	하야오

3은 'ㅎ' 불규칙 용언과 관련된 것으로 일반적으로 'ㄱ, ㄷ, ㅂ, ㅈ'31) 앞에서는 'ㅎ' 발음이 분명히 나타나는데 그 외의 자음들 앞에서는 그 발음을 정확하게 드러내는 예를 찾기 어렵다. 노래를 불러 보더라도 [파라케]로 '파랗게'가 발음되는 것을 확인할 수 있지만, '파란 하늘'의 예처럼 다른 어미와 결합할 때는 'ㅎ'이 탈락하고 난 다음 흡사 어간의 끝소리가 모음인 것처럼 활용한다는 특징이 있다. '좋아'의 발음이 [조아]로 나는 것을 보아 알 수 있듯이 모음 앞에서도 'ㅎ' 약화 현상이 나타난다.

한 가지 유의할 점은 '-습니다' 앞에서는 'ㅎ'이 탈락하지 않는다는 점이다. '까맣습니다, 그렇습니다, 좋습니다' 등의 예로 확인할 수 있다. 국립국어원에 따르면 1988년 1월 19일의 문교부 고시본에서 보였던 용례들 가운데 '그럽니다, 까맙니다, 동그랍니다, 퍼럽니다, 하얍니다'는 1994년 12월 14일에 열린 국어심의회의 결정에 따라 삭제되었다고 한다. 〈표준어 규정〉 제17항에서 자음 뒤의 '-습니다'를 표준어로 정함에 따라 '그렇습니다, 까맣습니다, 동그랗습니다, 하얗습니다'가 표준어로 정해진 것과 상충된다는 것이 그 이유이다.

---

4. 어간의 끝 'ㅜ, ─'가 줄어질 적

푸다:	퍼	펐다
뜨다:	떠	떴다

---

31) 이들 네 자음의 공통점은 거센소리 즉 격음이 있는 자음이라는 점이다. 파열음인 'ㄱ, ㄷ, ㅂ'과 파찰음인 'ㅈ'은 'ㅎ'과 결합하여 거센소리가 될 수 있기 때문에 어간 끝의 'ㅎ'이 발음되는 것이다. 그러나 그 외의 자음들에서는 이처럼 결합된 발음을 찾을 수 없다.

끄다:	꺼	껐다
크다:	커	컸다
담그다:	담가	담갔다
고프다:	고파	고팠다
따르다:	따라	따랐다
바쁘다:	바빠	바빴다

4는 'ㅜ'불규칙과 'ㅡ'불규칙에 대한 규정이다. 'ㅜ'불규칙은 어간이 모음 'ㅜ'로 끝나는 용언 '푸다'가 'ㅓ'로 시작하는 어미 앞에서 'ㅜ'가 줄어드는 현상이다. 유의할 사항은 현재 우리말에서 'ㅜ'불규칙이 적용되는 어휘는 '푸–' 하나뿐이라는 사실이다.

한편, 'ㅡ'불규칙은 모음 'ㅡ'로 끝나는 용언의 어간이 'ㅓ'로 시작하는 어미와 결합하는 과정에서 'ㅡ'가 탈락하는 현상을 말한다. '가쁘다, 고프다, 기쁘다, 끄다, 나쁘다, 바쁘다' 등이 이에 해당한다. 뒤에 언급하게 될 '러'불규칙과 '르'불규칙에 해당하는 용언을 제외하고 어간의 끝이 'ㅡ'로 끝나는 모든 용언이 이 규정의 적용을 받는다.

---

5. 어간의 끝 'ㄷ'이 'ㄹ'로 바뀔 적

걷다[步]:	걸어	걸으니	걸었다
듣다[聽]:	들어	들으니	들었다
묻다[問]:	물어	물으니	물었다
싣다[載]:	실어	실으니	실었다

5는 'ㄷ'불규칙으로 어간의 받침 'ㄷ'이 모음으로 시작하는 어미 앞에서

'ㄹ'로 바뀌는 음운 현상을 말한다. 자음으로 시작하는 어미 앞에서는 'ㄷ' 받침이 그대로 유지된다는 점에 유의해야 한다.

6. 어간의 끝 'ㅂ'이 'ㅜ'로 바뀔 적

깁다:	기워	기우니	기웠다
굽다[炙]:	구워	구우니	구웠다
가깝다:	가까워	가까우니	가까웠다
괴롭다:	괴로워	괴로우니	괴로웠다
맵다:	매워	매우니	매웠다
무겁다:	무거워	무거우니	무거웠다
밉다:	미워	미우니	미웠다
쉽다:	쉬워	쉬우니	쉬웠다

다만, '돕-, 곱-'과 같은 단음절 어간에 어미 '아-'가 결합되어 '와'로 소리나는 것은 '-와'로 적는다.

돕다[助]:	도와	도와서	도와도	도왔다
곱다[麗]:	고와	고와서	고와도	고왔다

6의 규정 역시 자음으로 시작하는 어미 앞에서는 'ㅂ' 받침이 그대로 유지되지만, 모음으로 시작되는 어미 앞에서는 어간의 받침 'ㅂ'이 모음 '우' 혹은 반모음 '우'로 바뀌는 것을 말한다. 이때 '우'는 우리가 발음 기호라고 말하는 국제음성기호IPA, International Phonetic Alphabet로 표기하면 각각 [u]와 [w]를 나타낸다. 다른 모음과 결합하여 이중모음을 이루게 될 경우에는 반모음 [w]로, 그렇지 않고 '고마우니, 미우니'처럼 독립 음절을 이루고 있으면 [u]가 된다.

6은 5와 조건상 동일하다. '돕다, 곱다'와 같은 것은 역시 실제 발음을 중시하여 예외적 규정으로 제시한 것들이다. 실제 발음들을 잘 관찰해 보면, 대체로 2음절 이상으로 이루어진 어간의 경우는 예외 없이 '우'로 바뀌는 것을 알 수 있다.

동사 '하다'는 '여'불규칙 용언으로 문법상으로도 매우 특이한 역할을 한다. 서정수(1996 : 663~683)에 자세히 설명되어 있듯이 일반적으로 대동사적 기능을 보이는가 하면, 다른 어휘에 붙어서 동사적 기능을 갖도록 하기도 한다.

7에 나타나는 불규칙적인 특징은 어미 '-아'가 연결되면, 다른 용언에서와 달리 '-여'로 바뀌어 발음된다는 점이다. 다른 용언의 경우는 단음절 어간으로 그 모음이 'ㅏ'일 경우, 뒤따르는 어미가 '-아'라면 동음 생략이 되는 것이 일반적이다.

앞의 보기에서 보듯 보통의 용언들에서는 '가+-아=가'의 결과로 나타
나는 것이 일반적인데 동사 '하-'의 경우는 특이하게도 어미가 '-여'로 바
뀌어 나타난다. 이것이 표기에 그대로 반영되는 것이다.

8. 어간의 끝음절 '르' 뒤에 오는 어미 '-어'가 '-러'로 바뀔 적

이르다[至]:	이르러	이르렀다
노르다:	노르러	노르렀다
누르다:	누르러	누르렀다
푸르다:	푸르러	푸르렀다

9. 어간의 끝음절 '르'의 'ㅡ'가 줄고, 그 뒤에 오는 어미 '-아/-어'가 '-라/-러'로
바뀔 적

가르다:	갈라	갈랐다
부르다:	불러	불렀다
거르다:	걸러	걸렀다
오르다:	올라	올랐다
구르다:	굴러	굴렀다
이르다:	일러	일렀다
벼르다:	별러	별렀다
지르다:	질러	질렀다

③ 제3절 접미사가 붙어서 된 말

접미사接尾辭는 어떤 말의 뒤에 붙어서, 그 뜻을 더해 주거나 품사를 바
꾸는 역할을 하는 접사이다. 앞서 살핀 바와 같이 우리말이 교착어이기
때문에 특히 접사가 발달되었다는 특징이 있다.

동사의 어간에 붙어서 피동의 뜻을 나타내는 '이, 히, 리, 기' 등도 접미

사에 속하고, 이외에도 품사를 바꾸어 주는 명사화 접미사, 부사화 접미사 등도 있다. 이 절의 각 항에서 중시해야 할 것은 단어와 접미사가 결합할 때, 어떤 경우에는 그 원형을 밝혀 적고 어떤 경우에는 원형을 밝히어 적지 않는지를 숙지하는 것이다. 개략적인 원칙을 정리해 본다면 다음과 같다.

[접미사 결합 어휘 표기법]

첫째, 접미사가 '-이' 혹은 '-히'인 경우에는 대체로 원형을 밝히어 적는다.
둘째, 자음으로 시작되는 접미사 앞에서는 대체로 원형을 밝히어 적는다.
셋째, 원래의 뜻에서 멀어진 어휘는 원형을 밝히어 적지 않는다.
넷째, 쓰임이 많지 않은 접미사가 붙은 경우에는 원형을 밝히어 적지 않는다.

이들 원칙 가운데 '대체로'라는 말이 포함되어 있는 것은 예외적인 규정들을 포함하고 있기 때문이다. 세세한 내용들은 항목들을 살피면서 확인하도록 하고, 우선적으로 이 네 가지를 잘 기억해 두는 것이 좋겠다.

제19항 어간에 '-이'나 '-음/-ㅁ'이 붙어서 명사로 된 것과 '-이'나 '-히'가 붙어서 부사로 된 것은 그 어간의 원형을 밝히어 적는다.
　1. '-이'가 붙어서 명사로 된 것

길이	깊이	높이	다듬이	땀받이	달맞이
먹이	미닫이	벌이	벼훑이	살림살이	쇠붙이

2. '-음/-ㅁ'이 붙어서 명사로 된 것

걸음   묶음   믿음   얼음   엮음   울음
웃음   졸음   죽음   앎   만듦

3. '-이'가 붙어서 부사로 된 것

갈이   굳이   길이   높이   많이   실없이
좋이   짓궂이

4. '-히'가 붙어서 부사로 된 것

밝히   익히   작히

다만, 어간에 '-이'나 '-음'이 붙어서 명사로 바뀐 것이라도 그 어간의 뜻과 멀어진 것은 원형을 밝히어 적지 아니한다.

굽도리   다리[髢]   목거리(목병)   무녀리
코끼리   거름(비료)   고름[膿]   노름(도박)

[붙임] 어간에 '-이'나 '음'이외의 모음으로 시작된 접미사가 붙어서 다른 품사로 바뀐 것은 그 어간의 원형을 밝히어 적지 아니한다.

⑴ 명사로 바뀐 것

귀머거리   까마귀   너머   뜨더귀   마감   마개
마중   무덤   비렁뱅이   쓰레기   올가미   주검

⑵ 부사로 바뀐 것

거뭇거뭇   너무   도로   뜨덤뜨덤   바투
불긋불긋   비로소   오긋오긋   자주   차마

⑶ 조사로 바뀌어 뜻이 달라진 것

나마   부터   조차

제19항은 용언의 어간에 접미사가 붙어서 품사 전성이 이루어질 때의 표기 방식을 제시하고 있다. 앞서 정리해 본 것처럼 '-이'가 붙어서 명사 혹은 부사로 바뀐 경우와 '-히'가 붙어서 부사로 바뀐 경우에는 원형을 밝

히어 적는다. 여기에 한 가지 덧붙여 '-음/-ㅁ'이 붙어서 명사로 된 것 역시 원형을 밝히어 적는다.

유의해야 할 점은 땀받이[땀바지], 미닫이[미다지], 쇠붙이[쇠부치] 등과 같이 발음이 달라지는 어휘도 원형을 밝혀 적어야 한다는 것이다. 곧 이 경우는 원형에서 그리 벗어난 의미를 보이는 것이 아니라 다만 추가적으로 뜻이 더해지거나 기능에서 차이를 보이는 것이므로 원형을 밝혀 적은 것이 옳다는 것이다. 결과적으로 '소리 나는 대로'가 아닌 어법에 맞는 표기가 규정되어 있는 것이다.

그런데 예외적인 규정으로 이들 접미사와 결합하더라도 원래의 뜻에서 멀어진 것은 원형을 밝히지 않는다고 되어 있다. 예를 들면, 무녀리의 경우는 그 어원이 '문+열-+-이', 원래의 의미는 '한 태에 태어난 새끼들 중 가장 먼저 태어난 새끼'라는 뜻이다. 그러나 실제로 사용될 때에는 '말이나 행동이 많이 모자라는 사람'을 일컫는 말로 사용되는 것으로 본다면 원래 어간의 의미와도 별 상관없는 단어가 된다. 이와 같은 경우에는 원 뜻과 멀어진 경우가 되므로 어원을 밝히어 적지 않는다.

제19항의 [붙임]에서는 '-이, -히, -음/-ㅁ' 이외의 모음으로 시작되는 접미사가 붙어서 다른 품사로 바뀐 것은 어간의 원형을 밝히어 적지 않는다고 되어 있다. 이들의 어원을 구분하여 몇 가지를 적어 본다면 "귀먹어리, 깜아귀, 묻엄, 빌엉뱅이"의 경우는 접미사로 쓰이는 '-먹어리,[32] -아귀, -엄, -엉뱅이' 등이 '-이, -히, -음/ㅁ'처럼 일반화되어 두루 쓰이는

---

32) 이 경우, 단어의 구성은 '귀+먹+어리'로 분석하는 것이 가장 타당하며 이 가운데 '-어리'가 접미사의 구실을 하는 것으로 보아야 한다.

것이 아니라, 한 개 정도의 어휘와 결합될 뿐이다. 그래서 보편적으로 쓰이는 접미사들처럼 규칙화를 시키기도 어렵거니와 품사와 의미도 본래의 것에서 상당히 멀어져 있으므로 어원을 밝혀 적는다는 것이 오히려 무색할 지경이다.

이와 관련하여 '너머'와 '넘어'의 구분을 한번 되짚어 볼 필요가 있다. '너머'는 동사의 어간 '넘-'에 '-어'가 결합하여 명사가 된 것이고, '넘어'의 경우에는 동사 활용의 어미 '-어'가 결합하여 역시 동사인 것이다. 그렇기 때문에 '너머'에는 "산을 넘다."에서 볼 수 있는 동작의 개념이 없고, "산의 건너편"이라는 명사적 의미를 가진다. 반면에, "넘어"는 "산을 넘어 학교에 간다."에서처럼 움직임이 포함되어 있다.

요약해 본다면, '산 너머'의 경우는 앞서 '산의 건너편'이라는 의미 해석에서 볼 수 있듯이 '산'의 너머를 수식하는 기능을 하고, '산 넘어'의 경우는 '산'이 '넘어'라는 동사의 대상인 목적어가 된다는 점이 다르다.

보기 다음 문장들에 들어갈 올바른 단어는?

① 담 "너머 / 넘어"에서 들려오는 목소리
② 어렵게 담을 "너머 / 넘어" 들어갔더니 열쇠가 주머니에 있더라.

답은 ①은 '너머'이고, ②는 '넘어'이다. 가장 쉽게 판별할 수 있는 방법은 조사가 붙을 수 있는 어휘는 '너머'이고, 그럴 수 없는 어휘는 '넘어'라는 것이다.

그리고 [붙임] (3)의 경우에도 '남아, 붙어'에서 파생된 '나마, 부터'처럼 발음은 같지만 동사 어간과는 표기 형태와 의미를 달리하여 쓰이는 예들이 있음을 보이고 있다.

제19항은 용언의 어간에 접미사가 붙은 경우를 다루었는데, 제20항은 명사 뒤에 접미사가 붙는 경우를 다루고 있다. 이 역시 '-이'가 붙어서 품사 전성을 이루는 경우엔 원형을 밝혀 적되, 그 이외의 경우는 명사의 원형을 밝히지 않는다는 원칙을 내세우고 있다.

[붙임]에서 제시하는 예들에서 접미사들을 따로 구분해 보면 '-악서니, -으머리, -아치, -아지, -알, -아구니, -아기, -아리, -웅, -우라기, -개' 등이다. 이들 역시 일반화시키기에는 단어들과 결합하는 예가 너무 제한적이라는 점이 문제가 된다.

　제19항, 제20항에서는 모음으로 시작되는 접미사에 대하여 언급한 것과
는 달리 제21항에서는 자음으로 시작되는 접미사들을 대상으로 하고 있
다. 일반적인 원칙은 자음으로 시작되는 접미사와 결합할 경우에는 원형
을 밝히어 적는다는 것이다. 이는 앞선 말이 명사이든, 혹은 용언의 어간
이든 상관없이 적용되는 것들이다.

　다만, 유의할 사항으로 제시된 것은 (1) 겹받침의 끝소리가 드러나지 않
는 것과 (2) 어원이 분명하지 않거나 본뜻에서 멀어진 것은 소리대로 적는
다는 조건이다. 우리말이 모음 사이에서는 두 개 이상의 자음이 발음될

수 없으므로 (1)의 조건은 충분히 수용할 수 있는 사실이다.

(1)에서 예든 말들은 원래 '핥-, 넓-, 맑-, 싫-, 얇-, 짧-'이었을 것이지만, 지금 겹받침 가운데 끝소리는 전혀 발음이 되지 않는다. 한 가지 더 이들의 공통점을 든다면, 모두 용언의 어간이라는 점이다. 그런데, '값지다'의 경우에도 'ㅅ'은 전혀 발음되지 않는데 그 원형을 밝혀 적고도 달리 언급이 없다. 이것은 명사와의 결합 시 맞춤법의 일반 원리에 충실하게 표기하는 것이므로 달리 설명을 붙이지 않은 것이다.

(2)는 '넙치'의 예를 들어 본다면 넙치는 몸체가 넓기보단, 납작하다고 보는 것이 오히려 적절하다. 그러므로 '넓-'과는 의미상 거리가 있는 어휘가 되므로 어원을 밝히어 적지 않는다는 것이다.

제22항 용언의 어간에 다음과 같은 접미사들이 붙어서 이루어진 말들은 그 어간을 밝히어 적는다.

1. '-기-, -리-, -이-, -히-, -구-, -우-, -추-, -으키-, -이키-, -애-'가 붙는 것

맡기다	옮기다	웃기다	쫓기다	뚫리다	울리다
낚이다	쌓이다	핥이다	굳히다	굽히다	넓히다
앉히다	얽히다	잡히다	돋구다	솟구다	돋우다
갖추다	곧추다	맞추다	일으키다	돌이키다	없애다

다만, '-이-, -히-, -우-'가 붙어서 된 말이라도 본뜻에서 멀어진 것은 소리대로 적는다.

도리다(칼로 ~)	드리다(용돈을 ~)
고치다	바치다(세금을 ~)
부치다(편지를 ~)	거두다 미루다 이루다

> 2. '치-, -뜨리-, -트리-'가 붙는 것
>
>   놓치다   덮치다   떠받치다   받치다   밭치다   부딪치다
>   뻗치다   엎치다   부딪뜨리다 / 부딪트리다 쏟뜨리다 / 쏟트리다
>   젖뜨리다 / 젖트리다   찢뜨리다 / 찢트리다   흩뜨리다 / 흩트리다
>
> [붙임] '-업-, -읍-, -브-'가 붙어서 된 말은 소리대로 적는다.
>
>   미덥다   우습다   미쁘다

제22항은 피동·사동 접미사와 강세 접미사가 결합할 경우의 표기 원칙에 대하여 언급하고 있다. 능동은 자기 스스로가 하는 행위 혹은 작용을 의미하며, 피동은 다른 대상에 의해 어떤 영향을 받는 경우를, 사동은 상대방에게 어떤 행위를 시키는 것을 의미한다. '먹다'를 예로 들어 이들의 차이를 살펴보면, 다음과 같다.

> **보기** **능동, 피동 및 사동의 비교**
>
> ① 온 식구가 모여서 밥을 먹는다. (능동)
> ② 쥐가 고양이에게 잡아 먹혔다. (피동)
> ③ 엄마가 아이에게 밥을 먹인다. (사동)

우리말에는 접미사가 용언의 어간에 결합하여 피동과 사동의 의미를 더하는 경우가 많다.[33] 이들 접미사는 대부분 생산성이 높아서 일부 용언에

---

33) 우리말의 피동과 사동은 접미사가 관계하는 것 이외에도 '-게 만들다', '-게 하다' 식의 보조 사동법과 '-어 지다' 및 '되다' 등을 이용한 피동법이 더 존재한다.

국한되어 쓰이는 것이 아니라 폭넓게 쓰인다는 특징이 있고, 아울러 용언의 어간이 가지는 원래 의미도 훼손되지 않는다. 그러므로 원형을 밝히어 쓰도록 한 것이다.

일부 용언의 예에서 예외적으로 제시되는 것들은 앞서의 용례들처럼 본뜻에서 멀어진 것들이다. '부치다'의 경우는 용언의 어간 '붙-'의 원래 의미를 서로 떨어져 있던 것들이 결합한다는 것인데, 예시된 경우에는 '편지를 보낸다'는 의미를 갖게 되어 본뜻에서 멀어진 것으로 인정된다. 한편, 똑같이 우체국과 관련된 사항일지라도 '우표를 붙인다'는 본뜻의 의미가 유지되어 쓰이므로 원형을 밝히어 적는 것이 옳다.

보기 '부치다'와 '붙이다'의 비교

① 파전을 부친다.
　회의에 부친다.
　밭을 부친다.
② 싸움은 말리고, 흥정은 붙인다.
　우체국에 가서 우표를 붙여서, 편지를 부친다.

제22항과 관련하여 한 가지 더 유의해야 할 사항은 [붙임]에서 예든 것처럼 '-업-, -읍-, -브-'가 붙는 말 역시 발음대로 적는다는 점이다. 그 예들을 우선 확인해 보면 다음과 같다.

구체적인 예를 들어 보인다면 '슬프다'의 경우 어간의 원형이 "슬퍼하다, 싫어하다"는 의미를 가진 옛말 '슳-'에서 비롯된 것이다. 그런데 현재 사용되고 있는 것을 보면 독립된 단어도 아니고 이미 원형을 확인하기도 어려운 것이므로 원형을 밝히어 적을 근거가 없다고 보는 것이 옳다.

제23항 '-하다'나 '-거리다'가 붙는 어근에 '-이'가 붙어서 명사가 된 것은 그 원형을 밝히어 적는다. (ㄱ을 취하고 ㄴ을 버림.)

ㄱ	ㄴ
깔쭉이	깔쭈기
꿀꿀이	꿀꾸리
눈깜짝이	눈깜짜기
더펄이	더퍼리
배불뚝이	배불뚜기
삐죽이	삐주기
살살이	살사리
쌕쌕이	쌕쌔기
오뚝이	오뚜기
코납작이	코납자기
푸석이	푸서기
홀쭉이	홀쭈기

'-하다'와 '-거리다'가 붙을 수 있는 어근은 대부분이 의성어이거나 의태어에 속한다. 그렇다고 해서 모든 의성어와 의태어의 어근에 '-이'가 붙어 명사가 될 경우, 항상 그 원형을 밝혀 적는 것은 아니다.

이 항목과 관련하여 어떤 사람들은 '오뚝이'는 부사일 때의 표기이고, '오뚜기'는 명사일 때의 표기라고 말하기도 한다. 즉 "사람들 가운데 오뚝이 서 있는 저 모습을 보니"처럼 쓰일 때는 부사, "오뚜기는 쓰러뜨려도 다시 일어난다."에서는 명사로 쓰이는 것으로 서로 표기상 구별이 되어야 한다는 주장이다. 그러나 25항에서 다시 언급되겠지만, 부사이든 명사이든 상관없이 표기는 '오뚝이'가 맞다. 일반적인 원칙과 관련해 보더라도 '-이'가 붙은 경우에는 대체로 원형을 밝히어 적는다.

다만 유명한 음식물 관련 상표에 여전히 '오뚜기'라고 되어 있는 것을 볼 수 있는데 이 경우는 맞춤법과 관련하여 시비가 되지 않는다. 오랜 기간 상호로 등록되어 사용되어 왔으므로 고유명사처럼 되어 온 것이므로 맞춤법과는 다른 영역으로 이해해야 할 부분이기 때문이다.

한편, [붙임]에서의 예 가운데 '개구리, 기러기' 등의 경우는 비록 '-이'가 붙기는 하지만 '개굴하다, 기럭거리다'에서 보듯 '-하다, -거리다'가 어근에 붙을 수 없기 때문에 예외적으로 원형을 밝히어 적지 않는다는 것이다. 실제, 이들의 어근은 '개굴개굴, 기럭기럭'과 같이 중첩되어 있기 때문에 그 어근의 일부에 접미사가 붙었다고 원형을 밝혀 적을 수는 없다.

제24항 '-거리다'가 붙을 수 있는 시늉말 어근에 '-이다'가 붙어서 된 용언은 그 어근을 밝히어 적는다. (ㄱ을 취하고 ㄴ을 버림.)

ㄱ	ㄴ
깜짝이다	깜짜기다
꾸벅이다	꾸버기다
끄덕이다	끄더기다
뒤척이다	뒤처기다
들먹이다	들머기다
망설이다	망설이다
번득이다	번드기다
번쩍이다	번쩌기다
속삭이다	속사기다
숙덕이다	숙더기다
울먹이다	울머기다
움직이다	움지기다
지껄이다	지꺼리다
퍼덕이다	퍼더기다
허덕이다	허더기다
헐떡이다	헐떠기다

제24항은 앞선 제23항과 별반 차이가 없다. 앞서 23항이 명사화와 관련된 것이라면 이 항목은 시늉말이 용언으로 바뀌게 되는 현상과 관련된 것이라는 점이 다르다. 이 규정은 결국, 접미사 '-이'가 붙은 말이므로 원형을 밝히어 적는다는 일반 원칙의 지배를 받는다.

제25항 '-하다'가 붙는 어근에 '-히'나 '-이'가 붙어서 부사가 되거나, 부사에 '-이'
     가 붙어서 뜻을 더하는 경우에는 그 어근이나 부사의 원형을 밝히어
     적는다.
     1. '-하다'가 붙는 어근에 '-히'나 '-이'가 붙는 경우
     급히   꾸준히   도저히   딱히   어렴풋이   깨끗이

[붙임] '-하다'가 붙지 않는 경우에는 소리대로 적는다
     갑자기   반드시(꼭) 슬며시

     2. 부사에 '-이'가 붙어서 역시 부사가 되는 경우
     곰곰이   더욱이   생긋이   오뚝이   일찍이   해죽이

제25항 역시 제23항과 유사한 내용이다. 부사화 접미사 '-히'나 '-이'가
붙을 경우에 어원을 밝혀 적는 경우와 그렇지 않는 경우를 구별하여 적용
시킨 규정이다. 제25항과 관련된 '-하다'가 붙는 어근이란 어근에 '-하다'
가 붙어서 형용사가 되는 말을 일컫는다.

이때의 조건을 한번 정리해 보면 다음과 같다.

[파생부사의 표기-원형 밝혀 적기]

① '-하다'가 붙는 어근에 '-히' 또는 '-이'가 붙어서 부사가 되는 경우
   급히(← 급하다)   꾸준히(← 꾸준하다)   도저히(← 도저하다)[34]
   어렴풋이(← 어렴풋하다)
② 부사에 '-이'가 붙어서 다시 부사가 되는 경우
   더욱이(← 더욱)   오뚝이(← 오뚝)   일찍이(← 일찍)

[붙임]에서는 이 두 가지 경우와는 다르게 '-하다'가 붙지 않는 경우에
는 소리대로 적는다는 점을 명시하고 있다.

3절에서는 접미사가 붙어서 파생어가 이루어질 경우에 그 표기는 어떠
한 원칙들에 의해 지배를 받는지를 알아보았다. 조금씩의 차이와 예외 규
정들이 있기는 하지만, 대체로 3절 머리에서 언급한 일반 원칙에 따르면
크게 어려움은 없을 것이라 생각한다.

제26항 '-하다'나 '-없다'가 붙어서 된 용언은 그 '-하다'나 '-없다'를 밝히어 적
는다.

1. '-하다'가 붙어서 용언이 된 것

딱하다　　숱하다　　착하다　　텁텁하다　　푹하다

2. '-없다'가 붙어서 용언이 된 것

부질없다　상없다　　시름없다　열없다　　하염없다

제26항의 1에서는 '-하다'가 결합하여 용언화를 이루는 예들을 들고 있
다. 우선 예시된 몇 가지들을 보더라도 이미 21항에서 언급한 바와 같이
앞말이 자음으로 끝난다는 조건을 지키고 있음을 알 수 있다. 이때의 '-하
다'는 서정수(1996)에서 언급하는 형식동사적 성향을 띄고 있다. 즉, 별다
른 어휘적 의미를 달리 추가하는 것이 아니라 앞선 어근의 뜻에 동사의
기능을 보태주는 역할을 한다.

---

34) '도저하다(到底--)'는 조금 생소한 단어일 것이다. 일반적으로 '생각이나 학식 따위가 매
　　우 깊다, 그리고 행동 따위가 곧아서 흐트러짐이 없다.' 등의 의미로 쓰인다.

한편, '없다'가 붙어서 된 말들은 파생어로 볼 것인지 혹은 합성어로 볼 것인지에 대한 논란이 남아있다. 즉 '맥없다, 철없다' 등과 '부질없다, 시름없다' 등을 예로 하면, '없다'에 '無'의 의미가 있고 없음에 따라 합성어와 파생어로 구분하여야 한다는 주장들이 있다.

④ 제4절 합성어 및 접두사가 붙는 말

제4절에서는 어근과 어근끼리 결합하는 합성어와 어근에 접두사가 붙어서 형성되는 파생어에 대한 조항들이 주종을 이룬다. 4절에서 중시해야 할 것들은 사이시옷은 어떤 경우에 넣는 것인지(제30항), 그리고 두 말이 결합할 때 덧나는 소리들이 있는데 이들은 어떤 이유에서 그런 것인지(제31항) 등이다.

제4절에서는 일반적인 원칙을 제27항에서 제시한 다음, 그 이외에는 이 원칙에서 벗어나는 사항들에 대하여 기술하고 있다.

제27항 둘 이상의 단어가 어울리거나 접두사가 붙어서 이루어진 말은 각각 그 원형을 밝히어 적는다.

국말이	꺾꽂이	꽃잎	끝장	물난리
밑천	부엌일	싫증	옷안	웃옷
젖몸살	첫아들	칼날	팥알	헛웃음
홀아비	홑몸	흙내		
값없다	겉늙다	굶주리다	낮잡다	맞먹다
받내다	벋놓다	빗나가다	빛나다	새파랗다
샛노랗다	시꺼멓다	싯누렇다	엇나가다	엎누르다
엿듣다	옻오르다	짓이기다	헛되다	

[붙임 1] 어원은 분명하나 소리만 특이하게 변한 것은 변한 대로 적는다.
　　할아버지　　　　　　　　할아범

[붙임 2] 어원이 분명하지 아니한 것은 원형을 밝히어 적지 아니한다.
　　골병　　　골탕　　　끌탕　　　며칠　　　아재비
　　오라비　　업신여기다 부리나케

[붙임 3] '이[齒, 蝨]'가 합성어나 이에 준하는 말에서 '니' 또는 '리'로 소리날 때
　　에는 '니'로 적는다.
　　간니　　　덧니　　　사랑니　　송곳니　　앞니　　　어금니
　　윗니　　　젖니　　　톱니　　　틀니　　　가랑니　　머릿니

제27항에서 보이는 기본 원칙은 합성어나 접두 파생어에서 어근과 어근, 또는 접두사와 어근이 결합하여 발음이 달라지더라도 그 원형을 밝혀 적는다는 점이다. 예를 들어, 국말이[궁마리], 꺾꽂이[꺽꼬지/꺼꼬지], 꽃잎[꼰닙] 등의 단어들은 실제 발음이 표기와 차이를 보이는 것들이다. 그러나 이러한 것들을 소리대로 적게 된다면, 단어의 뜻을 이해하는 것이 어려워 독서의 효율성은 떨어지게 될 것이다.

한편, '각각 그 원형을 밝혀 적는다'는 것은 접두사와 또 결합하는 단어 각각이 형태소로서의 기능을 가지고 결합한다는 것이며 이들 각각을 구분하여 적는다는 의미이다.

[붙임 1]의 '할아버지'에서 '할'은 옛말에서 '크다'라는 의미를 가진 '한'에서 비롯된 것이다. 이후 '한>할'의 변화가 일어났을 것으로 추정하는 것이 일반적이다. 원형이 아닌 변한 소리대로 적는 이유는 '큰아버지' 등에

서는 여전히 원형이 유지되지만, '할아버지'는 특이하게 변한 경우로 예외적이며 또한 어휘 형태에 대해 언중들의 인식이 고형화된 예에 해당되기 때문이다.

[붙임 2]에서는 다른 어휘들보다 특히 '며칠'에 유의해야 한다. 이 규정에 따르면 '몇일'과 '며칠' 가운데 맞는 것은 '며칠'이다. 가장 혼란스러울 때가 '오늘이 몇 월 며칠이지?'라는 날짜 관련 질문에서가 아닐까 생각된다. 흔히 실수하기 쉬운 것으로 '몇 개, 몇 사람, 몇 주' 등에서 보듯 '몇일'로 써야 맞는 것이 아닌가 생각할 수 있지만, 이 어휘만은 그 어원이 분명치 않은 것으로 처리하여 '며칠'로 표기하기로 한 것이다. 즉, '의문부사 몇+수량 명사'와 같이 일반적인 경우와는 다르게 '며칠'은 단독 명사로도 쓰이고 있다는 점이 고려되었다고 여겨진다.

[붙임 3]의 내용은 분명히 27항의 원칙에서 벗어나는 것이지만, 이것 자체로 하나의 규칙성을 띠고 있기 때문에 별도 규정으로 인정하는 것이다. 실제로 '이(齒)'와 관련된 합성어들에서는 뒤에 오는 '이'가 규칙성 있게 [니]35)로 발음된다.

이러한 'ㄴ' 첨가 현상은 27항에 따라 어원을 밝혀 적어야 하는 '옛일, 밭일, 논일' 등에서도 나타난다. 그런데도 이를 예외적인 표기로 인정한 것은 '사랑이, 앞이, 톱이' 등으로 표기될 경우 자칫 주격 조사와 혼동될 우려가 있기에 이를 피하기 위해서 현실 발음을 인정하는 것이 좋겠다는 의견이다.

---

35) 15세기 문헌들에서 나타나는 예들을 찾아보면, 현대의 '이(齒)'는 '니'였던 것으로 확인된다. <훈민정음>에서도 '닛소리'라고 표기되어 있는데, 오늘날의 이러한 발음은 옛날 발음의 흔적을 나타내는 것이 아닐까라는 추측을 가능하게 한다.

제28항에서는 합성어를 이룰 때, 앞말의 받침 'ㄹ'이 탈락하는 경우에 대하여 언급하고 있다. 여기서 잠깐 흥미로운 질문을 던져 본다면, "우리말에서 'ㄹ' 앞에 올 수 있는 자음은 몇 개가 있을까?"라는 질문이다. 이 질문의 답은 "오직 'ㄹ' 하나이다."라는 것이다. 이것은 표기를 의식한 질문이 아니고, 실제 발음을 고려한 것이다.

이 항에서 확인할 수 있는 원칙상의 특징이 있다면, 대체로 'ㄹ'이 탈락하는 자리가 'ㄴ, ㄷ, ㅅ, ㅈ' 등의 자음 앞이라는 사실이다. 우리말에 나타나는 여러 가지 발음 규칙들에서 확인할 수 있는 가장 중요한 발생 원인은 '발음의 편이'를 위해서라는 점이다. 즉, 말을 하기 위해서 혀는 매우 분주하게 입안에서 운동을 하게 되는데, 의사 전달에 문제가 없다면 되도록 그 운동을 줄이려고 할 것이다. 'ㄹ'과 'ㄴ, ㄷ, ㅅ, ㅈ'은 발음 시 혀의 위치가 비슷하기 때문에 두 음을 차례로 발음하려다 보면 흔한 말로 엉키기 쉽다. 그래서 이 자음들 가운데 발음하기가 한결 어려운 'ㄹ'을 탈락시키는 것이다.[36)]

---

36) 그렇다고 해서 항상 'ㄹ'이 탈락하는 것은 아니다. '칼날[칼랄], 술병[술뼝]' 등에서 보듯

제28항에 제시된 예들 이외에도 '나날이, 아드님, 미닫이, 차돌, 차지다' 등의 어휘들을 비롯하여 상당수가 존재한다. 그리고 '불편(不便), 불결(不潔)' 등과는 달리 한자어 '不'가 '부당(不當), 부덕(不德), 부동(不動), 부동항(不凍港), 부적(不適), 부정(不淨)' 등 'ㄷ, ㅈ'의 앞에서 '부'로 되는 것도 같은 현상에 속한다.

제29항 끝소리가 'ㄹ'인 말과 딴 말이 어울릴 적에 'ㄹ' 소리가 'ㄷ' 소리로 나는 것은 'ㄷ'으로 적는다.

반짇고리(바느질~)	사흗날(사흘~)	삼짇날(삼질~)	섣달(설~)
숟가락(술~)	이튿날(이틀~)	잗주름(잘~)	푿소(풀~)
섣부르다(설~)	잗다듬다(잘~)	잗다랗다(잘~)	

위의 예시된 어휘들 가운데 '반짇고리, 사흗날, 삼짇날, 섣달' 등은 우리에게 익숙한 단어이지만, '푿소,[37] 잗다듬다'를 위시하여 몇 가지 단어들은 생소한 것이고, 심지어 사전에 따라서는 실리지 않은 경우도 있다.

제29항은 역사적으로 볼 때, 'ㄹ'이 'ㄷ'으로 바뀐 것이 아니다. 한 예로 15세기의 '사흜날, 이틊날' 등을 보면 'ㅅ' 앞에서 'ㄹ'이 탈락한 형태인 '사홋날, 이틋날' 등의 표기들이 이후에 나타나는 것을 확인할 수 있다. 물론 이때의 'ㅅ'은 원래 단어의 원형으로 존재하던 것이 아니라 사이시옷으로 삽입된 것이다. 그러나 주객전도가 되어 실제 발음에서는 오히려 '사

'ㄹ'은 남아있고 뒤따르는 자음이 오히려 변화를 일으키는 경우도 있다.

37) '여름에 생풀만 뜯어 먹고 사는 소'라는 뜻으로 여물이나 쇠죽 등을 섭취한 다른 소들에 비해 힘과 근력이 부족하여 일 부리기에 부적합하다.

홀'의 'ㄹ'이 탈락하고 'ㅅ'이 발음되는 경향[38]으로 치닫게 되는 것을 당시 문헌들에서 확인할 수 있다. 그러므로 어원을 밝혀 적으면, 받침이 'ㅅ'이 되어야 하지만 현실 발음을 인정하여 'ㄷ'으로 적는 것이다.[39] 또 〈한글 맞춤법 통일안〉(1933)부터 이렇게 이어오던 관례를 인정한 면도 있다.

제30항은 사이시옷과 관련된 사항으로 이미 1부에서 언급한 바 있다. 각별히 유의해야 할 점은 사이시옷을 비롯하여 〈한글 맞춤법〉에서 제시하고 있는 규칙들은 우리말과 관련된 현상들이라는 점이다. 다시 말하면 우리말을 관찰하여 얻어진 보편성들을 바탕으로 만들어진 규칙인 것이다. 그러므로 외래어나 외국어에 적용시키는 데에는 까다롭다고 생각되는 부분들이 상존할 수밖에 없다.

제30항 사이시옷은 다음과 같은 경우에 받치어 적는다.
  1. 순 우리말로 된 합성어로서 앞말이 모음으로 끝난 경우
(1) 뒷말의 첫소리가 된소리로 나는 것

고랫재	귓밥	나룻배	나뭇가지	냇가	댓가지
뒷갈망	맷돌	머릿기름	모깃불	못자리	바닷가
뱃길	볏가리	부싯돌	선짓국	쇳조각	아랫집
우렁잇속	잇자국	잿더미	조갯살	찻집	쳇바퀴
킷값	핏대	햇볕	혓바늘		

(2) 뒷말의 첫소리 'ㄴ, ㅁ' 앞에서 'ㄴ' 소리가 덧나는 것

멧나물	아랫니	텃마당	아랫마을	뒷머리
잇몸	깻묵	냇물	빗물	

---

38) 물론 합성어가 아닌 단일어에서는 당연히 '사흘'로 적고 있다.

39) 흔히 우리가 말음법칙이라고 하는 규칙에 따르면, 'ㅅ'은 받침자리에서, 혹은 자음으로 시작하는 음절 앞에서 'ㄷ'과 같은 소리가 난다.

(3) 뒷말의 첫소리 모음 앞에서 'ㄴㄴ' 소리가 덧나는 것

도리깻열   뒷윷   두렛일   뒷일   뒷입맛
베갯잇   욧잇   깻잎   나뭇잎   댓잎

2. 순 우리말과 한자어로 된 합성어로서 앞말이 모음으로 끝난 경우

(1) 뒷말의 첫소리가 된소리로 나는 것

귓병   머릿방   뱃병   봇둑   사잣밥
샛강   아랫방   자릿세   전셋집   찻잔
찻종   촛국   콧병   탯줄   텃세
핏기   햇수   횟가루   횟배

(2) 뒷말의 첫소리 'ㄴ, ㅁ' 앞에서 'ㄴ' 소리가 덧나는 것

곗날   제삿날   훗날   툇마루   양칫물

(3) 뒷말의 첫소리 모음 앞에서 'ㄴㄴ' 소리가 덧나는 것

가욋일   사삿일   예삿일   훗일

3. 두 음절로 된 다음 한자어

곳간(庫間)   셋방(貰房)   숫자(數字)
찻간(車間)   툇간(退間)   횟수(回數)

제30항은 현행 맞춤법 가운데 가장 논란이 많은 규정[40]에 해당된다. 이를 잘 이해하기 위한 일반 원칙을 우선적으로 정리해 보면 다음과 같다.

[사이시옷 삽입 가능 조건]

① 합성어일 것 : 우리말＋우리말, 우리말＋한자어, 한자어＋우리말(한자어＋한자어의 경우는 인정하지 않음)

---

40) 예를 들어 현재 북한의 경우는 사이시옷을 표기에 전혀 반영하지 않는다. 이 경우는 합성어의 구성 요소들을 모두 원형으로만 적기 때문에 표기상의 혼란을 줄일 수 있다는 장점이 있다. 그러나 다른 한편으로는 현실 발음이 전혀 반영되지 않음으로 해서 생기는 혼란을 비롯하여 동음이의어의 양산 등도 문제시될 수 있다.

② 앞말이 모음으로 끝날 경우
③ a. 뒷말의 첫소리가 된소리로 나는 것
  b. 뒷말의 첫소리 'ㄴ, ㅁ' 앞에서 'ㄴ' 소리가 덧나는 경우
  c. 뒷말의 첫소리 모음 앞에서 'ㄴㄴ' 소리가 덧나는 경우
④ 예외-두 음절의 한자어 6개(외울 것)
  곳간(庫間), 셋방(貰房), 숫자(數字), 찻간(車間), 툇간(退間), 횟수(回數)

①과 ②는 사이시옷이 들어가기 위한 전제조건이다. 그러므로 이 두 조건이 충족되지 않으면, 아무리 ③에서 제시된 조건들이 충족되더라도 사이시옷은 들어갈 수 없다.

현재 사이시옷 규정에서는 '한자어+한자어'로 구성된 합성어는 여타의 조건을 모두 만족시킨다 하더라도 ④에서 보이는 예외들을 제외하곤 사이시옷을 넣을 수 없도록 되어 있다. 즉 합성어의 구성 단어 중 최소한 하나는 우리말이어야 한다는 것이 필수 조건으로 ①을 구성하고 있는 것이다.

한편, ②의 조건은 너무나 당연한 것이 된다. 15세기를 비롯한 전대의 국어 문헌들에서는 앞의 단어들의 자음들로 끝나더라도 상관없이 사이시옷을 넣은 흔적들을 발견할 수 있기는 하다. 그러나 현대 국어에서는 앞말의 끝음절 받침자리에 소리가 덧나는 경우를 중시하므로 그러기 위해서는 모음으로 끝나는 환경이 중시된다. 그러므로 ②의 조건 역시 필수적인 것이다.

이 두 조건을 필수적으로 충족시킨 다음에 ③의 조건 중에 하나라도 부합한다면 사이시옷을 넣게 된다. 이해를 돕기 위해 ③의 예들을 몇 가지

살펴보도록 하자.

③a가 제시하는 조건은 뒷말이 'ㄱ, ㄷ, ㅂ, ㅅ, ㅈ'의 자음들로 시작되는 합성어를 말한다. 이들 자음만이 된소리 즉 경음硬音이 있으므로, 이 조건에 합당하게 되려면, 당연히 이 다섯 가지 자음 가운데 하나로 뒷말이 시작되어야 하는 것이다. 구구한 설명이 되겠지만, 이 조건을 다시 나열해 보면, (a)는 다음과 같다.

[사이시옷 관련 ③a의 조건]

ㄱ. 합성어일 것
ㄴ. 앞말이 모음으로 끝날 것
ㄷ. 뒷말이 'ㄱ, ㄷ, ㅂ, ㅅ, ㅈ' 중 하나로 시작될 것
ㄹ. 뒷말의 첫 자음이 된소리로 발음될 것

한편, 뒷말의 첫소리가 원래부터 된소리 혹은 거센소리일 경우에는 사이시옷을 받치어 적을 필요가 없다. 즉, '갈비뼈, 허리띠, 보리쌀, 위층, 배탈' 따위의 경우는 비록 합성어일지라도 사이시옷을 넣지 않는다.

③b는 음성학적으로 본다면, 콧소리 즉 비음鼻音이 뒷말의 첫소리로 오는 경우를 말한다. 우리말에는 비음이 'ㄴ, ㅁ, ㅇ'의 세 가지가 있다. 그러나 이 가운데 'ㅇ'은 음절 첫소리로 올 수 없으므로41) 결국 (b)는 '비음 중

---

41) 드문 경우지만, '이응'이라는 말에서 음절 첫소리로 'ㅇ'이 두 개나 오지 않았냐는 질문을 받는 예가 있다. 그러나 이를 국제음성기호로 적어보면 [iiŋ]으로 표시된다. 즉, 음절

ㄴ, ㅁ 앞의 사이시옷 넣기'라고 해도 무리가 없다.

그리고 ③c는 뒷말의 첫소리 모음 앞에서 'ㄴㄴ' 소리가 덧나는 경우를 들고 있다. 이 역시 앞에 ①과 ②의 두 조건을 만족시킨 다음의 일이다.

"사이시옷 삽입 가능 조건" 중 예외로 제시된 ④는 특히 유의해야 할 사항이다. 한자말은 사이시옷을 넣지 않는 것을 원칙으로 하면서, 다만 제시한 여섯 가지 어휘에 대해서만 사이시옷을 인정하고 있다. 한자어에 사이시옷을 인정하지 않음으로 해서 '촛점→초점焦點' 등으로의 변화가 생겼는데, 예외적으로 이 6가지를 인정하고 있으니 꼭 기억해 두어야 할 내용이다.

이 사잇소리의 역사는 매우 오랜 것이다. 최초의 우리말 문헌이라고 할 수 있는 〈용비어천가龍飛御天歌〉에서부터 이미 그 시작을 보이고 있으니, 그 표기의 유래는 우리 문자가 시작되면서부터라고 할 수 있다. 그러나 표기 방식은 여러 가지들로 바뀌어 오늘에 이르고 있다. 변화의 과정보다는 현재의 원칙에 충실해 주는 것이 중요하다.

특히, 사이시옷과 관련된 표기에는 혼란이 많은 것이 현실이다. 같은 골목 안에서 어떤 집은 '횟집(ㅇ)'이고, 어떤 집은 '회집'이다. 심지어는 '초불/촛불(ㅇ), 해수/햇수(ㅇ)' 등 아주 자주 쓰이는 말에서도 혼란이 있는 것이 현실이다.

초에 표기되어 있는 'ㅇ'은 앞 음절과의 경계를 표시해줄 뿐, 발음에는 영향을 미치지 않는 기호일 뿐이다. 이러한 경우의 'ㅇ'을 흔히 alif적 기능을 한다고 얘기한다.

제31항은 두 낱말이 결합할 때, 원래 형태소들에는 없던 음이 추가되는 현상에 대한 규정이다. 제27항의 예외 규정이라고 할 수 있는 것들로 모두 역사적으로 그 유래를 찾을 수 있다는 공통점이 있다.

먼저, 'ㅂ' 소리가 덧나는 경우를 살펴보기로 하자. 예전에 중국 송나라의 손목孫穆이라는 사람이 〈계림유사鷄林類事〉(1103~1104)[42]라는 책을 써서 고려의 문물을 소개한 적이 있었다. 이때, 고려의 단어들을 몇 가지 항목으로 나누어 소개한 부분이 있는데 그중 하나가 '白米曰菩薩'이다. 흰쌀을 일컬어 당시 사람들이 '브술'이라 했다는 것을 추측하게 하는 대목이다. 오늘날과는 다르게 당시에는 2음절어란 것인데 다시 15세기 문헌에 보면, 이 말이 '뿔'로 표기되어 있음을 확인할 수 있다. 그뿐만 아니라, '딱(雙)', '뻬(時)' 등도 보인다.

---

42) 당시 사신을 봉행하는 서장관으로 고려에 오게 된 손목이 당시 고려의 풍속 등을 기록하여 남긴 서책이다. 특히 361개의 어휘를 '天曰漢捺, 淺曰眤低, 斗曰抹, 百曰溫' 등으로 표기해 두어 고려어 연구에 중요한 자료 역할을 한다.

오늘날 두 낱말이 결합하여 새로운 말을 형성할 때, 원래는 없던 'ㅂ' 발음이 첨가되는 경우는 대부분 중세 국어에서 초성에 'ㅂ'으로 시작하는 겹자음이 있었던 어휘[43]들이다. 그 대표적인 것이 바로 '찹쌀, 좁쌀, 멥쌀' 따위와 '입때, 접때' 등이다.

이러한 사실은 우리말이 속해 있는 알타이어족의 공통 특질과 정면으로 충돌하는 것이다. 즉, '어두의 자음 조직이 제약을 받는다.'는 조건에는 '어두자음군'이 없다는 세부 조항이 있다. 음절 초에서 여러 개의 자음이 연이어 발음되지 않는다는 것인데, 위의 '쌀, 때, 딱' 따위의 'ㅂ'이 발음된 것으로 인정한다면 우리 국어의 계통상의 특질을 정면으로 부정하는 것이 되기 때문이다. 그러나 이러한 예외는 음절이 축약되는 과정에서 생긴 일시적인 현상이었을 것으로 보는 것이 일반적이라 그리 심각한 문제는 아닐 수도 있다. 곧 'ㅂ슬'이라는 2음절어에서 갑자기 한 음절이 줄어 단음절어가 된다는 것은 언어 변화의 과정에서 일반적으로 드러나는 점진성과 배치된다. 어느 정도는 원래의 말과 유사한, 근접한 발음이 이어지다가 어두 자음의 약화가 다시 일어나는 것이 과정상 수용하기가 용이하다는 것이다.

한편, 'ㅎ' 소리가 덧나는 경우는 앞선 어휘가 'ㅎ종성체언'이라고 불리던 것이다. 이것들은 뒤이어 나타나는 'ㄱ, ㄷ, ㅂ'을 거센소리인 'ㅋ, ㅌ, ㅍ'으로 바뀌게 한다. 과거에는 실제로 '머리ㅎ가락, 안ㅎ밖, 암ㅎ닭' 등으

---

43) 이처럼 서로 다른 자음들이 어울려 쓰이는 것을 <훈민정음>에서는 합용병서(合用竝書)라고 했다. 이와는 달리 서로 같은 자음들로 이루어진 'ㄲ, ㄸ, ㅆ' 따위는 각자병서(各字竝書)라고 하여 구분하였다. 위에서 보인 예들은 'ㅂ'으로 시작한다 하여 'ㅂ계 합용병서'라고 부른다.

로 쓰던 경우도 있었다. 이렇게 쓸 경우, 단어의 경계를 시각적으로 분명히 확인할 수 있다는 장점이 있지만, 우리말에서 유일한 예외적인 표기 방식이 된다는 문제가 있다.

결국, 제31항의 경우는 근거도 분명하므로 표기 방식을 소리 나는 대로 적는 것으로 택한 것이다. 그래서 '안팎, 암탉, 수평아리, 암컷, 수컷' 등의 표기가 나타나게 되는 것이다. 조금 우스운 표기로 '암탕나귀, 수탕나귀' 같은 것들도 생기는데, 어쨌든 '암-, 수-'[44]가 표기에서 가장 생산성이 높은 것임을 확인할 수 있다.

⑤ 제5절 준말

준말은 말 그대로 '원래의 말에서 줄어진 말'이라는 뜻이다. 다시 말하면, 원래의 말보다 음절수가 줄어든 말이 곧 준말이다. 이 준말은 이후 〈표준어 규정〉을 보면 알겠지만, 원래의 말을 제치고 표준어에 올라 있는 말들이 있을 정도로 우리 생활에서 많이, 그리고 쉽게 발견되는 것들이다. 준말 중에는 '거울(←거우루)'처럼 이제 그 어원을 찾기가 오히려 어려운 말들이 많아졌다. 지금에 이르러 '거울'이 준말이라고 얘기하면 오히려 이상한 시선을 받을 확률이 더 높다.

이 절을 살피면서 유의할 것은 표기를 어떻게 하느냐는 점이다.

---

44) 이와 관련된 사항은 표준어 규정 제7항에서 다시 한 번 언급될 것이다.

제32항 단어의 끝모음이 줄어지고 자음만 남은 것은 그 앞의 음절에 받침으로 적는다.

(본말)	(준말)
기러기야	기럭아
어제그저께	엊그저께
어제저녁	엊저녁
가지고, 가지지	갖고, 갖지
디디고, 디디지	딛고, 딛지

제32항에서는 모음이 줄어들어 홀로 남게 된 자음이 앞 음절의 받침으로 남게 된다는 점을 설명하고 있다. 고시본에는 '온가지 / 온갖'의 예가 들어 있었지만, 표준어 규정 14항에서 '온가지'가 비표준어로 처리되어서 빠지게 되었다.

제33항 체언과 조사가 어울려 줄어지는 경우에는 준 대로 적는다.

(본말)	(준말)
그것은	그건
그것이	그게
그것으로	그걸로
나는	난
나를	날
너는	넌
너를	널
무엇을	뭣을 / 무얼 / 뭘
무엇이	뭣이 / 무에

　제33항의 내용들은 준말이 되는 일정한 규칙을 제시하기엔 어려운 것들이다. 다만, 우리가 평상시 사용하는 말들을 중심으로 줄어든 형태의 표기 방식을 제시하고 있는 것이다. 일상화되어 있다고는 하지만 송철의(1993 : 33~35)에서 밝힌 것처럼 '그것~그거, 무엇~무어'처럼 쌍형어가 독자적으로 곡용하고 있는 것으로 본다면 준말이라고 규정짓기 어려운 예들이 여럿 보인다.

제34항 모음 'ㅏ, ㅓ'로 끝난 어간에 '-아/-어, -았-/-었-'이 어울릴 적에는 준 대로 적는다.

(본말)	(준말)		(본말)	(준말)
가아	가		가았다	갔다
나아	나		나았다	났다
타아	타		타았다	탔다
서어	서		서었다	섰다
켜어	켜		켜었다	켰다
펴어	펴		펴었다	폈다

[붙임 1] 'ㅐ, ㅔ' 뒤에 '-어, -었-'이 어울려 줄 적에는 준 대로 적는다.

(본말)	(준말)		(본말)	(준말)
개어	개		개었다	갰다
내어	내		내었다	냈다
베어	베		베었다	벴다
세어	세		세었다	셌다

[붙임 2] '하여'가 한 음절로 줄어서 '해'로 될 적에는 준 대로 적는다.

(본말)	(준말)		(본말)	(준말)
하여	해		하였다	했다
더하여	더해		더하였다	더했다
흔하여	흔해		흔하였다	흔했다

제34항의 기본적인 원칙은 모음 충돌 회피 현상으로 볼 수 있다. 다른 말로는 Hiatus회피라고도 한다. 이는 모음들이 연이어 나타나는 것을 기피하는 현상으로, 모음충돌을 피하기 위해 축약, 탈락 혹은 매개모음 삽입, 반모음화 등이 이루어진다. 우리말에서는 주로 매개모음 삽입을 제외한 나머지 방식들이 모두 쓰이고 있다. 예시된 내용들에서는 주로 동음 생략을 통한 음절 줄이기를 발견할 수 있다.

주의할 사항은 이들은 항상 준말로 적어야 한다는 점이다. 즉, '서었다'라는 본말은 맞춤법 상으로 볼 때, 틀린 말이고 오히려 '섰다'라고 하는 준말로 적어야 맞는 말이 된다는 것이다. 또, 주의할 점은 'ㅅ' 변칙 용언은 'ㅅ'이 준 다음에 모음으로 시작하는 어미와 만나면 당연히 모음 충돌이 일어나게 되지만, 위의 예들처럼 축약은 일어나지 않는다. 그러므로 위의 예에서 '났다'는 '태어났다'의 의미이고, '나았다'라고 표기되었을 경우에는 병에서 완쾌되었다는 의미가 된다.

한편, [붙임 1]에서는 모음 탈락의 경우를, [붙임 2]에서는 축약의 경우를 설명하고 있다. 특히 [붙임 2]는 18항의 7에서 언급한 내용과 관련하여 주목할 필요가 있다. 그런데 34항의 원칙은 필수적인 것임에 반하여, [붙임의 규정은 수의적인 것임을 확인해 둘 필요가 있다.

두 규정은 전자는 "어울릴 적에는"이고, 후자는 "어울려 줄 적에는"이라는 식으로 표현 상의 차이를 보이고 있다. 이때 첫 문구는 '결합하면 반드시'라는 의미를 담고 있으며, 둘째 문구는 '어울렸는데 만일 줄게 된다면'이라는 의미를 담고 있다.

설명이 복잡해졌는데 요약해 본다면 34항의 기본은 준말만을 표기에서 인정하는 것이고, [붙임]에 해당하는 사항들은 본말과 준말 모두를 표기에서 인정한다.

한편, 제35항과 제36항은 모두 음절 축약의 방식으로 반모음화가 이루어진 예들을 보여주고 있다.

제35항 모음 'ㅗ, ㅜ'로 끝난 어간에 '-아/-어, -았-/-었-'이 어울려 'ㅘ/ㅝ, 왔/웠'으로 될 적에는 준 대로 적는다.

(본말)	(준말)		(본말)	(준말)
꼬아	꽈		꼬았다	꽜다
보아	봐		보았다	봤다
쏘아	쏴		쏘았다	쐈다
두어	둬		두었다	뒀다
쑤어	쒀		쑤었다	쒔다
주어	줘		주었다	줬다

[붙임 1] '놓아'가 '놔'로 줄 적에는 준 대로 적는다.

[붙임 2] 'ㅚ' 뒤에 '-어, -었-'이 어울려 'ㅙ, 왰'으로 될 적에도 준 대로 적는다.

(본말)	(준말)		(본말)	(준말)
괴어	괘		괴었다	괬다
되어	돼		되었다	됐다
뵈어	봬		뵈었다	뵀다
쇠어	쇄		쇠었다	쇘다
쐬어	쐐		쐬었다	쐤다

제35항은 모음 'ㅗ, ㅜ'가 '-아/-어'로 시작되는 말 앞에서 반모음 /w/로 바뀌는 것에 대한 규정이다. 35항의 규정도 34항의 [붙임]과 같이 "될 적에는"이라는 문구를 넣은 것으로 보아 수의적隨意的인 것임을 알 수 있

다. 즉, 본말이든 준말이든 표기에서 모두 허용된다는 것이다.

[붙임 1]은 '놓아'가 '놔'로 축약되는 것을 허용한다는 것인데, 이렇게 되기 위해서는 우선적으로 'ㅎ'탈락이 일어나고 그 다음에 모음 /o/가 반모음 /w/로 바뀌어 음절 축약을 이루어야 한다. 일반적으로 'ㅎ'은 모음들 사이에서 약화되어 완전히 생략되어 버리는 특성이 있다. 우리가 '좋아'를 발음해 보면 원칙적으로 [조하]가 되어야 하지만 실제는 [조아]로 발음되는 것이 보통인 것을 확인할 수 있다.

그러나 'ㅎ' 받침을 가진 모든 말들이 다 '놓아'와 같은 변화를 수용하는 것이라고 착각해서는 안 된다. [붙임 1]은 'ㅎ' 받침을 가진 말들 가운데 오직 '놓다'의 활용형들인 '놔, 놔서, 놨다'에서만 인정되는 것이다.

[붙임 2]에서는 'ㅚ'와 '어'와의 축약을 나타내고 있는데, 예를 들면, "(턱을) 괴었다."와 "(턱을) 괬다."를 다 허용한다는 규정이다. 그러나 우리 눈에 익숙한 것은 아무래도 본말 쪽인 것으로 여겨지므로, 낯선 준말 표기보다는 본말 사용이 더 나은 경우가 많은 규정이다. 이 규정과 관련한 어휘들은 준말 쪽의 정서법에 오류가 많이 생기는 경우에 속하므로 눈여겨 봐 둘 필요가 있다.

제36항 'ㅣ' 뒤에 '-어'가 와서 'ㅕ'로 줄 적에는 준 대로 적는다.

(본말)	(준말)		(본말)	(준말)
가지어	가져		가지었다	가졌다
견디어	견뎌		견디었다	견뎠다
다니어	다녀		다니었다	다녔다
막히어	막혀		막히었다	막혔다
버티어	버텨		버티었다	버텼다
치이어	치여		치이었다	치였다

제36항의 문맥을 잘 살피면 준말로 표기하는 것이 필수적인 것이 아님을 알 수 있다. 즉, 제36항에서 요구하는 것은 본말로 적는 것이 원칙이고 준말로 적는 것은 허용 규정에 속한다는 사실이다. 그럼에도 불구하고 이 항은 35항의 [붙임] 등과는 달리 오히려 준말로 적는 것이 우리가 일상적으로 표기하는 방식에 근접한다. 둘 다가 맞는 것이므로 선택은 어디까지나 쓰는 사람의 마음에 달려 있는 것이지만, 될 수 있으면 많이 사용하는 쪽으로 표기하는 것이 좋을 것이라 여겨진다.

이 규정의 특징 역시 모음 충돌 회피의 한 예로서 제시된 것이라는 점이다. 제35항이 반모음 /w/로 변화하는 예들이라면, 제36항은 축약되는 음절의 모음이 모두 'ㅣ'모음이고, 이것이 반모음 [j]로 바뀌어 다음 음절에 속하게 된다는 것이 차이점이다.

제37항 'ㅏ, ㅕ, ㅗ, ㅜ, ㅡ'로 끝난 어간에 '-이-'가 와서 각각 'ㅐ, ㅖ, ㅚ, ㅟ, ㅢ'로 줄 적에는 준 대로 적는다.

(본말)	(준말)
싸이다	쌔다
펴이다	폐다
보이다	뵈다
누이다	뉘다
뜨이다	띄다
쓰이다	씌다

제37항은 모음으로 끝난 어간에 접미사 '-이-'가 결합되어 새로운 어간을 형성할 경우, 준말을 허용한다는 규정이다. 그런데, 예로 든 어휘들 가

운데 '쌔다, 폐다'는 실제 언어생활에서 거의 찾아보기 어려운 예들이라서 별 의미가 없다.

이 규정 역시 '아이[ai] → 애[ɛ], 사이[sai] → 새[sɛ]' 등 흔히 찾아볼 수 있는 것으로 음절 축약에 해당하는 것이다. 제35항, 제36항과 차이가 있다면 앞의 두 항이 음절 축약의 과정에서 비록 반모음이라고는 하지만 원음과 유사한 음가로의 변이를 보인 반면 제37항의 경우는 두 음절의 모음이 합쳐져 제3의 음으로 변화를 겪는 방식으로 축약을 이룬다는 점이다. 곧 35~36항은 두 개의 모음이 결합하는 과정에서 이중모음으로 변화를 겪는데 반하여, 37항의 경우는 단모음으로 변화를 겪는다.

한편, '띄다'와 '띠다'는 혼란을 겪을 수 있는 어휘들이므로 37항과 이어지는 38항과 관련하여 구분을 해 보도록 한다.

'띄다'는 37항에서 보인 것처럼 '뜨이다'의 준말로서 '사이를 벌어지게 하다 혹은 물 위나 공중에 있게 하거나 솟아오르게 하다'의 의미를 지니고 있다.

반면, '띠다'는 '(허리띠 따위를) 두르다, 사명을 가지다, (빛깔을) 조금 가지다, (감정 따위를) 조금 나타내다' 등의 의미를 지니고 있다.

보기 '띄다'와 '띠다'의 용례 구분

① 띄어쓰기
그 두 사람 좀 띄어 놓자.
연못에 띄운 나뭇잎
② 역사적 사명을 띠고 이 땅에 태어났다
미소를 띤 얼굴
엷은 갈색을 띠고

제38항 역시 어간에 접미사 '-이-'가 결합하면 '여'로 축약된다는 내용이다. [i]모음이 반모음 [j]로 바뀐 다음 앞선 모음과 축약을 이룬다는 원리이다. 주의할 것은 이 축약이 두 가지 방향으로 이루어진다는 점이다. 그 첫째는 앞선 어간의 모음과 축약을 이루는 것으로 '아+이→애, 오+이→외' 등이 되는 것이고, 둘째는 '-이어' 자체가 축약을 이루어 '-여'가 되는 경우이다.

가능한 예들을 두 가지로 들어 보이고는 있지만 실제로 많이 사용하고 있는 것들은 역시 후자의 예들이다. 이들이 이렇게 결정되는 것에는 단순히 어휘 결합의 문제들만이 아니라 표준어를 무엇으로 정하느냐 하는 것과도 연관이 되어 있음을 고려해야 한다.

예시된 단어들은 준말에 두 경우를 거의 모두 포함하고 있는데, 이것은 두 가지 모두를 준말로 인정한다는 것이다. 그런데, 이 가운데 유독 '뜨이어'는 준말을 '띄어'만 인정하고 있다. 그래서 '띄어 쓴다'가 옳은 말이 되는 것이다. 그러나 '뜨이어'가 또 '눈이 뜨여'처럼 쓰이면 이때는 제38항의

규정에 의해 허용이 된다. 즉, '간격을 벌리다'라는 의미가 아니라 '열렸다
(開)'라는 의미로 쓰게 될 때는 준말로 '뜨여'가 허용된다는 것이다.

> 그가 내게 보낸 선물을 풀어 본 순간, 눈이 번쩍 뜨였다.

제39항 어미 '-지' 뒤에 '않-'이 어울려 '-잖-'이 될 적과 '-하지' 뒤에 '않-'이 어
울려 '찮-'이 될 적에는 준 대로 적는다.

(본말)	(준말)
그렇지 않은	그렇잖은
적지 않은	적잖은
만만하지 않다	만만찮다
변변하지 않다	변변찮다

이 항목에서 제시하는 내용들은 '-잖'과 '-찮-'으로 역시 준말의 표기에
관한 것이다. 간단하게 설명해 본다면, 어미 '-지'로 끝나는 용언에서 '하'
가 있는 경우에는 부정을 나타내는 '않-'과 결합하여 '-찮-'으로, 그렇지
않은 경우에는 '-잖-'으로 표기할 수 있다는 것이다.[45]

39항과 관련하여 평소 표기에서 혼란을 보이는 경우들을 많이 확인할
수 있다. 특히 '그렇잖다'를 '그렇찮다'로 적는 오류[46]를 범하는 경우가 많

---

[45] 과거에는 이럴 경우의 표기가 '-챦-', '-찮-'으로 쓰였다. 그래서인지 아직도 이런 표기
의 오류를 범하는 경우가 많으므로 주의해야 한다.

[46] 이 단어 역시 틀리는 경우가 많다. 이유는 '그렇지'가 발음 시에 앞선 'ㅎ'과 'ㅈ'이 만
나서 [그러치]로 소리가 나기 때문이다. 그래서 이 말이 '않-'과 만나면, '그렇찮다' 등

다. 이런 혼선을 피하기 위해 앞선 용언과 '하-'의 결합 여부에 따라 '-잖-',
'-찮-'이 구별된다는 점을 기억해 두어야겠다.

으로 되어야 한다고 생각하는 경우가 많다. 그러나, 규정대로 '하'가 없으므로, '그렇잖
다'로 표기하는 것이 옳다. 물론, 발음은 [그러찬타]로 하게 된다.

못하지 않다   못지않다
섭섭하지 않다   섭섭지 않다
익숙하지 않다   익숙지 않다

[붙임 3] 다음과 같은 부사는 소리대로 적는다.

결단코   결코   기필코   무심코   아무튼   요컨대
정녕코   필연코   하마터면   하여튼   한사코

40항에서는 다음과 같은 전제들을 먼저 생각해 두는 것이 좋다. 우선 40항에서 요구하는 기본 원칙은 다음과 같다.

[거센소리되기(激音化)의 기본 원칙]

① 어간의 끝음절이 '하'일 것
② '하' 앞의 말이 모음으로 끝나거나 'ㄴ, ㅁ, ㅇ, ㄹ'로 끝날 것
③ 이때 '하'에서 'ㅎ'만이 남고 'ㅏ'가 탈락하는 경우
④ 뒷음절의 첫소리와 어울려 거센소리가 될 때는 거센소리로 적는다.

위에서 언급하는 조건들을 모두 만족시킬 때, 거센소리로 적을 수 있다. 우리가 흔히 쓰는 '가타부타할 것 없이'라는 말에서 '가타부타'는 '가(可)하다47) 부(否)하다'에서 비롯된 말임을 확인할 수 있다. 우선, '가하-'에서

---

47) 과거에는 이 경우에 'ㅏ'만이 탈락한 것임으로 어간과 어미를 구분하여 적는다는 원칙에 따라 '가ㅎ다'라고 적거나, '흔ㅎ다'라고 적는 것을 종종 볼 수 있었다. 그러나, 이러한 표기는 음절 단위 적기에서 예외가 되므로 오히려 현실 발음을 인정하고 굳이 원형을 밝히어 적지 않는 쪽을 택한 것으로 여겨진다.

보듯 어간의 끝이 '-하-'이고, 그 앞의 말이 모음으로 끝났다. 그리고 'ㅏ'가 탈락한 후, 발음이 뒷말의 첫소리와 어울려 거센소리로 나고 있음을 확인할 수 있는 것이다.

주의해야 할 점은 [붙임]에 나타나 있는 내용들인데 우선 [붙임 1]에 나타나 있는 용례들을 보면 크게 표기에 혼란을 가져올 만한 것들이 없다. 이미 '않고, 이렇다' 등은 그 활용에서도 준말의 형태가 원형으로 굳어진 것처럼 보이기 때문이다.

그런데 [붙임 2]는 주의를 요한다. [붙임 2]의 예 가운데 '못지않다'를 제외하고는 거의 대부분의 예들이 혼란을 가져올 수 있는 것들이기 때문이다. 이 붙임에서의 예를 혼란 없이 표기할 수 있는 방법은 어간 끝음절의 자음이 'ㄱ, ㅂ, ㅅ' 가운데 하나이면, [붙임 2]의 규정에 따라 적으면 된다는 것이다.

[붙임 3]은 모두 부사들이다. 이미 그 어원과는 상당히 멀어져서 독립된 단어들로 인식되고 있기 때문에 굳이 본래 어간이 무엇인지에 의문을 가지 않는 것들이다. 오히려 이러한 것들은 준말이라고 보기 어렵다. 그러므로 현재 발음되는 것과 같이 표기하면 되는 것이다.

5) 제5장 띄어쓰기

띄어쓰기는 무엇보다도 독서 능률을 높이기 위한 것이 목적이라고 할 수 있다. 15세기 이후 근대까지의 문헌이 읽기 어려운 이유는 현대어와 표기상의 차이도 문제가 되겠지만, 그에 못지않게 띄어쓰기가 되어 있질 않아서 쉽게 눈에 들어오지 않는다는 점도 중요한 문제점이라고 할 수 있다. 그러므로 합리적인 방식으로 띄어쓰기를 행하게 되면 그만큼의 독서 능률을 높일 수 있다는 장점이 있는 것이다.

이러한 띄어쓰기는 우리말 표기에서 가장 난해한 부분이 될 수 있고, 동시에 가장 소홀하기 쉬운 부분이다. 여기에서 제시된 원칙은 다만 10개에 지나지 않기 때문에 쉽게 여겨질 수도 있지만, 막상 원고지 위에 글을 쓰려 하면 띄어야 할까, 붙여야 할까로 고민해 본 경험들이 있을 것이다. 이러한 어려움을 극복하기 위해서는 이 부분에서 제시된 원칙과 예들을 숙지하여야 한다.

"'밖에'는 어떤 때 붙여 쓰고, 어떤 때 띄어 쓰나요?"

앞에서 이미 언급한 내용이지만 이것과 유사한 질문을 받아 보았거나 혹은 해 본 경험들이 한 번쯤은 있을 것이다. 질문을 받았을 때, 자신 있게 대답해 주기보다는 난처해 한 경우가 더 많았을 것이다. 이 장에서는 이러한 문제들도 하나하나 짚어보기로 한다.

① 제1절 조사

조사는 우리말이 첨가어임을 가장 명백하게 보여준다. 조사는 보통 격조사, 특수 조사(보조사)로 이분된다. 격조사는 문장 내에서 앞말이 주어인지, 목적어인지 따위를 표시해 주는 기능을 담당하고, 보조사는 이와는 달리 문법적인 기능보다는 의미를 더해 주는 기능을 담당한다. 한편, 서정수(1996)에서처럼 우리말의 조사 가운데 부사격 조사가 영어의 전치사와 기능이 유사하다는 점에 착안하여, 이것을 후치사後置詞라고 따로 구분하는 경우도 있다.

조사와 관련한 띄어쓰기에서 유의해야 할 사항은 '만큼, 밖, 뿐' 등과 같이 동일한 형태가 조사로도 쓰이고 동시에 의존명사로도 쓰이는 경우가 상당수 존재한다는 점이다. 특히, 이 부분에서 주의가 필요하므로, 각각의 예들을 주의 깊게 살펴야 한다.

제41항 조사는 그 앞말에 붙여 쓴다.

꽃이	꽃마저	꽃밖에	꽃에서부터	꽃으로만
꽃이나마	꽃이다	꽃입니다	꽃처럼	어디까지나
거기도	멀리는	웃고만		

제41항의 내용은 우리말 띄어쓰기에서 새삼 언급이 필요 없을 만큼 잘 알려진 내용이다. 그런데, 문제는 조사가 하나의 단어임에도 불구하고 이를 앞말에 붙여 쓴다는 점이다. 띄어쓰기는 일반적인 원칙이 단어별로 띄어 쓰는 것인데 이 조항은 이런 일반 원칙에 정면으로 배치되는 것이기 때문이다.

비슷한 예로 용언의 어간에 붙는 어미는 당연히 단어가 아니므로 어간과 어울려 단어를 이룰 수 있다. 그에 반하여 조사는 띄어쓰기 규정에서 예외가 되는데 그 이유는 조사가 자립적인 의미를 갖지는 못하고 다른 단어들의 문법적 관계만을 밝혀 주는 제한적 쓰임을 갖기 때문이다.

예시된 내용들을 살펴보면, 우선 조사는 명사와 부사에 붙여 쓴다는 것을 알 수 있다. 그리고 '꽃으로만' 등에서 보듯 조사는 겹쳐서도 붙는 경우가 허다하다. 이 가운데 주의가 필요한 조사들을 몇 가지 살펴보기로 하자.

①에서 조사로 쓰이는 '-만'은 기본 의미가 '오직, 오로지' 등이다. ② 역시 조사로 쓰이는 경우인데 이때는 비교의 의미를 담고 있다. 예문의 경우는 '만난 것이 오히려 만나지 않은 것보다 못하다.'의 의미가 되는 것이다.

③은 의존명사로 '시간이 얼마간 지난 다음'의 의미를 담고 있다. 그래서 일상적으로 쓰일 때면, 앞선 말로는 시간과 관계된 것들이 오게 된다. ④의 경우는 앞의 동작이 타당성이 있음을 나타내는 의존명사로 쓰인 것이다.

앞에서도 살펴보았지만 다시 '밖'에 대하여 예를 통해 구별해 보기로 한다.

물론 예문에 나타나는 '밖'은 그 문법적 기능이 모두 다른 것이다. 우선, ①은 조사로써 '~이외에, ~말고는' 등의 의미를 가진다. 이럴 경우는 붙여 쓰는 것이다. 한편, ②의 예는 의존적으로 쓰여서 '~을 넘어선 것'이라는 의미를 갖고 있다. 그리고 '~을/ㄹ 밖에 없다'라는 형식으로 쓰일 때는 '있을 뿐이다'라는 의미로 쓰인다. 명사인 ③은 '바깥'의 의미를 지니고 있다. 명사는 독립된 단어이므로 띄어 쓰는 것이 당연한 것이다.

이 문제는 띄어쓰기와 관련된 부분이 아니라 오히려 철자법에 가까운 것이지만, 워낙 두 가지를 혼동하는 사례가 많아서 여기에서 설명을 붙여 보았다. 이미 1부에서 설명한 바 있으므로 간략하게 소개하기로 한다.

---

48) 이 두 가지의 쓰임에 대해서는 제56항에서 자세히 다루고 있다.

①은 조사로 쓰인 예인데 앞의 말이 모음으로 끝날 경우에는 '-이든지'로 쓰인다. 조사로 쓰일 때는 명사가 앞에 오고 그 의미는 '아무 것이나 가리지 않음, 둘 중에 어느 하나를 선택해도 상관이 없음'을 나타낸다. ②는 의미상으로는 ①과 유사하지만, 조사가 아니라 어미라는 점이 다르다. 그러므로 용언의 어간 뒤에 이어져 나타난다는 점이 ①과는 다른 점이다.

③의 '-던지'는 과거의 일을 회상하는 의미를 담고 있다. 흔히 선어말어미 '-더-'의 기능을 '알림, 회상' 등으로 보는데 '-던지'에는 이 '-더-'가 포함되어 있는 것으로 본다. 그러므로 이 의미 차이를 잘 이해하고 있으면, 혼동을 겪을 일은 당연히 없을 것이다.

② 제2절 의존명사, 단위를 나타내는 명사 및 열거하는 말 등

의존명사는 독립적으로는 쓰이지 못하는 명사들을 말한다. 의존명사들은 언제나 앞에 한정사적 기능을 하는 관형사나 관형어와 함께 쓰인다. 이러한 의존명사는 이후 제42항에서 언급하게 될 일반 의존명사와 제43항에서 보일 단위 의존명사로 구분할 수 있다. 수량명사를 단위를 나타내는 명사라고 지칭하고 있어서 흡사 자립명사로도 인정하는 것처럼 보이지만 대체적으로 이 부류 역시 의존명사로 보는 것이 일반적이다.

2절에서 주의가 필요한 사항들을 미리 열거해 보면 다음과 같다.

> **[의존명사 등의 띄어쓰기]**
>
> ① 기본적인 원칙은 앞말과 띄어 쓰는 것이다.
> ② 단위 명사가 순서 및 숫자와 어울릴 때는 붙여 쓸 수 있다.(허용 규정)
> ③ 단음절로 된 단어가 연속으로 나타날 때는 붙여 쓸 수 있다.(허용 규정)
> ④ 같은 철자의 단어가 의존명사로도 쓰이고 동시에 조사 혹은 접미사로도 쓰이는 경우가 있다.(동음이의어)

위의 내용은 2절에서 언급되는 의존명사, 단위 표시 명사, 열거하는 말, 단음절 어휘들은 원칙적으로 모두 붙여 쓰게 되어 있음을 의미한다. 그러나 ②와 ③에 해당하는 것은 붙여 써도 괜찮은 것으로 인정한다는 것이다.

④는 우리가 일상에서 가장 혼란을 많이 겪게 되는 내용이라고 할 수 있다. 이미 조사를 언급하면서 몇 가지 예를 들기는 했지만, 이 절에서 다시 한 번 언급해 두었다.

> 제42항 의존명사는 띄어 쓴다.
>
> 아는 것이 힘이다.   나도 할 수 있다.
> 먹을 만큼 먹어라.   아는 이를 만났다.
> 네가 뜻한 바를 알겠다.   그가 떠난 지가 오래다.

앞에서도 이미 언급했지만 의존명사인지를 판단할 수 있는 근거는 앞선 말이 관형사, 혹은 관형어인지 여부이다. 조사나 접미사 등과 혼란이 올 때, 이 판단 근거에 기초하여 문제를 해결하면 될 것이다. 그리고 '수'와 같이 의존명사로만 쓰이는 단어들은 '갈 수, 할 수, 먹을 수, 하는 수' 따위에서 보듯 언제나 띄어 쓴다는 사실에 주목할 필요가 있다.

아래에서 혼란을 줄 수 있는 내용들을 몇 가지 살펴보기로 한다.

> **보기** '대로'의 띄어쓰기
>
> ① 시키는 대로 잘 좀 해봐.
>   학교 마치는 대로 바로 집으로 와.
>   되는 대로 한번 해 봐
> ② 인생은 자기 방식대로 사는 것만은 아니야.
>   사실대로 말해도 믿지 않으니 할 수 없지.

먼저 ①의 경우는 의존명사이다. 예문에 보이는 '대로'는 각각 '그 내용과 상태와 같이, 그 즉시, 그 상태에서' 등의 의미로 쓰인다.

②는 명사 뒤에 온 것으로 보아서도 쉽게 조사임을 알 수 있다. 의미는 '-에 따라, 있는 그대로' 등이다.

> **보기** '데'와 '는데'
>
> ① 이 근처에 어디 먹는 데가 없습니까?
> ② 우연히 만났는데 전혀 반갑지 않은 모양이다.

①은 의존명사로서 '장소'를 나타낸다. 당연히 띄어 써야 하는데 붙여 쓰는 예가 많다. 이것 외에도 '사실, 상황' 등의 의미를 나타낼 때도 있다. '아는 데까지' 따위에서는 '사실'의 의미를, '건강을 유지하는 데는'과 같은 경우에서는 '상황 혹은 경우'의 의미를 각각 나타내고 있다.

②는 의존명사인 '데'와 띄어쓰기에서 혼란을 보이는 것으로 연결어미에 속하는 '-는데'이다. '-는데'는 우리말에서 아주 쓰임이 많은 어미라고 할 수 있다. 이어지는 문장에 나올 내용을 서술하기 위한 배경 지식 따위를 나타내거나 그 외에도 원인, 이유 등 많은 의미가 있다. 보통은 '그런데'와 의미상 유사하다. 어미이므로 당연히 띄어 써야 하며, 앞선 말은 언제나 용언의 어간이다.

> ① 안 본 사이에 키가 형만큼 컸네.
> ② 나만큼 불운한 사람이 또 있을까?
> ③ 노력한 만큼 결과로 나온다.

①은 '비교 대상과 같은 정도까지'라는 의미를 가진 조사이다. 그리고 ②는 '-처럼'과 서로 바꾸어 써도 의미상 별 차이를 보이지 않는데, '그에 못지않게'라는 의미를 지니고 있다.

이 둘에 반하여 ③은 의존명사로 쓰인 것으로 앞선 말이 동사의 관형형인 것으로 보아서도 쉽게 확인할 수 있다. 의존명사로서의 '만큼'은 '같은 정도'라는 의미를 담고 있다.

①과 ②는 조사로서 쓰인 것이므로 앞말에 붙여 쓴다. 이때 ①은 '오직 ~만이 있다'라는 뜻이다. 한편, ②의 경우는 '말한 내용은 당연하고, 그 외에도 더 그러하다'의 의미로 쓰인 것이다. 이 두 경우에는 조사로서의 쓰임이 되므로 문장 내에서의 의미를 잘 파악해 보고 쓰면 문제가 없을 것이다.

③은 의존명사로서 쓰인 경우이다. 특징적인 것은 앞말의 받침이 보통 'ㄹ'로 끝난다는 점이다. 다시 말하면, 용언이나 '−이다'의 관형형 뒤에 나타난다는 것이다. 의미는 '다만 어찌하기만 할 따름'을 나타내는 것이 일반적이다.

여기에서 쓰인 '채'와 '체'는 모두 의존명사이다. '채'는 '그대로의 상태를 유지하다'의 의미를 지닌다. 이에 반하여 '체'는 '그럴 듯하게 거짓으로 꾸미는 태도, 아는 듯 하는 시늉'의 의미로 쓰이며, '척'과 서로 유사하다. 그러므로 두 가지가 잘 구별이 안 될 경우에는 '척'으로 바꾸어 보고 말이 되는 쪽은 '체', 그렇지 않은 쪽은 '채'를 넣으면 되는 것이다.

제43항 단위를 나타내는 명사는 띄어 쓴다.

한 개	차 한 대	금 서 돈
소 한 마리	옷 한 벌	열 살
조기 한 손	연필 한 자루	버선 한 죽
집 한 채	신 두 켤레	북어 한 쾌

다만, 순서를 나타내는 경우나 숫자와 어울리어 쓰이는 경우에는 붙여 쓸 수 있다.

두시 삼십분 오초	제일과	삼학년	육층
1446년 10월 9일	2대대	16동 502호	제1실습실
80원	10개	7미터	

　제43항은 단위를 나타내는 명사는 띄어 쓰는 것이 기본 원칙이고, 순서를 나타내거나 숫자와 어울릴 경우에는 붙여 써도 좋다는 것이 허용 규정으로 존재한다는 것이다. 예를 들어, '두시 삼십분 오초'는 이어지는 순서를 나타내는 것이라 붙여 써도 좋지만, '두 시 삼십 분 오 초'라고 쓰는 것이 원칙에는 맞다. 즉, 두 가지 방법을 다 허용한다는 것이다.

　그러나 이것이 잘못 이해되어 '삼개월, 세시간' 등 단위를 나타내는 말들을 붙여 쓰는 경우가 있는데 이는 수량을 나타내는 것이므로 반드시 띄어 써야 한다. 물론, '삼월, 세시'는 붙여 쓸 수 있다. 돈 역시 수량에 속하므로 '삼백이십 원'과 같은 식으로 '원'을 띄어 써야 한다.

이 두 가지도 띄어쓰기에서 틀리기 쉬운 내용에 속한다. ①의 경우처럼 횟수를 나타내는 말은 띄어 쓰는 것이 제43항과 관련하여 맞는 것이 된다. 그리고 ②의 경우처럼 '일단 시도해 본다.'의 의미로 쓰이는 경우는 '한번' 자체가 한 단어이므로 붙여 써야 한다.

그래도 둘을 구별하기가 애매할 대는 그 자리에 '두 번, 세 번' 따위를 대신 넣어 보고 문장의 의미가 통하면 '한 번'으로, 통하지 않으면 '한번'으로 결정하면 된다.

'한'과 관련하여 또 생각해 두어야 할 것은 "한 마음, 한 뜻으로 이 난국을 이겨냅시다."라는 문장에서 보이는 '한'이다. 이때의 '한'은 역시 관형사로서 '같은'이라는 의미를 가진다. 관형사는 단어의 자격을 가지므로 역시 띄어 쓰는 것이다.

제44항 수를 적을 적에는 '만(萬)' 단위로 띄어 쓴다.
　　　십이억 삼천사백오십육만 칠천팔백구십팔
　　　12억 3456만 7898

제44항은 수와 관련된 표기에서는 만 단위로 띄어 쓰는 것을 원칙으로 설정했음을 보여준다. 당연히 돈과 관련된 것을 적거나 수량을 나타내는

말에도 적용되는 것으로 '12,3456,7879원 → 12억 3456만 7879원 / 십이억 삼천사백오십육만 칠천팔백칠십구 원'이 그 예가 될 수 있다.

제45항에서 언급하는 내용들을 살피기 전에 '등(等)'과 같이 쓰이는 의존 명사 '들'에 대하여 잠깐 살펴보기로 하자. 대부분의 글에서는 나열을 할 경우에는 '등'을 주로 쓰는데 간혹 '들'을 쓰는 예가 나타나기 때문이다.

보기　의존명사 '들'

① 휴일이면 야구장에 사람들이 참 많기도 하다.
② 그 곳에 가면 배, 사과, 감 들을 마음껏 살 수 있다.

①의 '-들'은 복수 접미사로서 명사나 대명사 뒤에 붙어서 수가 여럿임을 나타낸다. 우리가 보통 사용하는 '-들'이 바로 이것이다.

그런데 ②는 조금 생소한 느낌을 준다. 아마도, 우리말 사용자의 대부분이 이 경우에도 붙여 쓰고 있을 것이다. 그러나 이때의 '들'은 의존명사로서 같은 종류에 속하는 것들을 나열한 다음에 쓰여서 '여러 가지'라는 뜻을 나타내게 된다. 역시 판단을 내리기 어려울 때는 '등'과 교체해 보고 의미가 통하면, 의존명사이므로 띄어 쓰면 된다.

제45항은 혹은 불완전명사라는 이름으로도 불리는 의존명사 가운데 특히 연결 혹은 열거에 쓰이는 것들을 대상으로 하는 규정이다. 대상으로 삼은 것들 가운데 '및, 내지'는 접속부사에 속하는데 이들의 특징은 등위 접속으로 앞말과 뒷말이 모두 대등한 위치에 있다는 특징이 있다. 제42항에서 이미 의존명사는 띄어 쓴다고 했기 때문에 사실 재언급 되는 내용이다.

제46항은 맞춤법의 원리에 위배되는 조항이다. 제2항에서 단어별로 띄어 씀을 원칙으로 설정하고 있는데, 단음절이라는 이유로 붙여 쓰는 것을 허용하고 있기 때문[49]이다. 그러나 우리들의 눈에는 이미 '그것이, 이것이, 저것이, 이때가' 등으로 쓰는 것이 익숙하지, 원칙에 충실하고자 '그 것이, 저 것이, 이 때가' 등으로 표기해 두면 오히려 어색하다는 느낌을 주는 것이 사실이다.

그러므로 되도록 이 조항과 관련된 표기를 하게 될 때에는 흔히 사용하는 형식을 취하는 것이 바람직하다. '그녀, 그때 그곳' 따위를 굳이 원칙에

---

49) 이 규정 역시 허용 규정이다. 원칙은 단음절로 된 단어가 연이어 나타나더라도 단어별로 띄어 쓰는 것이 된다. 즉, 원칙은 '좀 더'이지만 '좀더'라고 써도 무방하다는 규정인 것이다.

맞추어 '그 녀, 그 때, 그 곳'으로 표기하게 된다면 원칙에 충실한 것이 되기는 하겠지만 얼른 눈에 들어오지 않아 독서 능률의 저하를 가져오게 될 것이기 때문이다.

③ 제3절 보조 용언

용언은 서술의 기능을 담당하는 단어들이다. 이 서술 기능을 단독으로 수행할 수 있는 것들은 본용언이라 하고, 본용언과 언제나 함께 쓰이면서 본용언의 서술 기능을 보충해 주는 구실을 하는 것을 보조 용언이라 한다. 이중 보조 용언들에 대해 간략하게 정리해 보고자 한다.

[보조용언]

특징 : 본용언과 언제나 함께 쓰이면서 본용언의 서술 기능을 보충해
　　　주는 구실을 하는 용언으로 독립성이 없음.
일반적인 보조 용언들 : 가다, 가지다, 나다, 놓다, 대다, 두다, 드리다,
　　　만들다, 만하다, 버리다, 보다, 싶다, 오다, 있다, 지다, 주다
용례 : ① 내가 신문을 버렸다.
　　　② 나는 신문을 찢어 버렸다.

위의 예문에서 용례 ①은 '버리다'라는 단어가 본용언으로 쓰어 본래의 뜻인 폐기廢棄의 의미를 드러냈고, ②는 보조 용언으로 쓰여서 찢는 동작이 완결되었다는 의미를 보인다. 이처럼 본용언과 보조 용언으로 함께 쓰이는 것들이 많이 있다는 사실에도 주의를 해야 한다.

제47항 보조 용언은 띄어 씀을 원칙으로 하되, 경우에 따라 붙여 씀도 허용한
　　　　 다. (ㄱ을 원칙으로 하고, ㄴ을 허용함.)

ㄱ	ㄴ
불이 꺼져 간다.	불이 꺼져간다.
내 힘으로 막아 낸다.	내 힘으로 막아낸다.
어머니를 도와 드린다.	어머니를 도와드린다.
그릇을 깨뜨려 버렸다.	그릇을 깨뜨려버렸다.
비가 올 듯하다.	비가 올듯하다.
그 일은 할 만하다.	그 일은 할만하다.
일이 될 법하다.	일이 될법하다.
비가 올 성싶다.	비가 올성싶다.
잘 아는 척한다.	잘 아는척한다.

다만, 앞말에 조사가 붙거나 앞말이 합성 동사인 경우, 그리고 중간에 조사가
들어갈 적에는 그 뒤에 오는 보조 용언은 띄어 쓴다.

잘도 놀아만 나는구나!	책을 읽어도 보고…
네가 덤벼들어 보아라.	강물에 떠내려가 버렸다.
그가 올 듯도 하다.	잘난 체를 한다.

제47항에서 제시하는 내용들을 다시 정리해 보이면 다음과 같다.

[보조용언]

① 본용언과 보조 용언은 띄어 쓰는 것이 원칙이다.

② 경우에 따라서는 붙여 쓸 수도 있다.(주로 앞말이 '-아/어'로 끝난
　 경우)

③ 본용언과 보조 용언 사이에 조사가 들어가면 반드시 띄어 쓴다.

④ 앞말이 합성동사일 경우에 띄어 쓴다.

제47항의 예 가운데 '만하다, 법하다, 성싶다, 척한다'는 보조 용언으로 보기는 어렵고 의존명사에 서술형 단어들이 결합한 것이라고 보는 견해가 일반적이다. 이 4가지 특수한 예들을 제외하면 ②에서 제시한 것처럼 앞 말이 '-아/어'로 끝날 경우에 한하여 붙여 써도 좋다는 허용 규정이 성립하는 셈이다.

참고로 어떤 학생이 이런 질문을 해 왔다.

순간 당황했던 기억이 새롭다. 더듬더듬 설명을 해 주고서는 돌아와서 책을 찾아보고, 사전 등의 자료를 뒤지고 했었다. 그리고 솔직히 고백하는데 그때 '안'이 부사 '아니'의 준말이라는 것을 처음 알았다. 그러므로 당연히 이 '안'은 언제나 떼어 써야 하는 것이다.

'아니'가 '안'으로 쓰이는 것은 〈한글맞춤법〉 제32항의 규정에 따른 것이다. 즉, 단어의 끝모음이 줄어서 자음만 남은 것은 앞음절의 받침으로 적는다는 것이다.

이와 혼동하기 쉬운 것으로 '않다'가 있을 수 있는데, 이 '않다'는 부정을 나타내는 보조 용언으로 '아니하다'의 준말이다. 그러므로 '않다'는 언제나 본용언과 더불어 서술어의 기능을 하는 것이고, '안'은 부사로서 꾸밈의 기능을 한다는 차이가 있다.

④ 제4절 고유 명사 및 전문 용어

고유 명사는 인명, 지명, 책명 등을 비롯한 특정한 사물의 이름을 가리키는 말이다. 한편, 전문 용어는 의학 용어, 법률 용어, 문학 용어 등을 일컫는 것으로 특정 분야에서 사용되는 말이다.

제48항 성과 이름, 성과 호 등은 붙여 쓰고, 이에 덧붙는 호칭어, 관직명 등은
띄어 쓴다.

김양수(金良洙)	서화담(徐花潭)	채영신 씨
최치원 선생	박동식 박사	충무공 이순신 장군

다만, 성과 이름, 성과 호를 분명히 구분할 필요가 있을 경우에는 띄어 쓸 수
있다.

남궁억 / 남궁 억	독고준 / 독고 준
황보지봉(皇甫芝峰) / 황보 지봉	

이전까지의 맞춤법에서 성과 이름을 분리하여 띄어 쓰는 것을 원칙으로 하였으나, 현행 맞춤법에서는 원칙적으로 성과 이름이란 결국 한 사람을 가리키는 것으로 보아 붙여 쓰고 있다. 즉, 성과 이름은 합쳐서 한 단어라는 의미이다.

여기에 덧붙여 성과 호도 붙여 쓰는 것을 원칙으로 정하였다. 그 외의 사항들을 정리해 보았다.

> **[이름의 띄어쓰기 관련 사항]**
>
> ① 남궁, 독고, 선우, 황보 등 성이 두 자인 복성(複姓)의 경우, 띄어 쓸
>   수 있다.
> ② 이름 뒤에 붙는 씨, 양, 선생, 박사, 장군, 과장, 국장, 사장 등 호칭
>   어와 관직명은 띄어 쓰는 것이 원칙이다.
> ③ 이름, 호칭 등의 뒤에 붙어 높임을 뜻하는 '-님'은 접미사이므로 붙
>   여 쓴다.

한편, 외국 인명을 표기할 때는, 중국 인명 외에는 성과 이름을 띄어 쓰
는 것이 원칙이다. '제임스 딘, 노암 촘스키, 오다 노부나가' 등이 그 예이
다. 대부분의 나라에서 성과 이름을 띄어 쓰고 있다는 점을 들어 지금 규
정을 반대하는 의견들이 있다. 그 의견의 타당성 여부를 떠나서 현행 맞
춤법에서 띄어 쓰는 것을 원칙으로 정했으니 일단은 이 원칙에 따라야 할
것이다.

> **제49항** 성명 이외의 고유 명사는 단어별로 띄어 씀을 원칙으로 하되, 단위별로
>   띄어 쓸 수 있다(ㄱ을 원칙으로 하고, ㄴ을 허용함).
>
> | ㄱ | ㄴ |
> |---|---|
> | 대한 중학교 | 대한중학교 |
> | 한국 대학교 사범 대학 | 한국대학교 사범대학 |

제49항과 이어서 올 제50항은 단어별로 띄어 씀을 원칙으로 하는 맞춤

법의 기본 원리에 충실하면서, 한 단위 혹은 한 개체라고 여겨질 수 있는 것들에 대해서는 붙여 쓰는 것을 허용한다는 공통점을 가지고 있다.

고유 명사를 다룬 제49항은 일상생활을 기준으로 해서 본다면, 허용 규정이 오히려 원칙보다 더 많이 쓰이는 것이 보통이다. '한강, 금강, 영산강, 낙동강, 백두산' 따위는 우리말일 경우 명칭과 강이 합쳐져 하나의 고유 명사를 이룬 듯 여겨져서 붙여 쓰는 것이 일상적이다. 그러나 외래어의 경우에는 '아마존 강, 미시시피 강, 뉴욕 시, 후지 산' 등으로 띄어 써야 한다는 것에 주의해야 한다.

제50항의 경우는 용례로 든 항목들을 보아 알 수 있듯이 원칙보다 오히려 허용 규정들에 적용된 사항들을 사용하는 것이 더 낫다는 느낌을 갖게 한다.

북한의 경우는 "하나의 대상, 하나의 개념을 나타내는 용어는 품사소속과 형태에는 관계없이 붙여 쓰는 것을 원칙으로 한다."(조선말 규범 21항)[50]고 되어 있다. 그러므로 우리와는 달리 허용 규정이 오히려 원칙이

---

50) 북한의 조선말 규범에는 "규정어, 보어, 상황어로서의 구획이 뚜렷한 대상의 이름은 원칙적으로 그 규정어, 보어, 상황어 단위로 띄어쓴다."라는 규정이 함께 있기는 하다.

되어 있는 셈이다. 결국, 북한의 기본 원칙은 말이 아무리 길고, 또 단어별 구성이 아무리 많아도 상관없이 한 개념을 나타내는 것은 붙여 쓰는 것을 원칙으로 한다는 것이다.

이상에서 띄어쓰기에 관한 내용들을 살펴보았다. 하나의 일관된 원칙으로 이루어진 것이 아니고 허용 규정이 뒤따르고 있다는 점이 띄어쓰기를 어렵다고 느끼게 한다. 또, 우리 주변에서 보면 현행 띄어쓰기에 대한 이견들이 많아서 아직 성과 이름을 띄어 쓰고 있는 경우를 종종 목도할 수 있다.

이러한 의견의 차이들이 타당성 검증과 절충을 거쳐서 다시 고쳐질 가능성도 있다. 그러나 그 이전에 생활인으로서 우리는 이 규정에 충실할 수밖에 없다. 다시 언급하지만, 허용 규정과 예외 규정에 대하여 정확한 이해가 있어야 한다.

6) 제6장 그 밖의 것

이 장에 제시된 내용들은 맞춤법에서 혼란을 겪을 소지가 많은 내용들이 담겨 있다. 자세히 한번 훑어보면 그렇게 어려운 내용이 아니다. 제57항의 경우에 우리가 일상생활에서 혼동을 겪기 쉬운 어휘들을 몇 가지 모아 두었는데 잘 봐 두면 정확한 표기에 도움이 될 것이다.

제51항의 내용을 간략하게 정리하면 한 마디로 부사 뒤에 이어지는 '-이', '-히' 적기의 원칙에 대한 것이다. 곧 '-이, -히'로 끝나는 부사의 끝음절이 분명히 '-이'로 나는 경우를 제외하곤 모두 '-히'로 적는다는 것인데 평소 이 부분이 그렇게 쉽게 구분이 되질 않아 상당히 혼란스럽다.

이 내용에서 언급하는 사실은 결국 '-이, -히'가 혼란스러운 경우까지도 모두 '-히'로 적으면 된다는 것이다. 그러나 그리 쉽게 판단을 내리기 어려운 조항이다. 그래서 한 가지 단서를 더 붙이면 다음과 같다.

① 어근에 '-하다'가 붙는 경우는 모두 '-히'로 적는다.

쓸쓸히(쓸쓸하다), 나른하다(나른히), 조용하다(조용히), 급하다(급히)

② 다만, '-하다'가 붙더라도 어근의 받침이 'ㅅ'인 경우에는 '-이'로 적는다.

깨끗이(깨끗하다), 버젓이(버젓하다), 의젓이(의젓하다), 따뜻이(따뜻하다)

②의 단서는 비록 '-하다'가 붙는 어근이라고 하더라도 현재 'ㅅ' 발음이 선명하게 나타나기 때문에 붙은 예외가 된다.

제52항 한자어에서 본음으로도 나고 속음으로도 나는 것은 각각 그 소리에 따라 적는다.

(본음으로 나는 것)	(속음으로 나는 것)
승낙(承諾)	수락(受諾), 쾌락(快諾), 허락(許諾)
만난(萬難)	곤란(困難), 논란(論難)
안녕(安寧)	의령(宜寧), 회령(會寧)
분노(忿怒)	대로(大怒), 희로애락(喜怒哀樂)
토론(討論)	의논(議論)
오륙십(五六十)	오뉴월, 유월(六月)
목재(木材)	모과(木瓜)
십일(十日)	시방정토(十方淨土), 시왕(十王), 시월(十月)
팔일(八日)	초파일(初八日)

한자어가 우리나라에 들어와서 상당한 발음의 변화를 겪었다는 것은 누

구나 쉽게 알 수 있는 사실이다. 중국어의 발음이 우리말의 발음과 상당
한 차이를 보인다는 것이 이러한 변화를 촉진시킨 원인이라 할 수 있다.
현재, 중국에서의 한자어 발음은 우리말과 너무나도 많은 차이가 있어서
혹 글자로 대화를 나누는 필담筆談[51]은 가능할지 몰라도 그 이상은 기대할
수 없다.

이러한 사실은 그 만큼 한자가 우리말 속에 융화되어 발음의 변화를 겪
어왔다는 사실을 보여주는 것이다. 제52항은 여기에 한술 더 떠서 우리말
화된 한자어의 발음에서도 쓰임에 따라 차이를 보이고 있는 것들의 현실
발음을 인정한 규정이다. 즉, 본래 음과는 다르게 나는 음들을 인정한 것
이다.

제53항 다음과 같은 어미는 예사소리로 적는다. (ㄱ을 취하고, ㄴ을 버림.)

ㄱ	ㄴ
-(으)ㄹ거나	-(으)ㄹ꺼나
-(으)ㄹ걸	-(으)ㄹ껄
-(으)ㄹ게	-(으)ㄹ께
-(으)ㄹ세	-(으)ㄹ쎄
-(으)ㄹ세라	-(으)ㄹ쎄라
-(으)ㄹ수록	-(으)ㄹ쑤록
-(으)ㄹ시	-(으)ㄹ씨
-(으)ㄹ지	-(으)ㄹ찌
-(으)ㄹ지니라	-(으)ㄹ찌니라
-(으)ㄹ지라도	-(으)ㄹ찌라도

---

51) 실제 중국에서는 일상인들이 한자의 획수가 많은 것을 줄여서 쓰는 간자(簡字)를 배우고
　　사용하고 있기 때문에 오히려 우리가 사용하는 한자는 통용되기 어려운 경우도 있다. 한
　　국, 중국, 일본 삼국 가운데 전통 한자를 그대로 사용하는 나라는 우리밖에 없는 셈이다.

-(으)ㄹ지어다   -(으)ㄹ찌어다
-(으)ㄹ지언정   -(으)ㄹ찌언정
-(으)ㄹ진대   -(으)ㄹ찐대
-(으)ㄹ진저   -(으)ㄹ찐저
-올시다   -올씨다

다만, 의문을 나타내는 다음 어미들은 된소리로 적는다.
-(으)ㄹ까?   -(으)ㄹ꼬?   -(스)ㅂ니까?
-(으)리까?   -(으)ㄹ쏘냐?

제53항의 원칙은 'ㄹ' 뒤에서 된소리로 발음되는 어미들을 예사소리로 적는다는 규정이다. 그러나 의문을 나타내는 경우에는 'ㄹ'의 뒤라 할지라도 된소리로 적는다. 결합하는 과정에서 일어나는 된소리화의 결과를 표기에 반영하지 않는다는 것을 전제하고 있는 조항이므로 결과적으로 어원을 밝혀 적는 것이 된다.

일반적으로 'ㄹ' 뒤에서 예사소리가 된소리로 바뀌는 것은 규칙적인 현상이다. 그러므로 이러한 어미들은 원형을 밝히어 적는다는 것이 된다. 이에 반하여, 의문형 어미 '-까'의 경우는 'ㄹ'의 뒤가 아닌 다른 경우에도 언제나 '-까'로 소리 나는 것이므로, 곧 원래 형태의 원형이 된소리이므로 그대로 적는 것이다.

제54항 다음과 같은 접미사는 된소리로 적는다. (ㄱ을 취하고 ㄴ을 버림.)

ㄱ	ㄴ
심부름꾼	심부름군
익살꾼	익살군
일꾼	일군
장꾼	장군
장난꾼	장난군
지게꾼	지겟군
때깔	땟갈
빛깔	빛갈
성깔	성갈
귀때기	귓대기
볼때기	볼대기
판자때기	판잣대기
뒤꿈치	뒷굼치
팔꿈치	팔굼치
이마빼기	이맛배기
코빼기	콧배기
객쩍다	객적다
겸연쩍다	겸연적다

　'-꾼'은 '어떤 일을 직업적으로나 혹은 습관적으로 하는 사람'이라는 의미의 접미사이다. 대표적인 변화의 예로, 예전에는 '나뭇군과 선녀'로 적던 것을 지금은 '나무꾼과 선녀'라고 적는다. 이외에도 직업을 나타내는 쓰임으로 '지게꾼, 일꾼, 장꾼' 등이 있을 수 있으며, 습관을 나타내는 쓰임은 '노름꾼, 장난꾼' 등이 있다.

　한편, '농군農軍'의 경우는 원래 한자음을 그대로 반영하여 적은 것이지만, '농사꾼'에서의 '꾼'은 위에서 보인 다른 예들과 마찬가지의 접미사이다.

‘뚝배기, 학배기’처럼 한 형태소 안에서는[52] 된소리로 발음되더라도 ‘ㄱ, ㅂ’ 받침 뒤에서는 예사소리로 적는다. 그러나 다른 형태소와 결합하여 된소리로 나는 [-빼기]는 모두 된소리로 적어야 한다. 이외에 ‘육자배기, 나이배기, 주정배기’ 따위에서처럼 예사소리로 나는 것들은 그냥 예사소리로 적으면 된다.

앞선 예들 중에서 ‘곱, 이마, 코’ 따위의 단어들은 모두 독자적인 뜻을 가지고 있으며 아울러 혼자 쓰일 수도 있다는 점을 주목하면 된다.

① 괜히 나섰다가 곱으로 욕만 먹었다.
② 이마가 넓은 것이 성품도 시원하겠다.
③ 코에 병이 생기면 이비인후과를 찾아야 한다.

이러한 단어들 뒤에서 된소리로 발음이 되는 것은 그대로 현실 발음을 표기에 반영하여 쓰도록 한다는 것이다.

‘-쩍다’ 역시 ‘-적다’와 표기에서 혼란이 올 수 있다. 만일 맛이 적어 싱겁다는 뜻인 ‘맛적다’에서 보듯 적다(少)의 의미가 남아 있으면, ‘-적다’로 적는다. 그러나 ‘멋쩍다, 객쩍다’ 따위처럼 적다(少)의 의미가 남아 있지 않으면 ‘-쩍다’로 적는다.

---

52) 다시 말하면, ‘뚝배기, 학배기’에서 ‘배기’는 접미사가 아니라는 말이다. 원래부터 이 단어들은 단일어에 속한다는 것이다. 여기에 반해서 ‘곱빼기, 언덕빼기’ 등의 단어는 어근에 접사가 결합한 형식이다.

① '어떤 일에 종사하는 혹은 습관이 있는 사람'의 의미를 가지는 접미사는 '-꾼'으로 통일한다.
② 접미사로 쓰이는 '-배기 / 빼기'는 소리 나는 대로 적는다.
③ 적다(少)의 의미가 남아있으면 '-적다', 아니면 '-쩍다'를 인정한다.

제55항 두 가지로 구별하여 적던 다음 말들은 한 가지로 적는다. (ㄱ을 취하고 ㄴ을 버림.)

ㄱ	ㄴ
맞추다(입을 맞춘다. 양복을 맞춘다)	마추다
뻗치다(다리를 뻗친다. 멀리 뻗친다)	뻐치다

　이전 규정에서는 '맞추다'와 '마추다'를 각각 구분하여 표기하고 그 의미를 구분하였다. '마추다'의 경우는 '일정한 규격의 물건을 주문하다.'라는 의미로 쓰였다. 그래서 과거 양복점 앞을 지나다 보면 '마춤 양복 전문'이라는 문구들을 흔히 볼 수 있었다. 이에 반하여 '맞추다'는 '서로 꼭 맞도록 하다 혹은 서로 닿게 하다' 등의 다양한 의미로 쓰였다.

　그런데 현행 맞춤법에서는 '맞추다'와 '마추다'를 구분 없이 쓰게 되었다. 즉 '마추다'의 의미가 '맞추다'에 흡수된 것이라 할 수 있으며 이로 인해 표기가 통일되게 되었다. 이 문제는 이미 대부분의 사람들에게 당연한 것으로 인식되고 있다.

제56항의 내용은 이미 2장에서 설명한 바가 있다. 우리말에서 '-더-'는 과거회상의 기능을 보여주는 선어말어미라는 의견이 있고, 이와 조금 다르게 알림 혹은 보고의 기능을 갖는다고 보는 견해가 있다. 실제로 이 어미가 사용되는 것을 살펴보면, 직접 자신이 체험하거나 들은 내용을 또 다른 사람에게 알려주는 기능이 있음을 확인할 수 있다. 절대, 자신이 경험한 것이 아니면 '-더-'를 사용할 수 없다는 제약도 있다.

보기　'더'의 쓰임

그 사람 정말 멋있더라.
저 동네 사과는 색깔도 좋고 맛도 좋다고 하더라.

이러한 '-더-'의 기능을 분명히 아는 경우라면 제56항의 내용이 혼란을 일으킬 염려가 없다. 한 가지 덧붙인다면 다른 사람에게 혹은 여타 책, 신문 따위를 통해 얻는 정보 역시 경험이 될 수 있다는 점이다.

한편, '-든지'의 경우는 '여럿 가운데 어느 것이 선택되어도 좋다'는 의미를 가진 보조사이다.

보기 '든지'의 용례

어떻게 하든지 네 마음대로 해라.
어떤 사람이든 상관없으니 얼굴이나 좀 보자.

이 예문은 우리 생활에서 상당히 많이 쓰이는 말이다. 당연히 여러 방법을 놓고 갈등을 하고 있을 때, 선택의 결정권을 상대에게 넘겨주는 말이므로 '-든지'가 들어가게 되는 것이다. 그렇지 않으년 뭐가 되었든 상관없다는 의미로 사용하게 된다.

이 '든지'와 '던지'가 혼동되어 사용되는 것은 방언의 영향도 어느 정도는 인정해야 한다. 즉 남도 방언의 일부에서 '으'와 '어'의 혼용 현상을 발견할 수 있는데 이러한 현상이 발음만이 아닌 표기에도 영향을 줄 수 있기에 생기는 문제일 수도 있다는 것이다. 이 둘은 실제 생활에서 발음, 표기 모두에게 혼용되는 경우가 많으므로 주의가 필요한 어휘들이다.

[‘-더/던’과 ‘-든지’의 구별]

　알림의 기능이 있을 때는 ‘더, 던’, 선택과 관련하여 무엇이든 상관 없다는 의미이면 ‘-든지’를 쓴다.

〈한글 맞춤법〉의 마지막 규정인 제57항은 결국 발음이 같은 단어들을 서로 다르게 표기해 시각적으로 구분해 놓은 예들을 제시해 둔 것이다. 1부에서 이미 언급한 바 있는 혼동의 예들 가운데 중복되는 것들도 있으므로 그러한 예들은 간단하게 예문 정도를 보임으로 설명에 갈음하기로 한다.

　제57항의 원문에는 단어들과 예문들만이 있다. 여기에 임의로 번호를 붙여 구분하였다. 이 항들은 이해하기 위해 이미 앞에서 언급한 내용들이지만 다시 한 번 간단히 짚어보기로 한다.

[57항의 단어 구분 원칙]

① 원뜻에서 멀어진 말은 어원을 밝혀 적지 않는다.
② 단일어는 소리대로 적는 것이 일반적이다.

제57항 다음 말들은 각각 구별하여 적는다.

　가름은 나눈다는 뜻을 가진 '가르다'의 어간 '가르-'에 명사형 어미 '-ㅁ'
이 결합한 것이고, 갈음은 바꾼다는 뜻을 가진 '갈다'의 어간 '갈-'에 명사
형 어미 '-음'이 결합한 것이다.

　결국 '가름'은 '나누는 것', '갈음'은 '대신하는 것 혹은 바꾸는 것'의 의
미로 구분된다.

　　같이 일해서 얻은 것이니 똑같이 가름하자.
　　당쟁으로 편 가름만 해 왔다고 보는 것은 지나친 면이 있다.
　　매일 새 것으로만 갈음할 생각만 하니 돈이 모이겠나.

　'거름'은 흙이나 거름이 기름진 것을 나타내는 형용사 '걸다'의 어간 '걸'
에 명사화 접미사 '-음'이 결합한 형태이다. 그리고 '걸음'은 '걷다'의 어간
에 '-음'이 결합한 것이다.

　굳이 그 의미는 설명하지 않아도 구분할 수 있는 단어들이라고 생각한
다. 실제로 이 경우에는 대부분 문맥의 흐름으로 의미들이 구분되므로 굳
이 표기상 구분이 필요하지 않은 예가 될 수도 있다.

　　그는 몇 걸음 가지 않고도 거름 더미를 찾을 수 있었다.

걸음도 제대로 띄지 못할 정도로 다리를 심하게 다쳤다.
다음 농사를 위해서 거름을 잘 비축해 두었다.

이 경우는 이미 '거름'이 원래의 어원적 의미에서 상당히 멀어진 것이기 때문에 앞서 19항의 조건에 의거하여 원형을 밝혀 적지 않아 저절로 구분이 된다.

'거치다'는 '오가는 중에 어딘가를 경유하다'라는 의미를 가진 단일어이고, '걷히다'는 어간 '걷다'의 어간 '걷-'에 피동 접미사 '-히'가 붙어서 이루어진 형태이다.

대전을 거쳐 가느니 보단, 유성을 거쳐 가는 것이 좋겠다.
어려운 일이 있을 때, 이렇게 성금이 걷히니 마음이 참 좋다.

'걷잡다'는 '치우쳐 흘러가는 상황을 바로 잡다'라는 의미를 가지고 있으며, '없다'와 어울려 쓰이는 경우가 대부분이다. '겉잡다'는 대충 '짐작으로 헤아리다'라는 의미를 가진다.

사람들의 분노는 더 이상 걷잡을 수 없는 지경으로 치닫고 있다.

소식을 접하고 눈물을 걷잡을 수가 없었다.

모인 사람들의 수는 겉잡아도 오만 명은 넘어 보였다.

겉잡아서 일주일이면 충분할 것 같았다.

5. 그러므로(그러니까) / 그럼으로(써)(그렇게 하는 것으로)

2장에서 이미 언급했던 것으로 '그러므로'는 원인을 나타내는 것으로 '그렇게 때문에'라는 의미를 갖는 말이다. 한편, '그럼으로'의 경우는 '그럼으로써'로도 대체될 수 있으면 앞에서 언급된 내용이 뒤 따르는 내용의 수단이나 방법이 되었을 경우를 의미한다. 즉, '그렇게 하는 것으로'의 의미이다.

6. 노름 / 놀음(놀이)

둘 다 어휘 생성의 과정은 같은 말이다. 즉, '놀다'의 어간 '놀-'에 '-음'이 결합하여 형성된 말들이다. 그런데 '노름'의 경우는 '무언가를 걸고 내기를 하는 것' 즉 도박의 의미를 지닌다. 그러므로 원래 단어의 뜻에서 많이 멀어진 경우가 되므로 19항에 의거하여 소리 나는 대로 적는 것이다.

한편, '놀음'은 '여럿이 모여 노는 것'의 의미로 원래 어간의 뜻이 살아 있으므로 어간과 접미사를 구분하여 적는다.

'느리다'는 원래 단일어로서 '행동이나 동작이 보통보다 시간이 더 걸리다'라는 의미를 가진 말이다. 이 항목에서 주의해야 할 것은 '늘이다'와 '늘리다'를 구분하여 쓰는 일인데 일상 생활에서도 구분 없이 쓰는 예가 많고 각 사전에서의 설명도 애매한 편이다.

'늘다'의 사동형이라는 점에서는 공통점을 보이는데, 차이를 찾아낸다면 '늘이다'는 길이와 관련하여 '원래보다 더 길게 하다'는 의미를 가지고 있다. 한편, '늘리다'는 규모나 양과 관련된 면에서 '원래보다 더 많이, 크게 하다'는 의미를 가진다.

> 세탁소에 가서 바지 길이를 늘였다.
> 밀가루를 늘여서 손으로 면을 만들어 내는 기술에 감탄했다.
> 몇 년 노력을 기울여 집을 늘려 이사하게 되었다.
> 최근 대외 수출 물량을 늘리는 데 주력하고 있다.

두 어휘 모두 '대리다'로 잘못 쓰이는 사례가 우리 주변에서 비일비재하다. '다리다'는 '다림질을 하다'는 의미이다. '달이다'는 '달다'의 사동형으로 '끓여서 진하게 만든다'는 의미를 가진다.

9. 다치다 / 닫히다 / 닫치다

 ‘다치다’는 단일 어간으로 ‘신체에 상해를 입거나 정신이나 명예에 손상을 입는다’는 의미를 갖는다.

 ‘닫히다’와 ‘닫치다’는 모두 ‘닫다’에서 비롯된 어휘들이라는 공통점을 갖는다. 그런데, ‘닫히다’는 ‘닫-’에 접미사가 붙어서 피동형으로 바뀌면서 ‘닫다’와는 달리 목적어가 필요없는 자동사가 된다.

 ‘닫치다’는 일상에서 잘 쓰지 않는 말인데 ‘닫-’에 강세 접미사 ‘-치’가 붙어서 그냥 닫는 것이 아니고 무언가를 ‘꼭꼭 닫는다’는 의미를 가지게 된다. 여전히 ‘닫치다’는 ‘닫다’와 같은 타동사로 남는다. 보통은 이 단어를 쓰기보다는 오히려 ‘문을 힘껏 닫아라’ 따위의 형식으로 쓰이는 경우가 많다.

10. 마치다 / 맞히다

 ‘마치다’는 ‘어떤 일을 마무리 짓다’의 의미로 단일어이고, ‘맞히다’는 ‘맞다’에 사동 접미사 ‘-히’가 붙어서 이루어진 말로서 ‘맞게 하다’라는 의미를 갖는다. 이와 관련하여 주의가 필요한 사항은 오히려 제시된 두 단어 사이의 구분이 아니고 ‘맞히다’와 ‘맞추다’의 의미 구분에 유의해야 한다는 점이다.

 ‘맞히다’는 ‘맞다’의 사동사로서의 기능을 갖고 있으며 아울러 ‘적중하다’

라는 의미를 가지고 있다. '맞추다'는 '서로 떨어져 있는 것들을 제 자리에 맞도록 하다, 비교하여 살피다' 따위의 의미를 갖고 있다.

정답을 맞힌 분에게 상품을 보내 드립니다.
퍼즐을 맞추는 것은 집중력 향상에 도움이 된다.
동기 모임 시간을 맞추기란 정말 어렵다.
영수와 철이는 서로 답안을 맞추어 보기도 했다.

11. 목거리 / 목걸이

두 단어 역시 발음이 같을 뿐 아니라 '목'에 '걸-'과 '-이'가 더해 졌다는 점에서도 공통점을 보인다. 그런데 19항에서 이미 언급한 것처럼 원래의 뜻에서 멀어진 것은 어원을 밝혀 적지 않는다는 원칙에 의거하여 이렇게 다른 표기가 생겨나게 된다.

'목거리'는 '목이 붓거나 아픈 병'을 나타내는 뜻을 가지는데 '걸-'의 원래 의미가 전혀 남아 있지 않으므로 소리대로 적는 것이 된다. 이에 반하여 '목걸이'는 '걸-'의 의미가 남아 있으므로 어원을 밝히어 적게 되므로 이런 표기상의 차이를 보이게 된다.

12. 바치다 / 받치다

'바치다'는 '윗사람에게 드리다, 세금 따위를 내다, 무엇을 위해 아낌없이 내 놓다'라는 의미로 쓰이는 단일어이다. 한편, '받치다'는 어간 '받-'에 강세 접미사 '-치'가 결합하여 형성된 파생어이다. 주로 '어떤 것을 밑에 대어 쓰다, 힘이 되도록 도와주다, 아래에서 잡아들다' 따위의 의미로 쓰인다.

> 정성껏 마음을 모아 바치는 선물이니 받아 주십시오.
> 차도 쟁반에 잘 받쳐서 내 오도록 해라.
> 우리가 뒤를 잘 받쳐 줄 테니 걱정 말고 한번 해 봐.

13. 받히다 / 밭치다

'받히다'는 '차로 전봇대를 받았으니'에서와 같은 의미를 나타내는 어간 '받-'에 피동의 접미사 '-히'와 결합하여 생긴 것이다. 그리고 '밭치다'의 경우 위의 '받치다'처럼 어간에 강세 접미사가 붙어 이루어진 어휘이다. 원래 '밭-'이 '액체와 건더기가 섞여 있는 것을 기구 따위를 이용해 거르다'는 의미로 쓰이는 말이다.

14. 반드시 / 반듯이

앞서에서 이미 살폈듯이 '반드시'는 '꼭'의 의미를, '반듯이'는 '정돈된 모양새를 갖추어'라는 의미로 서로 구분할 수 있다.

15. 부딪치다 / 부딪히다

   '부딪치다'의 경우는 동사 어간 '부딪다'에 강세 접미사 '-치'가 결합한 말이다. '부딪다'의 원뜻인 '쌍방이 서로 힘있게 마주 닿다'라는 의미에 강세가 더해진 것이다. 한편 '부딪히다'의 경우는 피동의 접미사가 결합하여 피동의 의미를 나타낸다.

16. 부치다 / 붙이다

   본문에서 제시하고 있는 예의 양이 많은 것으로 보아 이 두 단어들은 표기에서 혼란이 많음을 알 수 있다. 앞서 1부에서 이미 살핀 것처럼 '무언가 서로 결합되어 있다'는 의미가 있는 것에는 '붙이다'가 맞는 표현이다.

17. 시키다 / 식히다

   두 말의 차이는 워낙 명백한 것이라서 틀리는 경우를 찾기는 어렵다. '시키다'는 '무엇을 하게 하다'라는 의미로 쓰이는 단일어이다. '식히다'의 경우는 '더운 기운을 빠지게 하다'라는 의미를 가진 피동사로서 어간 '식-'에 피동의 접미사가 결합한 파생어이므로 어원을 밝혀 적는다.

18. 아름 / 알음 / 앎

이 세 말 역시 의미상으로나 문법상으로 차이가 명백하다. 우선 '아름'은 '두 팔을 둥글게 모았을 때의 둘레'를 의미한다. 어원적으로 보아서는 '(누구를 팔로) 안다'의 어간에 접미사 '-음'이 붙어 된 말인데 어원에서 멀어졌으므로 소리대로 적는다.

'알음'은 '알다'의 어간에 명사화 접미사 '-음'이 붙어 생긴 파생어이다. 한편, '앎' 역시 '알다'의 어간에 'ㅁ'이 결합하여 생긴 말인데 이젠 아주 독립된 명사로 굳어진 말이다. 흔히 '지식'을 대신하는 순우리말로 쓰인다.

> 결국 알음알음으로 동네 사람 모두가 알게 되었다.
> 안면은 이미 알음이 있는 사이였다.
> 앎에 실천이 없다면 소용이 없다.

19. 안치다 / 앉히다

'밥, 떡 따위의 음식의 재료를 솥이나 시루, 냄비 따위에 넣는다'는 의미를 갖는 '안치다'는 '앉다'와 무관하지 않은 단어이지만 이미 어원에서 멀어졌기 때문에 소리대로 적는다.

한편, '앉게 하다'의 의미를 가진 '앉히다'는 어간에 사동 접미사가 결합한 것이므로 각각 구분하여 적는다.

과거에 '어름과 얼음'은 명사와 동명사형으로 구분 짓던 적도 있었다. 아직도 시골 어딘가에서는 물을 얼린 것을 '어름'이라고 적는 것도 볼 수 있다.

여기서의 '어름'은 '두 사물의 경계, 두 사물의 끝이 서로 맞닿는 곳, 테두리 안' 따위의 의미를 지닌 말이다. 본디 '어르다'에서 파생된 말이라고 하는데 그 말과는 의미상 멀어졌다.

한편, '얼음'은 '얼다'의 어간에 접미사 '-음'이 붙어서 이루어진 파생명사이다.

두 집 어름에 몸을 감추고 있다가 경찰이 나타나자 뛰기 시작했다.
저 강이 우리 마을과 저 마을의 어름 역할을 한다.

'이따가'는 '조금 시간이 지난 뒤에'라는 의미를 가진 부사이다. '있다'와 어느 정도 연관이 있을 것으로 추정도 되지만 분명하지 않고 혹 그렇다 하더라도 어원과는 뜻이 멀어져 있는 경우에 속한다.

한편, '있다가'는 '있-'에 '-다가'가 결합한 형태다. '-다가'는 '동작이나 상태가 중단되고 다르게 전개되어 간다'는 의미의 연결 어미이다.

혼용이 자주 발견되는 말들이다.

'저리다'는 '뼈마디나 몸의 일부에 피가 통하지 않아서 감각이 둔해지거나 힘이 없다, 뼈마디나 몸의 일부가 쑤신다'는 뜻을 가진 동사다. '(발을) 절다'에서 비롯된 것으로 추측할 수도 있지만, 두 어휘 사이의 의미 연관성을 찾기가 어렵다는 점에서 단일어와 같이 다룬다.

'절이다'는 '채소나 고기 따위에 소금기나 양념이 배어 든다.'는 의미를 가진 '절다'에 사동 접미사 '-이'가 결합한 형태이다.

비만 오면 온 몸이 저린다.
오래 앉아 있다가 일어났더니 다리가 저려서 혼났다.
배추를 적당히 소금물에 절여야 맛있는 김치가 된다.

'고기나 채소 따위를 양념해서 간이 잘 스미도록 바짝 끓이다'라는 의미를 갖는 '조리다'는 '줄다'의 작은 말인 '졸다' 관련을 지을 수 있으나 역시 어원에서 멀어진 말이다.

'졸이다'는 역시 '졸다'의 어간에 사동 접미사 '-이'가 결합하여 이루어진 파생어이다.

‘주리다’는 ‘굶주리다, 배를 곯다’ 따위의 의미를 지닌 말로 ‘줄다’와 어원적으로 연관을 지을 수도 있지만 의미상 연계를 짓기가 어렵다. 그러므로 소리대로 적는다.

한편, ‘줄이다’의 경우는 ‘줄다’의 어간에 사동 접미사가 붙어서 이루어진 말이며, 아울러 본뜻과도 연관을 맺고 있으므로 구분하여 적는다.

말에서나 글에서나 쉽게 혼동하여 쓸 수 있는 말들이다. ‘-노라고’와 ‘-느라고’는 모두 연결 어미라는 공통점이 있지만 그 의미에서는 완전한 차이를 보인다.

‘-노라고’는 말하는 사람이 자신의 행동에 대한 의도나 목적을 표현할 때 사용하는 것이고, ‘-느라고’는 앞 문장의 내용이 이어지는 문장의 원인이 되는 것을 나타낼 때 사용하는 어미이다. 일상적으로 ‘-느라고’로 통일하여 쓰는 경향이 있는데 ‘사노라면’ 따위의 노래 가사를 생각하더라도 아직은 주의해서 사용해야 할 어미들이다.

두 말은 모두 '는+이+-보다'로 분석이 가능하다. 그런데 우리말에서 '이'는 사람을 지칭하는 의존명사로만 쓰이고 있다. '-느니보다'는 사물과 관련한 서술에서 '는 것보다'의 의미를 보이므로 '이'의 원뜻에서 멀어진 것으로 보아 어원을 구별하여 적지 않고 하나의 어미로 인정한다.

이에 반하여 '는 이보다'의 경우는 '이'가 사람의 의미로 쓰이고 있으므로 원형을 적고 의존명사이므로 떼어서 쓰게 된다는 것이다.

27. –(으)리만큼(어미) / –(으)ㄹ 이만큼(의존명사)

이 항목 역시 26항과 같은 원리로 설명할 수 있는 내용이다. 즉, '이'가 사람을 나타내는 의존명사로 쓰였나 여부에 따라 소리대로 쓰는 것과 원형을 밝혀 적는 것이 판가름 난다.

28. –(으)러(목적)/–(으)려(의도)

두 어미를 구분하기에 좋은 예들을 생각해 보자.

> **보기** '더'의 쓰임
>
> ㄱ. 너 어디 가니?
> ㄴ. 서울에.
> ㄱ. 서울엔 왜?

ㄴ. 공부하러.

ㄱ. 엄마, 우리 부삽 있어요?
ㄴ. 뭐 하려고?
ㄱ. 숙제 하려고요.

물론, 아래의 대화 내용에서 엄마는 '왜?'라고도 물을 수도 있다. 여하튼 분명하게 목적과 의도가 갈라는 것을 확인할 수 있다.

주로 '-러'는 '가다, 오다'와 같은 동사들 앞에서 행위의 직접적인 목적을 나타내고, '-려'는 주로 '하다'와 어울려 자신의 의도를 나타낸다. 덧붙인다면 '러고'는 되지 않지만, '려고'는 가능하다는 점이 또 하나의 용법상의 차이가 될 수 있다.

29. ─(으)로서(자격) / ─(으)로써(수단)

'─(으)로서'와 '─(으)로써'의 구분 역시 그리 만만한 것이 아니다.

'나'는 우리말의 1인칭대명사로(　) '저'와는 겸양의 의미가 있고 없음으로
　(　) 구별된다.

위의 예문의 (　)에는 각각 무엇이 들어가야 할까? 물론 '서, 써'의 순서로 괄호는 채워져야 한다. 간혹 이러한 쓰임에 혼란이 있을 때, 아예 '서,

써'를 빼 버리고 '-(으)로'만으로 쓰는 경우도 있다.

　　제시된 단어들 중 '-(으)므로'는 원인을, '-(음)으로'는 도구, 수단 혹은 방법 따위를 나타낸다. 둘을 구분하는 방법으로는 해당 형태가 들어 갈 자리에 '-기 때문에' 따위의 인과 관계를 나타내는 말을 붙여서 어색하지 않으면 '-(으)므로'를, 그렇지 않으면 '(음)으로'를 쓰면 된다.

　　이상에서 한글 맞춤법에 대하여 살펴보았다. 어떤 조항의 경우는 내용이 현실 언어와 맞지 않는다는 사람도 있고, 왜 그렇게 써야 하는지에 대해 반발하는 경우도 있다. 심지어는 '한글 맞춤법' 자체를 폐지하자는 주장도 있다. 그러나 앞서 언급한 바와 같이 통일된 어문 생활은 결국 문화의 발전과 개인의 교양을 높이는 데에 도움이 될 수 있다는 사실만으로 충분히 '어문 규정'은 필요 가치를 인정받을 수 있다.

〈부록〉 문장부호

Ⅰ. 마침표 [終止符]

1. 온점(.), 고리점(。)

가로쓰기에는 온점, 세로쓰기에는 고리점을 쓴다.

(1) 서술, 명령, 청유 등을 나타내는 문장의 끝에 쓴다.

젊은이는 나라의 기둥이다.
황금 보기를 돌같이 하라.
집으로 돌아가자.

다만, 표제어나 표어에는 쓰지 않는다.

압록강은 흐른다(표제어)
꺼진 불도 다시 보자(표어)

(2) 아라비아 숫자만으로 연월일을 표시할 적에 쓴다.

1919. 3. 1. (1919년 3월 1일)

(3) 표시 문자 다음에 쓴다.

1. 마침표　　　　　ㄱ. 물음표　　　　　가. 인명

(4) 준말을 나타내는 데 쓴다.

서. 1987. 3. 5.(서기)

2. 물음표(?)

의심이나 물음을 나타낸다.

(1) 직접 질문할 때에 쓴다.

이제 가면 언제 돌아오니?

이름이 뭐지?

(2) 반어나 수사 의문(修辭疑問)을 나타낼 때 쓴다.

제가 감히 거역할 리가 있습니까?

이게 은혜에 대한 보답이냐?

남북 통일이 되면 얼마나 좋을까?

(3) 특정한 어구 또는 그 내용에 대하여 의심이나 빈정거림, 비웃음 등을
표시할 때, 또는 적절한 말을 쓰기 어려운 경우에 소괄호 안에 쓴다.

그것 참 훌륭한(?) 태도야.

우리 집 고양이가 가출(?)을 했어요.

[붙임 1] 한 문자에서 몇 개의 선택적인 물음이 겹쳤을 때에는 맨 끝의
물음에만 쓰지만, 각각 독립된 물음인 경우에는 물음마다 쓴다.

너는 한국인이냐, 중국인이냐?

너는 언제 왔니? 어디서 왔니? 무엇하러?

[붙임 2] 의문형 어미로 끝나는 문장이라도 의문의 정도가 약할 때에는
물음표 대신 온점(또는 고리점)을 쓸 수도 있다.

이 일을 도대체 어쩐단 말이냐.

아무도 그 일에 찬성하지 않을 거야. 혹 미친 사람이면 모를까.

3. 느낌표(!)

감탄이나 놀람, 부르짖음, 명령 등 강한 느낌을 나타낸다.

(1) 느낌을 힘차게 나타내기 위해 감탄사나 감탄형 종결어미 다음에 쓴다.

앗!

아, 달이 밝구나!

(2) 강한 명령문 또는 청유문에 쓴다.

지금 즉시 대답해!

부디 몸조심하도록!

(3) 감정을 넣어 다른 사람을 부르거나 대답할 적에 쓴다.

춘향아!

예, 도련님!

(4) 물음의 말로써 놀람이나 항의의 뜻을 나타내는 경우에 쓴다.

이게 누구야!

내가 왜 나빠!

[붙임] 감탄형 어미로 끝나는 문장이라도 감탄의 정도가 약할 때에는 느
낌표 대신 온점(또는 고리점)을 쓸 수도 있다.

개구리가 나온 것을 보니, 봄이 오긴 왔구나.

Ⅱ. 쉼표 [休止符]

1. 반점(,), 모점(、)

가로쓰기에는 반점, 세로쓰기에는 모점을 쓴다.

문장 안에서 짧은 휴지를 나타낸다.

(1) 같은 자격의 어구가 열거될 때에 쓴다.

근면, 검소, 협동은 우리 겨레의 미덕이다.

충청도의 계룡산, 전라도의 내장산, 강원도의 설악산은 모두 국립 공원이다.

다만, 조사로 연결될 적에는 쓰지 않는다.

매화와 난초와 국화와 대나무를 사군자라고 한다.

(2) 짝을 지어 구별할 필요가 있을 때에 쓴다.

닭과 지네, 개와 고양이는 상극이다.

(3) 바로 다음의 말을 꾸미지 않을 때에 쓴다.

슬픈 사연을 간직한, 경주 불국사의 무영탑

성질 급한, 철수의 누이동생이 화를 내었다.

(4) 대등하거나 종속적인 절이 이어질 때에 절 사이에 쓴다.

콩 심으면 콩 나고, 팥 심으면 팥 난다.
흰 눈이 내리니, 경치가 더욱 아름답다.

(5) 부르는 말이나 대답하는 말 뒤에 쓴다.

애야, 이리 오너라.
예, 지금 가겠습니다.

(6) 제시어 다음에 쓴다.

빵, 빵이 인생의 전부이더냐?
용기, 이것이야말로 무엇과도 바꿀 수 없는 젊은이의 자산이다.

(7) 도치된 문장에 쓴다.

이리 오세요, 어머님.
다시 보자, 한강수야.

(8) 가벼운 감탄을 나타내는 말 뒤에 쓴다.

아, 깜빡 잊었구나.

(9) 문장 첫머리의 접속이나 연결을 나타내는 말 다음에 쓴다.

첫째, 몸이 튼튼해야 된다.
아무튼, 나는 집에 돌아가겠다.

다만, 일반적으로 쓰이는 접속어(그러나, 그러므로, 그리고, 그런데 등) 뒤에는 쓰지 않음을 원칙으로 한다.
그러나 너는 실망할 필요가 없다.

(10) 문장 중간에 끼어든 구절 앞뒤에 쓴다.

나는, 솔직히 말하면, 그 말이 별로 탐탐하지 않소.
철수는 미소를 띠고, 속으로는 화가 치밀었지만, 그들을 맞았다.

(11) 되풀이를 피하기 위하여 한 부분을 줄일 때에 쓴다.

여름에는 바다에서, 겨울에는 산에서 휴가를 즐겼다.

(12) 문맥상 끊어 읽어야 할 곳에 쓴다.

갑돌이가 울면서, 떠나는 갑순이를 배웅했다.

갑돌이가, 울면서 떠나는 갑순이를 배웅했다.

철수가, 내가 제일 좋아하는 친구이다.

남을 괴롭히는 사람들은, 만약 그들이 다른 사람에게 괴롭힘을 당해 본다면,
　남을 괴롭히는 일이 얼마나 나쁜 일인지 깨달을 것이다.

(13) 숫자를 나열할 때에 쓴다.

1, 2, 3, 4

(14) 수의 폭이나 개략의 수를 나타낼 때에 쓴다.

5, 6세기　　　　　　　　　　　6, 7개

(15) 수의 자릿점을 나타낼 때에 쓴다.

14,314

2. 가운뎃점(·)　열거된 여러 단위가 대등하거나 밀접한 관계임을 나타낸다.

(1) 쉼표로 열거된 어구가 다시 여러 단위로 나누어질 때에 쓴다.

철수·영이, 영수·순이가 서로 짝이 되어 윷놀이를 하였다.

공주·논산, 천안·아산·천원 등 각 지역구에서 2명씩 국회의원을 뽑는다.

시장에 가서 사과·배·복숭아, 고추·마늘·파, 조기·명태·고등어를 샀다.

(2) 특정한 의미를 가지는 날을 나타내는 숫자에 쓴다.

3·1 운동　　　　　　　　　　8·15 광복

(3) 같은 계열의 단어 사이에 쓴다.

경북 방언의 조사·연구

충북·충남 두 도를 합하여 충청도라고 한다.

동사·형용사를 합하여 용언이라고 한다.

3. 쌍점(:)

(1) 내포되는 종류를 들 적에 쓴다.

문장부호 : 마침표, 쉼표, 따옴표, 묶음표 등
문방사우 : 붓, 먹, 벼루, 종이

(2) 소표제 뒤에 간단한 설명이 붙을 때에 쓴다.

일시 : 1984년 10월 15일 10시
마침표 : 문장이 끝남을 나타낸다.

(3) 저자명 다음에 저서명을 적을 때에 쓴다.

정약용 : 목민심서, 경세유표
주시경 : 국어 문법, 서울 박문서관, 1910.

(4) 시(時)와 분(分), 장(章)과 절(節) 따위를 구별할 때나, 둘 이상을 대비할
때에 쓴다.

오전 10 : 20 (오전 10시 20분)
요한 3 : 16 (요한복음 3장 16절)
대비 65 : 60 (65 대 60)

4. 빗금(/)

(1) 대응, 대립되거나 대등한 것을 함께 보이는 단어와 구, 절 사이에 쓴다.

남궁만/남궁 만   백이십오 원/125원
착한 사람/악한 사람   맞닥뜨리다/맞닥트리다

(2) 분수를 나타낼 때에 쓰기도 한다.

3/4 분기   3/20

Ⅲ. 따옴표 [引用符]

1. 큰따옴표(" "), 겹낫표(『 』)

가로쓰기에는 큰따옴표, 세로쓰기에는 겹낫표를 쓴다.

대화, 인용, 특별 어구 따위를 나타낸다.

(1) 글 가운데서 직접 대화를 표시할 때에 쓴다.

“전기가 없었을 때는 어떻게 책을 보았을까?”
“그야 등잔불을 켜고 보았겠지.”

(2) 남의 말을 인용할 경우에 쓴다.

예로부터 “민심은 천심이다.”라고 하였다.
“사람은 사회적 동물이다.”라고 말한 학자가 있다.

2. 작은따옴표(‘ ’), 낫표(「 」)

가로쓰기에는 작은따옴표, 세로쓰기에는 낫표를 쓴다.

(1) 따온 말 가운데 다시 따온 말이 들어 있을 때에 쓴다.

“여러분! 침착해야 합니다. ‘하늘이 무너져도 솟아날 구멍이 있다.’고 합니다.”

(2) 마음 속으로 한 말을 적을 때에 쓴다.

‘만약 내가 이런 모습으로 돌아간다면 모두들 깜짝 놀라겠지.’

[붙임] 문장에서 중요한 부분을 두드러지게 하기 위해 드러냄표 대신에
쓰기도 한다.

지금 필요한 것은 ‘지식’이 아니라 ‘실천’입니다.
‘배부른 돼지’보다는 ‘배고픈 소크라테스’가 되겠다.

Ⅳ. 묶음표 [括弧符]

1. 소괄호(( ))

(1) 원어, 연대, 주석, 설명 등을 넣을 적에 쓴다.

커피(coffee)는 기호 식품이다.
3·1 운동(1919) 당시 나는 중학생이었다.
‘무정(無情)’은 춘원(6·25때 납북)의 작품이다.
니체(독일의 철학자)는 이렇게 말했다.

(2) 특히 기호 또는 기호적인 구실을 하는 문자, 단어, 구에 쓴다.

⑴ 주어　　　　　　　(ㄱ) 명사　　　　　　(라) 소리에 관한 것

(3) 빈 자리임을 나타낼 적에 쓴다.

우리나라의 수도는 ( )이다.

2. 중괄호({ })

여러 단위를 동등하게 묶어서 보일 때에 쓴다.

주격 조사 { 이 / 가 }

국가의 3 요소 { 국토 / 국민 / 주권 }

3. 대괄호([ ])

(1) 묶음표 안의 말이 바깥 말과 음이 다를 때에 쓴다.

나이[年歲]   낱말[單語]   手足[손발]

(2) 묶음표 안에 또 묶음표가 있을 때에 쓴다.

명령에 있어서의 불확실[단호(斷乎)하지 못함.]은 복종에 있어서의 불확실[모호(模糊)함.]을 낳는다.

V. 이음표 [連結符]

1. **줄표(—)   이미 말한 내용을 다른 말로 부연하거나 보충함을 나타낸다.**

(1) 문장 중간에 앞의 내용에 대해 부연하는 말이 끼어들 때 쓴다.

그 신동은 네 살에—보통 아이 같으면 천자문도 모를 나이에—벌써 시를 지었다.

(2) 앞의 말을 정정 또는 변명하는 말이 이어질 때 쓴다.

어머님께 말했다가—아니, 말씀드렸다가—꾸중만 들었다.
이건 내 것이니까—아니, 내가 처음 발견한 것이니까—절대로 양보할 수가 없다.

2. 붙임표(-)

(1) 사전, 논문 등에서 합성어를 나타낼 적에, 또는 접사나 어미임을 나타
낼 적에 쓴다.

겨울-나그네   불-구경   손-발
휘-날리다   슬기-롭다   -(으)ㄹ걸

(2) 외래어와 고유어 또는 한자어가 결합되는 경우에 쓴다.

나일론-실   디-장조   빛-에너지   염화-칼륨

3. 물결표(~)

(1) '내지'라는 뜻에 쓴다.

9월 15일~9월 25일

(2) 어떤 말의 앞이나 뒤에 들어갈 말 대신 쓴다.

새마을 : ~운동, ~노래
-가(家) : 음악~, 미술~

Ⅵ. 드러냄표 [顯在符]

1. 드러냄표(˙ , ˚)

˙이나 ˚을 가로쓰기에는 글자 위에, 세로쓰기에는 글자 오른쪽에 쓴다.
문장 내용 중에서 주의가 미쳐야 할 곳이나 중요한 부분을 특별히 드러
내 보일 때 쓴다.

한글의 본 이름은 훈민정음이다.

중요한 것은 왜 사느냐가 아니라 어떻게 사느냐 하는 문제이다.

[붙임] 가로쓰기에서는 밑줄(___, ~~~~)을 치기도 한다.

다음 보기에서 명사가 아닌 것은?

Ⅶ. 안드러냄표 [潛在符]

1. 숨김표(××, ○○) 알면서도 고의로 드러내지 않음을 나타낸다.

   (1) 금기어나 공공연히 쓰기 어려운 비속어의 경우, 그 글자의 수효만큼
   쓴다.

   배운 사람 입에서 어찌 ○○○란 말이 나올 수 있느냐?
   그 말을 듣는 순간 ××란 말이 목구멍까지 치밀었다.

   (2) 비밀을 유지할 사항일 경우, 그 글자의 수효만큼 쓴다.

   육군 ○○부대 ○○○이 작전에 참가하였다.
   그 모임의 참석자는 김×× 씨, 정×× 씨 등 5명이었다.

2. 빠짐표(□) 글자의 자리를 비워 둠을 나타낸다.

   (1) 옛 비문이나 서적 등에서 글자가 분명하지 않을 때에 그 글자의 수효
   만큼 쓴다.

   大師爲法主□□賴之大□薦(옛 비문)

   (2) 글자가 들어가야 할 자리를 나타낼 때 쓴다.

   훈민정음의 초성 중에서 아음(牙音)은 □□□의 석 자다.

3. 줄임표(……)

   (1) 할 말을 줄였을 때에 쓴다.

   "어디 나하고 한 번……." 하고 철수가 나섰다.

   (2) 말이 없음을 나타낼 때에 쓴다.

   "빨리 말해!"
   "……."

제 3 장

표준어 사정 원칙

현실적으로 표준어를 정하는 작업은 맞춤법 못지않게 중요한 역할을 한다. 어문 생활의 통일을 위해서는 한 사물에 대한 단어들의 쓰임이 지방마다 달라서는 곤란할 것이기 때문이다. 가령, '부추'라는 표준어에 대하여 경상도에서는 '전구지', 전라도에서는 '솔' 등으로 달리 부르는데 이를 통일하여 '부추'로 표준어를 삼았다. 이러한 과정은 실제 각 지역 언어의 차이를 충분히 조사하고 또 서울 지역에서의 분포와 쓰임까지 고려해야 하는 것이므로 상당히 복잡한 작업이 된다.

한편으로는 성조聲調 즉 소리의 높낮이가 초분절음소로서의 역할을 하는 중국어의 경우 성조 통일까지 고려하여 표준어를 정해야 한다는 현실과 비교해 본다면 국어의 경우는 쉬운 일이라고도 할 수 있다.

2장에서 살피게 될 〈표준어 규정〉은 모두 두 부분으로 구성되어 있다. 제1부에서는 표준어 사정의 원칙을, 제2부에서는 표준 발음법을 각각 다루고 있다. 그런데 표준 발음법은 이미 앞서 설명한 부분들과 관련되어 있거나 참고할 내용들에 해당되어 특별한 해설이 의미가 없으므로 〈국어의 로마자 표기법〉과 함께 책의 말미에 〈부록〉으로 그 내용을 담아 두었다. 비록 책의 본문에 올리지는 못했지만 발음에 관련된 내용의 경우, 특히 교육을 담당하고 있는 계층에서는 필독해 두어야 할 부분이므로 염두에 두었으면 한다.

여기서 다루게 될 내용은 〈표준어 규정〉 가운데 제1부에 해당하는 표준어 사정 원칙이다. 앞서의 〈한글 맞춤법〉에서 이미 보아 알 수 있듯이 표준어를 어떻게 정하느냐에 따라 맞춤법의 규정도 상당한 영향을 받게 된다. 이 점을 중시하여 어떤 원칙들이 표준어 사정에 적용되었는지 유의해서 살펴 둘 필요가 있다.

1) 제1장 총칙

> **제1항** 표준어는 교양 있는 사람들이 두루 쓰는 현대 서울말로 정함을
> 원칙으로 한다.
> **제2항** 외래어는 따로 사정한다.

제1항에서는 표준어 사정의 원칙을 말하고 있는데, 유의해야 할 조건들을 하나하나 나열해 보면 '교양 있는 사람, 두루 쓰는, 현대, 서울말'이다. 이 조건 가운데 하나라도 결여된다면 당연히 표준어가 될 수 없다는 것을

뜻한다.

표준어 규정이 바뀌고 얼마 안 되었을 때 "이 규정은 전의 것보다 더 강력한 것이다. 왜냐하면 표준어를 안 쓰면 교양 없는 사람이라는 의미를 이미 담고 있지 않느냐."며 표준어 사용의 중요성을 거듭 강조한 예들이 많았다. '교양 있다'는 말이 담고 있는 의미의 경계가 좀 애매한 면이 없지는 않다. 그러나 '교양敎養'이 '학문이나 지식 그 외 경험들을 통해 이루어진 품위 혹은 문화에 대한 폭 넓은 지식'으로 정의할 수 있다는 점을 고려한다면 '교양 있는'이라는 말을 이해할 수 있을 것이다.[53]

'두루 쓰는'이라는 표현은 자기 전문 분야에서만 특정하게 사용되는 전문 용어들은 제외하고 일상생활에서 보통 사용하는 말이란 정도로 이해하면 될 것이다. 예를 들어, 과학 용어나 의학 용어 등은 전문어에 올라 있는 것이라서 해당 분야 종사자들이 스스로 통일하여 사용하는 것을 인정한다고 볼 수도 있다.

'현대'라는 점은 시기와 관련된 조건으로 지금 사용되는 말인지의 여부가 사정의 기준이 된다는 것이다. 일반적으로 동일 사물을 지칭하는 여러 어휘가 있을 경우, 이 어휘들 사이에서 생존권 다툼이 벌어진다는 사실은 일반적인 것이다. 순우리말 어휘들이 한자어에서 유래한 말들에 밀려 사라지게 된 것들도 이러한 다툼의 원인이라 할 수 있다. 한편, 방언에서도 '빈자떡 / 빈대떡'의 대립이 있었는데 결국 '빈대떡'이 남게 된 것도 이러한 사실을 입증하는 것이다. 그러므로 과거에 널리 쓰이던 말이었다고 해서

---

[53] 이전의 <한글 맞춤법 통일안>에서는 '표준말은 대체로 현재 중류 사회에서 쓰는 서울 말로 한다'로 정의했었다. 이때 중류 계층이라는 말은 경제, 지위와 관련한 계급 구분이 포함되어 있어 그다지 좋은 용어 선택은 아니었다고 본다.

그 말을 되살려서 쓰는 것은 '현실 언어의 현상을 대변하는 것이 문법'이라는 점과도 어긋나는 것이므로 현재성을 중시하는 시간 개념이 포함된 것이다.

'서울말'의 경우는 지역적인 한계를 규정한 것인데 현재 서울말이라는 개념이 모호한 지경에 있다. 곧 서울 토박이라 할 수 있는 사람들을 찾기가 어려운 현실은 물론이고 현실적으로 타 지방 출신의 인구 유입이 많아진 이유로 순수 서울 방언만을 고집할 수 없다는 한계가 있다. 그러므로 '서울말'이라는 경계는 과거 서울 방언과 지방 방언이 적절하게 혼효된 것이라 볼 수 있다.

한편, 제2항의 경우는 외래어 표기법에 대한 것은 별도의 규정을 통하여 정의하는 것으로 두겠다는 의미이다. 우리말에 들어온 외래어는 과거 중국어에서 일본어 그리고 최근의 영어에 이르기까지 다양한 경로와 근원을 갖고 있다. 이러한 외래어 역시 차용의 의미에서 우리말화 된 것으로 보지만 이들에 대한 것은 〈외래어 표기법〉에서 따로 다룬다는 것을 명시한 것이다. 결과적으로 맞춤법과 표준어 사정 원칙 모두에서 외래어에 대한 언급이 없다. 그런데 현재 상용하는 외래어가 실제 외래어 표기와 상당한 괴리가 있음을 유의해야 한다.

2) 제2장 발음 변화에 따른 표준어 규정

제2장은 과거의 표준어 관련 규정에서 무의미하게 된 부분들을 정리하는 내용들을 중심으로 하는 경향이 짙다. 실제로 모든 언어는 고정되어

있지 않고 끝없는 변화의 흐름을 이어간다. 이러한 점을 고려해 본다면, 수십 년의 시간 사이에 변한 어휘들이나 발음들이 상당수 있었을 것이다. 이러한 변화들을 표준어 사정에 반영한다는 것이다. 이 가운데 특히 발음에 관련된 사항들을 2장에서 언급하고 있다.

일부 조항은 우리 생활에서 너무나 자연스럽게 받아들여지고 있는 것도 있지만 7항 같은 경우는 주의를 요하는 사항이다.

① 제1절 자음

제3항 다음 단어들은 거센소리를 가진 형태를 표준어로 삼는다.(ㄱ을 표준어로 삼고, ㄴ을 버림.)

ㄱ	ㄴ	비　고
끄나풀	끄나불	
나팔-꽃	나발-꽃	
녘	녘	동~, 들~, 새벽~, 동틀 ~.
부엌	부엌	
살-쾡이	삵-괭이	
칸	간	1. ~막이, 빈~, 방 한~.
		2. '초가 삼간, 윗간'의 경우에는 '간'임.
털어-먹다	떨어-먹다	재물을 다 없애다.

이 가운데에서 '녘, 부엌'은 현실 발음과 차이가 있다. 뒤따르는 음절이 모음으로 시작된다 하더라도 이들은 [동녀케], [부어키] 따위로 소리가 나지 않고 [동녀게], [부어기]처럼 [ㄱ]으로 발음이 된다는 점을 생각한다면 소리대로 적는다는 원칙을 벗어난 것이 된다. 굳이 표준어로 남아 있어야 할 까닭을 찾는다면, 오래 그렇게 표기되어 왔기 때문에 독서할 때 시각적

인 착각이나 혼돈을 일으키지 않도록 하기 위함 정도가 될 것이다.

제4항 다음 단어들은 거센소리로 나지 않는 형태를 표준어로 삼는다.(ㄱ을 표준어로 삼고, ㄴ을 버림.)

ㄱ	ㄴ	비　고
가을-갈이	가을-카리	
거시기	거시키	
분침	푼침	

'거시기'가 표준어에 들어간다는 사실에 놀라는 사람들이 꽤 있다. 알다시피 '거시기'는 '언급하려고 하는 대상의 이름이 갑자기 떠오르지 않거나, 바로 지칭하기 곤란한 대상을 지시하는 대명사'로의 쓰임이 있다.

　왜 거시기 있잖아? 고등학교 동창 중에 너와 잘 다니던 그 친구말야.
　저, 죄송하지만 거시기 좀 얻을 수 있을까요?

그런가 하면 '말하기가 궁색스럽거나, 혹은 할 말을 잊어 버렸을 때 쓰는 군말'로도 쓰인다.

　그러니까 오늘 좀 저와, 거시기, 만나서 얘기 좀 해요.
　우리가 만나서 거시기할 때를 생각해 봐라.

이렇게 쓰이는 '거시기'는 대다수의 사람들의 남쪽 지방의 방언으로 생각하고 있지만, 분명 표준어 사정 원칙에 예시된 표준어이다.

한편, '가을갈이'는 '다음 해의 농사를 위하여 가을에 미리 논밭을 갈아 두는 일'을 말하며 '추경秋耕'과 같은 의미를 가지는 말이다. '분침分針'은 '시계에서 분을 가리키는 침'이다.

제5항 어원에서 멀어진 형태로 굳어져서 널리 쓰이는 것은, 그것을 표준어로 삼는다.(ㄱ을 표준어로 삼고, ㄴ을 버림.)

ㄱ	ㄴ	비　고
강낭-콩	강남-콩	
고샅	고샅	겉~, 속~.
사글-세	삭월-세	'월세'는 표준어임.
울력-성당	위력-성당	떼를 지어서 으르고 협박하는 일.

위의 내용은 맞춤법에서도 매우 중요한 원칙이었다. 원래 '강낭콩'의 경우는 '강남(江南)+콩'으로 '중국의 강남 지방에서 나는 콩'이라는 의미를 가지고 있었다. 그러나 현실적으로 '강남콩'이라는 어원을 생각하며 이 말의 의미를 생각하는 사람은 거의 없다. 그러므로 현실음을 감안하여 '강낭콩'을 표준어로 삼는다는 것이다.

예전에는 '초가지붕을 이을 때에 쓰는 새끼'와 '좁은 골목이나 길'을 모두 '고샅'으로 표기하였다. 이를 분리하여 앞의 것은 '고샷'으로 쓰고 뒤의 것은 '고샅'으로 각각 쓰기로 한 것이다. 거의 쓰임이 사라진 이 두 어휘를 굳이 구분하도록 해야 할 이유가 있을까 하는 의문이 들기도 한다.

다달이 세를 내야 하는 '사글세'는 '삭월세朔月貰'와 같은 표준어로 인정되어 왔다. 그런데 '삭월세'는 단순히 '사글세'와 유사한 한자음을 따온 말에 지나지 않는다는 이유로 비표준어로 처리되었다.

다만, 어원적으로 원형에 더 가까운 형태가 아직 쓰이고 있는 경우에는, 그것
을 표준어로 삼는다.(ㄱ을 표준어로 삼고, ㄴ을 버림.)

ㄱ	ㄴ	비 고
갈비	가리	~구이, ~찜, 갈빗-대.
갓모	갈모	1. 사기 만드는 물레 밑고리.
		2. '갈모'는 갓 위에 쓰는, 유지로 만든 우비.
굴-젓	구-젓	
말-곁	밀-겻	
물-수란	물-수랄	
밀-뜨리다	미-뜨리다	
적-이	저으기	적이-나, 적이나-하면.
휴지	수지	

주로 조금 어려운 단어의 뜻만을 정확하게 제시하는 것으로 설명에 갈
음하도록 한다.

- 말곁 : 다른 사람이 말하는 곁에서 참견하는 말
- 물수란 : 깨서 끓는 물에 바로 넣어 반쯤 익힌 달걀
- 밀뜨리다 : 갑자기 힘껏 밀어 버리다

이 가운데 특이한 것은 '적이'라는 단어이다. 일상적으로 책이나 대화에
서 많이 볼 수 있는 것은 오히려 '저으기'이다. 그런데 '저으기'를 사전에
서 찾아보면 '적이'의 잘못이거나 북한어라고 정의되어 있다.

평소 말이 없던 그의 당찬 발언에 저으기 놀란 표정이었다.(저으기 → 적이)

'적이'는 '꽤 상당한 정도로'의 의미를 지니는 말인데, 어원적으로는 '적다'의 어간에 접미사가 결합되어 된 말이다. 〈한글 맞춤법〉 제57항의 예들과 대등하게 다룬다면 당연히 어원과 상반된 의미를 가지게 되었으므로 어원을 밝혀 적지 않아야 하는데 여전히 이를 인정하고 있다는 모순점을 안고 있다.

제6항 다음 단어들은 의미를 구별함이 없이, 한 가지 형태만을 표준어로 삼는다.(ㄱ을 표준어로 삼고, ㄴ을 버림.)

ㄱ	ㄴ	비　고
돌	돐	생일, 주기.
둘-째	두-째	'제2, 두 개째'의 뜻.
셋-째	세-째	'제3, 세 개째'의 뜻.
넷-째	네-째	'제4, 네 개째'의 뜻.
빌리다	빌다	1. 빌려 주다, 빌려 오다. 2. '용서를 빌다'는 '빌다'임.

20대의 상당수와 그 이상의 연령에 있는 사람들은 '첫돐 기념'이라는 글자가 밑에 쓰인 사진에 익숙할 것이다. 그런데 현재의 규정대로라면 '돐'은 틀린 것이다. 과거에 '돌'은 '생일', '돐'은 '일정 시간에 따라 반복적으로 돌아오는 일' 즉 '주기週期'의 의미로 나누어 썼는데 이들을 '돌'로 통일해서 쓰기로 한 것이다.

서수사의 표기와 발음에서는 받침 없는 말이 없어졌다고 생각하면 이해에 도움이 된다. 즉, 첫째부터 열째까지 모두 받침이 있다는 것이다. 아직도 '세째, 네째'라고 쓰거나 심지어는 '여덜째'라고 쓰는 예들도 보인다. 이들은 모두 '셋째, 넷째, 여덟째'로 고쳐 써야 한다.

다만, '둘째'는 십 단위 이상의 서수사에 쓰일 때에 '두째'로 한다.

ㄱ	ㄴ	비　고
열두-째 스물두-째		열두 개째의 뜻은 '열둘째'로. 스물두 개째의 뜻은 '스물둘째'로.

　서수사序數詞란 순서를 헤아리는 단어이다. 앞서의 규정에서 보듯 '둘째'가 맞는 말인데 '두째'로 써야하는 경우가 예외적으로 존재하는 것이다. 즉, 열을 넘어가는 서수사에서 '열두째, 스물두째, 서른두째' 따위처럼 현실음이 분명하게 '두째'로 나고 있으므로 이를 표준어 사정에 반영한다는 것이다.

　한편, 비고란에서 제시하고 있는 것은 '수량＋순서'를 나타내는 말을 의미한다. 수량 면에서 열두 개를, 그리고 순서 면에서 열두째를 결합한 의미의 말에서는 열둘째를 사용한다는 의미이다.

제7항 수컷을 이르는 접두사는 '수-'로 통일한다.(ㄱ을 표준어로 삼고, ㄴ을 버림.)		
ㄱ	ㄴ	비　고
수-꿩	수-퀑/숫-꿩	'장끼'도 표준어임.
수-나사	숫-나사	
수-놈	숫-놈	
수-사돈	숫-사돈	
수-소	숫-소	'황소'도 표준어임.
수-은행나무	숫-은행나무	

　제7항은 상당한 주의가 필요하다. 우선 기억해 둘 것은 7항과 관련된 '수-'와 '암-'은 접두사라는 사실이다. 그러므로 사이시옷의 규정과는 무

관하다. '수-'와 다른 단어들이 결합할 때, 기본 원칙은 '수-'만을 원칙으로 인정한다는 것이다. 비록 수나새[순나새], 수놈[순놈], 수소[순쏘]처럼 현실 발음과 차이를 보이는 예들이 있지만 형태적 어원을 중시하여 '수-'로 통일하는 것을 원칙으로 삼고 있다.

그런데, 아래 [다만 1]의 경우는 접두사의 원형인 '수-'는 여전히 표기와 발음에서 원형을 유지하지만 뒤따르는 어휘에서의 발음 변화를 인정하고 있다.

다만 1. 다음 단어에서는 접두사 다음에서 나는 거센소리를 인정한다. 접두사 '암-'이 결합되는 경우에도 이에 준한다.(ㄱ을 표준어로 삼고, ㄴ을 버림.)

ㄱ	ㄴ	비　　고
수-캉아지	숫-강아지	
수-캐	숫-개	
수-컷	숫-것	
수-키와	숫-기와	
수-탉	숫-닭	
수-탕나귀	숫-당나귀	
수-톨쩌귀	숫-돌쩌귀	
수-퇘지	숫-돼지	
수-평아리	숫-병아리	

위의 경우는 '수'의 어원과 관련지어 설명해야 한다. 이전에 ㅎ종성체언이라고 해서 '암, 수, 안, 하늘, 땅' 따위의 말들이 있었다. 그래서 과거의 문헌들을 살펴보면 '하늘콰 땅콰'처럼 뒤이어 오는 자음을 거센소리로 바꾸는 예들을 확인할 수 있다. 현재, 다른 말들에서는 이 'ㅎ'의 흔적이 사

라져 버렸지만 '암, 수'의 경우는 뒤에 오는 말의 시작이 'ㄱ, ㄷ, ㅂ'인 경우 대부분 이 'ㅎ'음의 흔적이 적용되어 거센소리로 변하게 된다. 쉬운 예로 '장닭'은 [장딱]으로 발음되는데, '수닭'은 [수탁]으로 되는 것을 생각해 보면 된다.

'수'의 경우와 마찬가지로 '암탉', '암캐' 따위가 표준어가 되어야 한다는 단서를 달고 있다. 한 가지 주의할 것은 위에서 제시한 예 이외에는 혹 소리가 [암캐미, 수캐미]처럼 난다고 하더라도 표준어는 '암개미, 수개미'로 되어야 한다는 점이다. 즉, 위의 예들에서만 거센소리를 인정한다는 것에 주의해야 한다.

ㄱ	ㄴ	비 고
숫-양	수-양	
숫-염소	수-염소	
숫-쥐	수-쥐	

다만 2. 다음 단어의 접두사는 '숫-'으로 한다.(ㄱ을 표준어로 삼고, ㄴ을 버림.)

'양, 염소, 쥐'의 경우에는 '숫-'을 기본형으로 삼는다는 이 조항은 역시 기억해 두어야 할 사항이다. 표준어 해설에서는 '발음상 사이시옷과 비슷한 소리가 있다고 판단하여'라고 설명하고 있다. 즉, 사잇소리에서 뒷말의 첫소리가 모음으로 시작할 경우 뚜렷한 이유 없이 'ㄴㄴ'소리가 덧나는 경우와 유사한 점을 들어 이렇게 설명한 것이다. 물론, '수나사'의 일반 발음은 [순나새]로 하는 것이 예사지만, 예든 '양, 염소, 쥐'에서만 '숫-'을 인정한다.

② 제2절 모음

제8항 양성 모음이 음성 모음으로 바뀌어 굳어진 다음 단어는 음성 모음 형태를 표준어로 삼는다.(ㄱ을 표준어로 삼고, ㄴ을 버림.)

ㄱ	ㄴ	비　고
깡충-깡충 -둥이	깡총-깡총 -동이	큰말은 '껑충껑충'임. ← 童이. 귀-, 막-, 선-, 쌍-, 검-, 바람-, 흰-.
발가-숭이	발가-송이	센말은 '빨가숭이', 큰말은 '벌거숭이, 뻘거숭이'임.
보퉁이	보통이	
봉죽	봉족	←奉足. ~꾼, ~ 들다.
뻗정-다리	뻗장-다리	
아서, 아서라	앗아, 앗아라	하지 말라고 금지하는 말.
오뚝-이	오똑-이	부사도 '오뚝-이'임.
주추	주초	←柱礎. 주춧-돌.

　국어는 계통상 알타이어에 속한다. 알타이어의 공통 특질 가운데 한 가지로 '모음조화가 있다'는 조건이 있다. 쉽게들 설명할 때, '음상이 밝은 대신 작거나 적은 느낌을 주는 양성모음과 어두운 대신 큰 느낌을 갖는 음성모음이 제각각 어울리는 것'으로 모음조화를 설명한다. 즉, [애는 [오]와, [에는 [우]와 서로 한 어절 안에서 어울린다는 의미이다.

　국어의 모음조화 현상은 대체적으로 구개적 조화라는 것에 중심을 두고 있는데 근대에 이르러 'ᆞ'가 소멸되면서 점차 대립이 약화되었다고 본다. 여기에 덧붙여 모음조화와는 상관이 없는 한자어의 유입 또한 이 현상의 약화에 지대한 역할을 하였다. 의성어, 의태어 등 일부 시늉말에서 명맥을 유지하고 있다가 이들마저 점차 사라지고 있는 것이 현실이다.

15세기 문헌들에서 엄격하게 지켜지고 있는 것과 비교해 본다면 현대에 가까워질수록 이 현상이 점차 약화되고 있음을 확인할 수 있다. 아직도 초등학교에서 이 노래를 부르고 있는지 모르겠지만, 현장에서 어떻게 부르고 있는지 궁금하다. "산토끼, 토끼야, 어디를 가느냐. 깡충깡충 / 깡총 깡총 뛰면서……."

앞서의 '생활어휘의 점검'에서도 나온 단어들인데 어린 아이(童)라는 사실에 지나치게 집착하여 아직까지 '쌍동이, 칠삭동이'로 쓰는 예들이 있는데 이는 잘못이다.

다만, 어원 의식이 강하게 작용하는 다음 단어에서는 양성 모음 형태를 그대로 표준어로 삼는다.(ㄱ을 표준어로 삼고, ㄴ을 버림.)

ㄱ	ㄴ	비　　고
부조(扶助)	부주	~금, 부좃-술.
사돈(査頓)	사둔	밭~, 안~.
삼촌(三寸)	삼춘	시~, 외~, 처~.

실제 생활에서 많이 듣게 되는 말은 '부주, 사둔, 삼춘'이라고 볼 수 있지만, 여전히 그 원래의 의미들과 한자에 대해 언중들이 많이 의식하고 있다는 사실을 감안한 예외들이다.

제9항 'ㅣ' 역행 동화 현상에 의한 발음은 원칙적으로 표준 발음으로 인정하지 아니하되, 다만 다음 단어들은 그러한 동화가 적용된 형태를 표준어로 삼는다.(ㄱ을 표준어로 삼고, ㄴ을 버림.)

ㄱ	ㄴ	비 고
-내기	-나기	서울-, 시골-, 신출-, 풋-.
냄비	남비	
동댕이-치다	동당이-치다	

'ㅣ'모음 역행 동화 현상이란 뒤따르는 음절에 있는 'ㅣ'모음의 영향으로 앞 음절의 모음이 전설화되는 것을 말한다. 'ㅣ'모음은 우리 국어의 모음 가운데 가장 앞쪽에서 소리 나는 음이다. 이러한 'ㅣ'모음의 성질에 동화되어 'ㅏ, ㅓ' 따위의 모음들이 'ㅐ, ㅔ'로 바뀌어 좀 더 앞쪽에서 발음되는 현상이 'ㅣ' 역행 동화 현상이라고 할 수 있다.

일상생활에서 '잡히다, 먹이다' 등이 '잽히다, 멕이다' 따위로 소리 나는 것을 종종 발견할 수 있는데, 이것들을 인정하지 않겠다는 것이 제9항의 원칙이다. 제시된 '-한 사람'의 의미를 지닌 '-내기'와 '냄비', '동댕이치다'는 예외로 처리한다.

[붙임 1] 다음 단어는 'ㅣ' 역행 동화가 일어나지 아니한 형태를 표준어로 삼는다.(ㄱ을 표준어로 삼고, ㄴ을 버림.)

ㄱ	ㄴ	비 고
아지랑이	아지랭이	

이 '아지랑이'라는 말은 참 굴절이 많은 단어라는 생각이다. 예전에 고등학교 국어 교과서에 이수복 시인의 '봄비'가 실려 있었다. '이 비 그치면 / 내 마음 강나루 긴 언덕에 / 서러운 풀빛이 짙어 오것다'로 시작하는 이 시의 마지막은 '님 앞에 / 타오르는 향연과 같이 / 땅에선 아지랑이 또 타오르것다'로 기억한다. 마지막 구절의 '아지랭이'는 'ㅣ'모음 역행동화를 대표하는 어휘에 속하며 '아지랑이'는 틀린 말이라고 배웠던 기억이 있다. 그런데, 지금은 다시 '아지랑이'가 맞는 말로 되었다.

[붙임 2] 기술자에게는 '-장이', 그 외에는 '-쟁이'가 붙는 형태를 표준어로 삼는다.(ㄱ을 표준어로 삼고, ㄴ을 버림.)

ㄱ	ㄴ	비　　고
미장이	미쟁이	
유기장이	유기쟁이	
멋쟁이	멋장이	
소금쟁이	소금장이	
담쟁이-덩굴	담장이-덩굴	
골목쟁이	골목장이	
발목쟁이	발목장이	

[붙임 2]의 경우 역시 단순하게 생각하는 것이 오히려 맞는 어휘를 쉽게 가려낼 수 있는 방법이다. 익숙하게 기술을 연마하기 위하여 오랜 기간 노력을 기울인 사람들 뒤에는 장인匠人의 의미를 덧붙여 '-장이'를, 그렇지 않고 습관적으로 버릇처럼 그 행위를 반복하는 사람에게는 '-쟁이'를 붙인다고 생각하면 된다.

제10항 다음 단어는 모음이 단순화한 형태를 표준어로 삼는다.(ㄱ을 표준어로
삼고, ㄴ을 버림.)

ㄱ	ㄴ	비　고
피곽 – 하다	피팍 – 하다/피팩 – 하다	
– 구먼	– 구면	
미루 – 나무	미류 – 나무	←美柳 ~.
미륵	미력	←彌勒. ~ 보살, ~불, 돌~.
여느	여늬	
온 – 달	왼 – 달	만 한 달.
으레	으례	
케케 – 묵다	켸켸 – 묵다	
허우대	허위대	
허우적 – 허우적	허위적 – 허위적	허우적 – 거리다.

　10항에서 다루고 있는 내용은 결국 이중모음이 단순모음으로 바뀌어 가
는 현상과 관련한 것이다.

　동요에서도 보이는 '미루나무'는 어원적으로 '미류美柳나무'에서 온 것이
다. 그러나 어원을 전혀 의식하지 않고 발음 역시 '루'로 통일된 현실을
인정한 예에 속한다.

　'으레'는 발음에서는 거의 통일되어 가는 느낌을 주지만, 표기에서는 아
직 '으례'로 쓰는 경우들을 볼 수 있다. '으레'는 그 형성 과정이 복잡한 편
이다. 한자어 '의례依例'가 먼저 '으례'로 바뀌고 그 다음에 다시 '으레'로
바뀌는 과정을 겪은 말이다. 현실 발음에서 단모음화된 것을 인정한 것이
므로 틀리지 않게 조심해야 할 말이다.

　'케케묵다' 역시 자신이 소리 내는 것과는 다르게 '켸켸묵다'로 표기하는
것을 쉽게 발견할 수 있는 예이다. 물론 이 부분은 맞춤법이 아니라서 혹

여 발음상으로만 그렇게 변한 것이라 생각하는 사람이 있을 수도 있다. 기우에 불과하겠지만, 다시 언급해 두자면 여기에 나온 모든 어휘들은 쓰기에도 그대로 적용되는 예들이다.

제11항 다음 단어에서는 모음의 발음 변화를 인정하여, 발음이 바뀌어 굳어진 형태를 표준어로 삼는다.(ㄱ을 표준어로 삼고, ㄴ을 버림.)

ㄱ	ㄴ	비　　고
- 구려	- 구료	
깍쟁이	깍정이	1. 서울 ~, 알~, 찰~.
		2. 도토리, 상수리 등의 받침은 '깍정이'임.
나무라다	나무래다	
미수	미시	미숫 - 가루.
바라다	바래다	'바램[所望]'은 비표준어임.
상추	상치	~쌈.
시러베 - 아들	실업의 - 아들	
주책	주착	←主着. ~망나니, ~없다.
지루 - 하다	지리 - 하다	←支離.
튀기	트기	
허드레	허드래	허드렛 - 물, 허드렛 - 일.
호루라기	호루루기	

혼히들 사용하는 '시러베아들' 혹은 '시러베자식'은 '실實없는 농담, 실없는 사람' 따위에서 보이는 '실없다'와 관련된 말이다. 비속어에 속하는 말로 '실없는 사람'을 더 낮추어 이르는 말이다. 어원보다는 현실 발음을 중시한 것이다. 현실적으로 이 단어는 원래의 뜻에서 점차 멀어지고 있다.

'튀기'는 '서로 종種이 다른 동물 사이에서 태어난 새끼'라는 의미를 갖는 말이다. 대표적인 동물로 암말과 수나귀 사이에서 태어난 노새가 있다.

　제12항은 '위, 아래'를 구분할 수 있는 모든 말 앞에서는 '윗'으로 통일
해서 쓴다는 원칙을 제시하고 있다. 그런데 된소리나 거센소리 앞에서는
'위'로 써야 한다는 예외적 규정에 주목해야 한다.

　다른 단어와 결합할 때, '위'를 '윗'으로 쓰는 이유는 명사 '위'를 기본으
로 설정하여 사잇소리가 개재되었음을 보이는 것이다. 즉, 뒷말의 첫소리
가 된소리로 나는 경우에 사잇소리를 넣을 수 있다는 맞춤법 30항의 원칙

이 적용된 규정이다. 특이한 것은 흡사 '윗'이 원칙이고 '위'가 예외인 것
처럼 기술되었다는 점인데 이 점은 전자의 예가 통상적으로 더욱 많이 발
견된다는 사실에서 비롯된 것이라고 이해할 수 있다.

　간혹, 우리 주변에서 '웃마을, 웃목, 웃집' 따위의 말들을 들을 수가 있
는데, 이것들은 12항의 원칙에 의해 비표준어가 된다. 이 말들은 모두 아
래, 위의 대립이 있는 어휘이기 때문이다. 곧, '아랫마을', '아랫목', '아랫
집' 따위의 대립어들이 존재하므로 모두 '윗마을', '윗목', '윗집'으로 써야
한다.

다만 1. 된소리나 거센소리 앞에서는 '위 -'로 한다.(ㄱ을 표준어로 삼고, ㄴ을 버
림.)

ㄱ	ㄴ	비　고
위 - 짝	웃 - 짝	
위 - 쪽	웃 - 쪽	
위 - 채	웃 - 채	
위 - 층	웃 - 층	
위 - 치마	웃 - 치마	
위 - 턱	웃 - 턱	～ 구름〔上層雲〕.
위 - 팔	웃 - 팔	

　[다만 1]의 규정은 사잇소리에 관련된 내용을 이해하고 있으면 쉽게 이
해할 수 있다. 어원적으로 이미 된소리이거나, 혹은 거센소리인 경우에는
어떤 말과 결합해도 된소리화가 일어날 수가 없다. 결국 제12항의 내용은
사잇소리 규정과 관련지어 설명할 수 있다.

[다만 2]에서 제시된 말들은 모두 위, 아래의 대립이 없는 말들이다. 이
경우에는 '웃–'으로 발음되는 형태가 표준어에 속한다는 것이다. 제시된
예들 중에서 '웃옷'에 대하여 이의를 제기하는 예가 있는데 이때 '웃옷'은
두루마기처럼 바깥에 걸쳐 입는 옷들을 의미하는 것이므로 양복 한 벌에
서 바지와 윗옷으로 구분되는 경우와 차별적인 예에 해당한다.

---

54) '웃국'은 '간장이나 술을 담가서 익힌 후, 처음으로 떠낸 진한 국' 혹은 '솥이나 그릇에
담긴 국의 웃물'을 뜻하는 말이다.
55) 아직 우기(雨氣)는 있지만 한창 내리다가 그친 비.

ㄱ	ㄴ	비 고
경인구(警人句)	경인귀	
난구(難句)	난귀	
단구(短句)	단귀	
단명구(短命句)	단명귀	
대구(對句)	대귀	~법(對句法).
문구(文句)	문귀	
성구(成句)	성귀	~어(成句語).
시구(詩句)	시귀	
어구(語句)	어귀	
연구(聯句)	연귀	
인용구(引用句)	인용귀	
절구(絕句)	절귀	

다만, 다음 단어는 '귀'로 발음되는 형태를 표준어로 삼는다.(ㄱ을 표준어로 삼고, ㄴ을 버림.)

ㄱ	ㄴ	비 고
귀-글[56]	구-글	
글-귀	글-구	

한자어인 '구句'를 '구, 귀'로 뒤섞어 쓰던 혼란을 피하기 위해 '구'로 통일한 것이다. 크게 문제된 것은 없지만 '시구詩句'라고 써놓고 나선 왠지 어색하다는 느낌을 많이 받는다는 말을 많이 듣게 된다. 이게 맞느냐, 그렇지 않으면 '싯구, 싯귀'가 맞느냐라는 질문이 뒤를 잇는다.

이 경우는 맞춤법의 사잇소리 관련 규정과 이 13항의 원칙을 함께 들어 설명해야 할 질문이다. 곧 사잇소리에서 예외로 규정되어 있는 두음절의

---

56) 한시(漢詩) 등에서 두 마디가 한 덩이가 되도록 지은 글을 이르는 말이다. 이때 이루어진 덩이를 '구(句)'라고 하고 각 마디를 짝이라고 한다. 흔히 앞마디를 안짝, 뒷마디를 바깥짝이라 한다.

한자어에 '싯구'는 없으므로 'ㅅ'을 쓸 수 없고, 아울러 '구句'는 '귀'로 읽는 것을 인정하지 않으므로 '시구'라고 써야 옳다고 설명할 수 있다.

한편, '句'의 원래 훈과 음이 '글귀 구'이므로 '글귀'는 예외로 인정한다. 그리고 '구문句文'과 같은 뜻으로 쓰이는 '귀글' 역시 예외로 인정한다.

③ 제3절 준말

준말은 주로 음운론적인 현상 즉 발음상의 변화가 주요인이 된다. 음절 하나가 완전히 탈락하여 새로운 형태를 구성하는 경우는 매우 드문 예인데 이러한 경우에는 원인을 정확하게 밝혀내기도 어려운 것이 대부분이다. 지역 방언간의 차이로 인하여 단어의 형태가 차이를 보이는 경우에는 음절 탈락이 일어나는 예들도 찾아 볼 수 있기는 하지만 이렇게 형성된 단어들은 표준어로 인정하지 않는 것이 일반적이다.

제14항의 경우는 오히려 준말을 표준어로 인정하는 경우인데, 이 경우들은 대부분 모음 충돌이 원인이 되어 음절 축약이 일어나거나 '무우'의 경우처럼 동일 모음이 탈락하는 경우 등이 주요 원인이 된다. 그리고 '뱀/배암'처럼 오히려 본말이 단어의 원형으로 인정하기 어려운 경우도 있다.

한편 제15항은 음절 탈락에 따른 준말의 형성 예들을 주로 보이고 있다. 그런데 이 경우는 그 쓰임이 극히 제한적일 뿐 아니라 일상의 쓰임과도 괴리가 많아 준말을 표준어로 인정하지 않는다. 특별한 원칙들은 보이지 않고 다만 본말에서 음절 하나 정도가 탈락되어 사용되고 있는데 특히 '경황없다'가 '경없다'로 줄여진 예에서 볼 수 있듯이 원뜻을 헤아리기 어렵다는 문제를 안고 있다.

15항의 [붙임]에서 언급하고 있는 '알로'의 경우는 실제 영남 지역 방언으로 널리 쓰이는 말이지만 [ㅐ] 탈락의 원인을 확인하기 어렵다. 이 경우는 또한 서울말에도 해당되지 않으므로 준말의 형태는 인정되지 않는다.

제14항 준말이 널리 쓰이고 본말이 잘 쓰이지 않는 경우에는, 준말만을 표준어로 삼는다.(ㄱ을 표준어로 삼고, ㄴ을 버림.)

ㄱ	ㄴ	비　　고
귀찮다[57]	귀치 않다	
김	기음	~ 매다.
똬리[58]	또아리	
무	무우	~강즙, ~말랭이, ~생채, 가랑~, 갓~, 왜~, 총각~.
미다	무이다	1. 털이 빠져 살이 드러나다. 2. 찢어지다.
뱀	배암	
뱀 – 장어	배암 – 장어	
빔	비음	설~, 생일~.
샘	새암	~바르다, ~바리.
생 – 쥐	새앙 – 쥐	
솔개	소리개	
온 – 갖	온 – 가지	
장사 – 치	장사 – 아치	

제15항 준말이 쓰이고 있더라도, 본말이 널리 쓰이고 있으면 본말을 표준어로 삼는다.(ㄱ을 표준어로 삼고, ㄴ을 버림.)

ㄱ	ㄴ	비　　고
경황 – 없다	경 – 없다	
궁상 – 떨다	궁 – 떨다	
귀이 – 개	귀 – 개	
낌새	낌	
낙인 – 찍다	낙 – 하다/낙 – 치다	

ㄱ	ㄴ	비 고
내왕-꾼	냉-꾼	
돗-자리	돗	
뒤웅-박59)	뒹-박	
뒷물-대야	뒷-대야	
마구-잡이	막-잡이	
맵자-하다	맵자다	모양이 제격에 어울리다.
모이	모	
벽-돌	벽	
부스럼	부럼	정월 보름에 쓰는 '부럼'은 표준어임.
살얼음-판	살-판	
수두룩-하다	수둑-하다	
암-죽60)	암	
어음	엄	
일구다	일다	
죽-살이61)	죽-살	
퇴박-맞다62)	퇴-맞다	
한통-치다63)	통-치다	

[붙임] 다음과 같이 명사에 조사가 붙은 경우에도 이 원칙을 적용한다.(ㄱ을 표
준어로 삼고, ㄴ을 버림.)

ㄱ	ㄴ	비 고
아래-로	알-로	

제16항 준말과 본말이 다 같이 널리 쓰이면서 준말의 효용이 뚜렷이 인정되는
것은, 두 가지를 다 표준어로 삼는다.(ㄱ은 본말이며, ㄴ은 준말임.)

---

57) 이 경우는 준말이 된 것과 동시에 어원에서 멀어진 경우에 해당하는 것으로 볼 수 있다.
　　본래 이 단어는 '귀(貴)하지 않다'는 말에서 유래한 것인데 지금은 원래와는 동떨어진 의
　　미로 사용되기 때문이다.

58) <표준국어대사전>의 정의에 따르면 '똬리'는 '짐을 머리에 일 때, 머리에 받치는 고리
　　모양의 물건'을 말하거나 '둥글게 빙빙 틀어 놓은 것 혹은 그런 모양'을 의미한다. 전자
　　는 그대로 받아들일 수 있지만, 후자의 경우는 아직도 다수의 사람들이 '뱀이 똬리를 틀
　　고 있다.'는 말보다는 '또아리를 틀고'라는 표현에 익숙하다. 그러므로 이 경우는 어형의
　　통일을 위해 현실 언어의 사용과는 동떨어진 선정이라는 평가를 받게 된다.

ㄱ	ㄴ	비 고
거짓-부리	거짓-불	작은말은 '가짓부리, 가짓불'임.
노을	놀	저녁~.
막대기	막대	
망태기	망태	
머무르다	머물다	모음 어미가 연결될 때에는 준말
서두르다	서둘다	의 활용형을 인정하지 않음.
서투르다	서툴다	
석새-삼베	석새-베	
시-누이	시-뉘/시-누	
오-누이	오-위/오-누	
외우다	외다	외우며, 외워 : 외며, 외어.
이기죽-거리다	이죽-거리다	
찌꺼기	찌기	'찌꺽지'는 비표준어임.

④ 제4절 단수 표준어

제17항 비슷한 발음의 몇 형태가 쓰일 경우, 그 의미에 아무런 차이가 없고, 그
중 하나가 더 널리 쓰이면, 그 한 형태만을 표준어로 삼는다.(ㄱ을 표준
어로 삼고, ㄴ을 버림.)

ㄱ	ㄴ	비 고
거든-그리다	거둥-그리다	1. 거든하게 거두어 싸다. 2. 작은말은 '가든-그리다'임.
구어-박다	구워-박다	사람이 한 군데에서만 지내다.

---

59) 박을 반으로 쪼개지 않고 꼭지 부분만을 도려낸 후 속을 파내고 만든 바가지. 말려서 씨
  따위를 넣어두는 데 쓰며 보통 구멍 근처에 끈을 매달아 둔다. 속담 중에 '여편네 팔자
  는 뒤웅박 팔자'라는 말은 과거 우리 여인네들의 운명이 결국은 남정네에게 매여 있다는
  것을 의미한다.

60) 곡식이나 밤 가루로 묽게 쑨 죽을 이르는 말이다. 아기에게 젖 대신 먹이기도 한다.

61) '죽다', '살다'의 어간과 접미사 '-이'가 결합하여 이루어진 말로 '생사(生死)'를 의미한다.

62) 상대방에게 거절이나 물리침을 당하다는 뜻의 말이다. 흔히 사용하는 '퇴짜를 맞다'와
  같은 말로 쓰인다.

63) 나누지 않고 한곳으로 모은다는 의미의 말이다.

ㄱ	ㄴ	비 고
귀 – 고리	귀엣 – 고리	
귀 – 띔	귀 – 팀	
귀 – 지	귀에 – 지	
까딱 – 하면	까땍 – 하면	
꼭두 – 각시	꼭둑 – 각시	
내색	나색	감정이 나타나는 얼굴빛.
내숭 – 스럽다	내흉 – 스럽다	
냠냠 – 거리다	얌냠 – 거리다	냠냠 – 하다.
냠냠 – 이	얌냠 – 이	
너[四]	네	~ 돈, ~ 말~, ~ 발, ~ 푼.
넉[四]	너/네	냥, ~ 되, ~ 섬, ~ 자.
다다르다	다닫다	
댑 – 싸리	대 – 싸리	
더부룩 – 하다	더뿌룩 – 하다/듬뿌룩 – 하다	
– 던	– 든	선택, 무관의 뜻을 나타내는 어미는 '– 든'임. 가 – 든(지) 말 – 든(지), 보 – 든 (가) 말 – 든(가).
– 던가	– 든가	
– 던걸	– 든걸	
– 던고	– 든고	
– 던데	– 든데	
– 던지	– 든지	
– (으)려고	– (으)ㄹ려고/ – (으)ㄹ라고	
– (으)려야	– (으)ㄹ려야/ – (으)ㄹ래야	
망가 – 뜨리다	망그 – 뜨리다	
멸치	며루치/메리치	
반빗 – 아치	반비 – 아치	'반빗' 노릇을 하는 사람. 찬비 (饌婢). '반비'는 밥짓는 일을 맡은 계집종.
보습64)	보십/보섭	
본새	뽄새	
봉숭아	봉숭화	'봉선화'도 표준어임.
뺨 – 따귀	뺨 – 따귀/뺨 – 따구니	'뺨'의 비속어임.
뻐개다[斫]	뻐기다	두 조각으로 가르다.
뻐기다[誇]	뻐개다	뽐내다.
사자 – 탈	사지 – 탈	

ㄱ	ㄴ	비 고
상 – 판대기(65)	쌍 – 판대기	
서[三]	세/석	
석[三]	세	
설령(設令)	서령	
– 습니다	– 읍니다	
시름 – 시름	시늠 – 시늠	
씀벅 – 씀벅	썸벅 – 썸벅	
아궁이	아궁지	
아내	안해	
어 – 중간	어지 – 중간	
오금 – 팽이(66)	오금 – 탱이	
오래 – 오래	도래 – 도래	돼지 부르는 소리.
– 올시다	– 올습니다	
옹골 – 차다	공골 – 차다	
우두커니	우두머니	작은말은 '오도카니'임.
잠 – 투정	잠 – 투세/잠 – 주정	
재봉 – 틀	자봉 – 틀	발~, 손~.
짓 – 무르다	짓 – 물다	
짚 – 북데기(67)	짚 – 북세기	'짚북더기'도 비표준어임.
쪽	짝	편(便). 이~, 그~, 저~.
		다만, '아무 – 짝'은 '짝'임.
		'천정부지(天井不知)'는 '천정'임.
천장(天障)	천정	
코 – 맹맹이	코 – 맹녕이	
흉 – 업다	흉 – 헙다	

---

64) 논이나 밭 등의 땅을 갈아엎는 데 쓰는 삽 모양의 쇠로 된 농기구. 쟁기나 극젱이에 끼워 맞춰 쓴다.

65) 이 예를 '상판때기'로 적고, '상판-때기'로 분석한다고 생각할 수도 있으나, 고시본대로 둔다.

66) 구불어진 물건에서 오목하게 굽은 안쪽.

67) 짚이 마구 뒤섞여 엉클어진 뭉텅이.

⑤ 복수 표준어

제18항 다음 단어는 ㄱ을 원칙으로 하고, ㄴ도 허용한다.

ㄱ	ㄴ	비 고
네	예	
쇠-	소-	-가죽, -고기, -기름, -머리, -뼈.
괴다	고이다	물이 ~, 밑을 ~.
꾀다	꼬이다	어린애를 ~, 벌레가 ~.
쐬다	쏘이다	바람을 ~.
죄다	조이다	나사를 ~.
쬐다	쪼이다	볕을 ~.

제19항 어감의 차이를 나타내는 단어 또는 발음이 비슷한 단어들이 다 같이 널리 쓰이는 경우에는, 그 모두를 표준어로 삼는다.(ㄱ, ㄴ을 모두 표준어로 삼음.)

ㄱ	ㄴ	비 고
거슴츠레-하다	게슴츠레-하다	
고까	꼬까	~신, ~옷.
고린-내	코린-내	
교기(驕氣)	갸기	교만한 태도.
구린-내	쿠린-내	
꺼림-하다	께름-하다	
나부랭이	너부렁이	

3) 제3장 어휘 선택의 변화에 따른 표준어 규정

3장에서는 결과적으로 사람들이 쓰지 않아서 없어지게 된 단어들이나, 나름대로 어휘끼리의 경쟁에서 밀려나게 된 어휘들을 표준어에서 제외시킨다는 것을 대전제로 삼는다.

앞서도 언급한 것처럼, 어휘들을 여러 가지 방향으로 변하게 된다. 소리의 변화 때문에 어휘의 발음이 달라지는 경우도 있고, 그런가 하면 대등하게 쓰이던 단어들이 어느 순간부터 한 쪽만이 일방적으로 쓰이게 되어 상대 어휘가 소멸되는 경우도 있다. 그런가 하면 방언에서 유입된 어휘가 그에 해당하는 적절한 어휘가 표준어에 없어서 그대로 표준어로 자리하게 되기도 한다.

3장에서는 고어와 한자와 방언으로 구분하여 이러한 변화들을 표준어 규정에서 수용하고 있음을 보이고 있다.

① 제1절 고어

제20항 사어(死語)가 되어 쓰이지 않게 된 단어는 고어로 처리하고, 현재 널리 사용되는 단어를 표준어로 삼는다.(ㄱ을 표준어로 삼고, ㄴ을 버림.)

ㄱ	ㄴ	비 고
난봉	봉	
낭떠러지	낭	
설거지 - 하다	설겆다	
애달프다	애닲다	
오동 - 나무	머귀 - 나무	
자두	오얏	

② 제2절 한자어

2절에서는 한자어와 관련된 표준어 규정을 보이고 있다. 이때 한자어 계열, 고유어 계열 따위의 말이 보이는데, 예들을 살피다 보면 우리말과 한자말이 섞여서 이루어진 말들이 그 대상임을 확인할 수 있다. 2절에서 도 역시 두루 쓰이는 말을 표준어로 삼는다는 원칙에 충실하고자 한 시도 가 엿보인다. 각 항에서 제시하는 것을 잘 읽는 것으로 쉽게 이해할 수 있 는 내용들이다.

제21항 고유어 계열의 단어가 널리 쓰이고 그에 대응되는 한자어 계열의 단어
가 용도를 잃게 된 것은, 고유어 계열의 단어만을 표준어로 삼는다.(ㄱ
을 표준어로 삼고, ㄴ을 버림.)

ㄱ	ㄴ	비 고
가루 - 약	말 - 약	
구들 - 장	방 - 돌	
길품 - 삯	보행 - 삯	
까막 - 눈	맹 - 눈	
꼭지 - 미역68)	총각 - 미역	
나뭇 - 갓69)	시장 - 갓	
늙 - 다리	노닥다리	
두껍 - 닫이70)	두껍 - 창	
떡 - 암죽71)	병 - 암죽	
마른 - 갈이72)	건 - 갈이	
마른 - 빨래	건 - 빨래	
메 - 찰떡	반 - 찰떡	
박달 - 나무	배달 - 나무	
밥 - 소라	식 - 소라	큰 놋그릇.
사래 - 논	사래 - 답	묘지기나 마름이 부쳐 먹는 땅.
사래 - 밭	사래 - 전	
삯 - 말	삯 - 마	
성냥	화곽	
솟을 - 무늬73)	솟을 - 문(~紋)	
외 - 지다	벽 - 지다	
움 - 파74)	동 - 파	
잎 - 담배	잎 - 초	
잔 - 돈	잔 - 전	
조 - 당수75)	조 - 당죽	

68) 한 줌안에 들어올 만큼을 모아서 잡아맨 미역.

69) 나무를 함부로 베지 못하도록 단속하는 땅이나 산.

70) 미닫이의 문짝이 열렸을 때, 옆벽에 들어가 보이지 않도록 만든 것.

71) 멥쌀 가루로 만든 시루떡인 흰무리를 말린 다음, 빻아서 만든 죽.

72) 물을 넣지 않은 채로 마른 논을 가는 일.

73) 천 종류에 조금 도드라지게 놓은 무늬.

74) 겨울에 움 속에서 자라난, 누런빛의 파.

75) 물에 불린 좁쌀을 갈아서 묽게 쑨 음식.

ㄱ	ㄴ	비 고
죽데기[76)	피-죽	'죽더기'도 비표준어임.
지겟-다리	목-발	지게 동발의 양쪽 다리.
짐-꾼	부지-군(負持-)	
푼-돈	분-전/푼-전	
흰-말	백-말/부루-말	'백마'는 표준어임.
흰-죽	백-죽	

제21항 고유어 계열의 단어가 생명력을 잃고 그에 대응되는 한자어 계열의 단어가 널리 쓰이면, 한자어 계열의 단어를 표준어로 삼는다.(ㄱ을 표준어로 삼고, ㄴ을 버림.)

ㄱ	ㄴ	비 고
개다리-소반[77)	개다리-밥상	
겸-상	맞-상	
고봉-밥[78)	높은-밥	
단-벌	홑-벌	
마방-집[79)	마바리-집	馬房~.
민망-스럽다/면구-스럽다	민주-스럽다	
방-고래[80)	구들-고래	
부항-단지	뜸-단지	
산-누에	멧-누에	
산-줄기	멧-줄기/멧-발	
수-삼	무-삼	
심-돋우개[81)	불-돋우개	
양-파	둥근-파	
어질-병	어질-머리	
윤-달	군-달	

---

76) 통나무 표면에서 잘라낸 널조각. 주로 땔감으로 쓴다.

77) 상다리 모양이 개다리처럼 휜, 아무렇게나 만든 상.

78) 한자어 '高捧'과 '밥'이 합쳐진 형태로, 그릇에 수북하게 담은 밥이란 뜻이다.

79) 말을 두고 삯짐을 실어주는 일을 업으로 하는 집.

80) 구들장 밑으로 나 있는, 불길과 연기가 통하여 나가는 길.

81) 등잔의 심지를 돋우는 쇠꼬챙이.

ㄱ	ㄴ	비 고
장력-세다 제석82) 총각-무 칫-솔 포수	장성-세다 젯-돗 알-무/알타리-무 잇-솔 총-댕이	

③ 제3절 방언

제23항 방언이던 단어가 표준어보다 더 널리 쓰이게 된 것은, 그것을 표준어로 삼는다. 이 경우, 원래의 표준어는 그대로 표준어로 남겨 두는 것을 원칙으로 한다.(ㄱ을 표준어로 삼고, ㄴ도 표준어로 남겨 둠.)

ㄱ	ㄴ	비 고
멍게 물-방개 애-순	우렁쉥이 선두리 어린-순	

제24항 방언이던 단어가 널리 쓰이게 됨에 따라 표준어이던 단어가 안 쓰이게 된 것은, 방언이던 단어를 표준어로 삼는다.(ㄱ을 표준어로 삼고, ㄴ을 버림.)

ㄱ	ㄴ	비 고
귀밑-머리 까-뭉개다 막상 빈대-떡 생인-손 역-겹다 코-주부	귓-머리 까-무느다 마기 빈자-떡 생안-손 역-스럽다 코-보	 준말은 '생-손'임.

---

82) 제사 지낼 때 까는 자리. 祭席.

④ 제4절 단수 표준어

제25항 의미가 똑같은 형태가 몇 가지 있을 경우, 그 중 어느 하나가 압도적으로 널리 쓰이면, 그 단어만을 표준어로 삼는다.(ㄱ을 표준어로 삼고, ㄴ을 버림.)

ㄱ	ㄴ	비 고
-게끔	-게시리	
겸사-겸사	겸지-겸지/겸두-겸두	
고구마	참-감자	
고치다	낫우다	병을 ~.
골목-쟁이	골목-자기	
광주리	광우리	
괴통	호구	자루를 박는 부분.
국-물	멀-국/말-국	
군-표	군용-어음	
길-잡이	길-앞잡이	'길라잡이'도 표준어임.
까다롭다	까닭-스럽다/까탈-스럽다	
까치-발	까치-다리	선반 따위를 받치는 물건.
꼬창-모	말뚝-모	꼬창이로 구멍을 뚫으면서 심는 모.
나룻-배	나루	'나루〔津〕'는 표준어임.
납-도리	민-도리	
농-지거리	기롱-지거리	다른 의미의 '기롱지거리'는 표준어임.
다사-스럽다	다사-하다	간섭을 잘 하다.
다오	다구	이리 ~.
담배-꽁초	담배-꼬투리/담배-꽁치/담배-꽁추	
담배-설대	대-설대	
대장-일	성냥-일	
뒤져-내다	뒤어-내다	
뒤통수-치다	뒤꼭지-치다	
등-나무	등-칡	
등-때기	등-떠리	'등'의 낮은 말.
등잔-걸이	등경-걸이	
떡-보	떡-충이	
똑딱-단추	딸꼭-단추	
매-만지다	우미다	

ㄱ	ㄴ	비 고
먼 - 발치	먼 - 발치기	
며느리 - 발톱	뒷 - 발톱	
명주 - 붙이	주 - 사니	
목 - 메다	목 - 맺히다	
밀짚 - 모자	보릿짚 - 모자	
바가지	열 - 바가지/열 - 박	
바람 - 꼭지	바람 - 고다리	튜브의 바람을 넣는 구멍에 붙은, 쇠로 만든 꼭지.
반 - 나절	나절 - 가웃	
반두	독대	그물의 한 가지.
버젓 - 이	뉘연 - 히	
본 - 받다	법 - 받다	
부각	다시마 - 자반	
부끄러워 - 하다	부끄리다	
부스러기	부스럭지	
부지깽이	부지팽이	
부항 - 단지	부항 - 항아리	부스럼에서 피고름을 빨아 내기 위하여 부항을 붙이는 데 쓰는, 자그마한 단지.
붉으락 - 푸르락	푸르락 - 붉으락	
비켜 - 덩이	옆 - 사리미	김맬 때에 흙덩이를 옆으로 빼내는 일, 또는 그 흙덩이.
빙충 - 이	빙충 - 맞이	작은말은 '뱅충이'.
빠 - 뜨리다	빠 - 치다	'빠트리다'도 표준어임.
뻣뻣 - 하다	왜긋다	
뽐 - 내다	,느물다	
사로 - 잠그다	사로 - 채우다	자물쇠나 빗장 따위를 반 정도만 걸어 놓다.
살 - 풀이	살 - 막이	
상투 - 쟁이	상투 - 꼬부랑이	상투 튼 이를 놀리는 말.
새앙 - 손이	생강 - 손이	
샛 - 별	새벽 - 별	
선 - 머슴	풋 - 머슴	
섭섭 - 하다	애운 - 하다	
속 - 말	속 - 소리	국악 용어 '속소리'는 표준어임.
손목 - 시계	팔목 - 계/팔뚝 - 시계	
손 - 수레	손 - 구루마	'구루마'는 일본어임.
쇠 - 고랑	고랑 - 쇠	
수도 - 꼭지	수도 - 고동	
숙성 - 하다	숙 - 지다	

ㄱ	ㄴ	비 고
순대	골집	
술-고래	술-꾸러기/술-부대/ 술-보/술-푸대	
식은-땀	찬-땀	
신기-롭다	신기-스럽다	'신기하다'도 표준어임.
쌍동-밤	쪽-밤	
쏜살-같이	쏜살-로	
아주	영판	
안-걸이	안-낚시	씨름 용어.
안다미-씌우다	안다미-시키다	제가 담당할 책임을 남에게 넘기다.
안쓰럽다	안-슬프다	
안절부절-못하다	안절부절-하다	
앉은뱅이-저울	앉은-저울	
알-사탕	구슬-사탕	
암-내	곁땀-내	
앞-지르다	따라-먹다	
애-벌레	어린-벌레	
얕은-꾀	물탄-꾀	
언뜻	펀뜻	
언제나	노다지	
얼룩-말	워라-말	
-에는	-엘랑	
열심-히	열심-로	
입-담	말-담	
자배기	너벅지	
전봇-대	전선-대	
주책-없다	주책-이다	'주착→주책'은 제11항 참조.
쥐락-펴락	펴락-쥐락	
-지만	-지만서도	← -지마는.
짓고-땡	지어-땡/짓고-땡이	
짧은-작	짜른-작	
찹-쌀	이-찹쌀	
청대-콩	푸른-콩	
칡-범	갈-범	

⑤ 제5절 복수 표준어

제26항 한 가지 의미를 나타내는 형태 몇 가지가 널리 쓰이며 표준어 규정에 맞으면, 그 모두를 표준어로 삼는다.

복수 표준어	비　　고
가는 – 허리/잔 – 허리	
가락 – 엿/가래 – 엿	
가뭄/가물	
가엾다/가엽다	가엾어/가여워, 가엾은/가여운.
감감 – 무소식/감감 – 소식	
개수 – 통/설거지 – 통	'설겆다'는 '설거지 – 하다'로.
개숫 – 물/설거지 – 물	
갱 – 엿/검은 – 엿	
– 거리다/– 대다	가물 –, 출렁 –.
거위 – 배/횟 – 배	
것/해	내 ~, 네 ~, 뉘 ~.
게을러 – 빠지다/게을러 – 터지다	
고깃 – 간/푸줏 – 간	'고깃 – 관, 푸줏 – 관, 다림 – 방'은 비표준어임.
곰곰/곰곰 – 이	
관계 – 없다/상관 – 없다	
교정 – 보다/준 – 보다	
구들 – 재/구재	
귀퉁 – 머리/귀퉁 – 배기	'귀퉁이'의 비어임.
극성 – 떨다/극성 – 부리다	
기세 – 부리다/기세 – 피우다	
기승 – 떨다/기승 – 부리다	
깃 – 저고리/배내 – 옷/배냇 – 저고리	
꼬까/때때/고까	~신, ~옷.
꼬리 – 별/살 – 별	
꽃 – 도미/붉 – 돔	
나귀/당 – 나귀	
날 – 걸/세 – 뿔	윷판의 쨀밭 다음의 셋째 밭.
내리 – 글씨/세로 – 글씨	
넝쿨/덩굴	'덩쿨'은 비표준어임.
녘/쪽	동~, 서~.
눈 – 대중/눈 – 어림/눈 – 짐작	
느리 – 광이/느림 – 보/늘 – 보	
늦 – 모/마냥 – 모	←만이앙 – 모.

복수 표준어	비 고
다기 - 지다/다기 - 차다	
다달 - 이/매 - 달	
- 다마다/ - 고말고	
다박 - 나룻/다박 - 수염	
닭의 - 장/닭 - 장	
댓 - 돌/툇 - 돌	
덧 - 창/겉 - 창	
독장 - 치다/독판 - 치다	
동자 - 기둥/쪼구미	
돼지 - 감자/뚱딴지	
되우/된통/되게	
두동 - 무니/두동 - 사니	윷놀이에서, 두 동이 한데 어울려 가는 말.
뒷 - 갈망/뒷 - 감당	
뒷 - 말/뒷 - 소리	
들락 - 거리다/들랑 - 거리다	
들락 - 날락/들랑 - 날랑	
딴 - 전/딴 - 청	
땅 - 콩/호 - 콩	
땔 - 감/땔 - 거리	
- 뜨리다/ - 트리다	깨 -, 떨어 -, 쏟 -.
뜬 - 것/뜬 - 귀신	
마룻 - 줄/용총 - 줄	돛대에 매어 놓은 줄.
	'이어줄'은 비표준어임.
마 - 파람/앞 - 바람	
만장 - 판/만장 - 중(滿場中)	
만큼/만치	
말 - 동무/말 - 벗	
매 - 갈이/매 - 조미	
매 - 통/목 - 매	
먹 - 새/먹음 - 새	'먹음 - 먹이'는 비표준어임.
멀찌감치/멀찌가니/멀찍이	
멱통/산 - 멱/산 - 멱통	
면 - 치레/외면 - 치레	
모 - 내다/모 - 심다	모 - 내기, 모 - 심기.
모쪼록/아무쪼록	
목판 - 되/모 - 되	
목화 - 씨/면화 - 씨	
무심 - 결/무심 - 중	

복수 표준어	비　　고
물-봉숭아/물-봉선화	
물-부리/빨-부리	
물-심부름/물-시중	
물추리-나무/물추리-막대	
물-타작/진-타작	
민둥-산/벌거숭이-산	
밑-층/아래-층	
바깥-벽/밭-벽	
바른/오른〔右〕	~손, ~쪽, ~편.
발-모가지/발-목쟁이	'발목'의 비속어임.
버들-강아지/버들-개지	
벌레/버러지	'벌거지, 벌러지'는 비표준어임.
변덕-스럽다/변덕-맞다	
보-조개/볼-우물	
보통-내기/여간-내기/예사-내기	'행-내기'는 비표준어임.
볼-따구니/볼-퉁이/볼-때기	'볼'의 비속어임.
부침개-질/부침-질/지짐-질	'부치개-질'은 비표준어임.
불똥-앉다/등화-지다/등화-앉다	
불-사르다/사르다	
비발/비용(費用)	
뽀두라지/뽀루지	
살-쾡이/삵	삵-피.
삽살-개/삽사리	
상두-꾼/상여-꾼	'상도-꾼, 향도-꾼'은 비표준어임.
상-씨름/소-걸이	
생/새앙/생강	
생-뿔/새앙-뿔/생강-뿔	'쇠뿔'의 형용.
생-철/양-철	1. '서양철'은 비표준어임. 2. '生鐵'은 '무쇠'임.
서럽다/섧다	'설다'는 비표준어임.
서방-질/화냥-질	
성글다/성기다	
-(으)세요/-(으)셔요	
송이/송이-버섯	
수수-깡/수숫-대	
술-안주/안주	
-스레하다/-스름하다	거무-, 발그-.
시늉-말/흉내-말	

복수 표준어	비　고
시새/세사(細少)	
신/신발	
신주 – 보/독보(櫝褓)	
심술 – 꾸러기/심술 – 쟁이	
씁쓰레 – 하다/씁쓰름 – 하다	
아귀 – 세다/아귀 – 차다	
아래 – 위/위 – 아래	
아무튼/어떻든/어쨌든/하여튼/여하튼	
앉음 – 새/앉음 – 앉음	
알은 – 척/알은 – 체	
애 – 갈이/애벌 – 갈이	
애꾸눈 – 이/외눈 – 박이	'외대 – 박이, 외눈 – 퉁이'는 비표준어임.
양념 – 감/양념 – 거리	
어금버금 – 하다/어금지금 – 하다	
어기여차/어여차	
어림 – 잡다/어림 – 치다	
어이 – 없다/어처구니 – 없다	
어저께/어제	
언덕 – 바지/언덕 – 배기	
얼렁 – 뚱땅/엄벙 – 뗑	
여왕 – 벌/장수 – 벌	
여쭈다/여쭙다	
여태/입때	
여태 – 껏/이제 – 껏/입때 – 껏	'여직, 여직 – 껏'은 비표준어임.
역성 – 들다/역성 – 하다	'편역 – 들다'는 비표준어임.
연 – 달다/잇 – 달다	
엿 – 가락/엿 – 가래	
엿 – 기름/엿 – 길금	
엿 – 반대기/엿 – 자박	
오사리 – 잡놈/오색 – 잡놈	'오합 – 잡놈'은 비표준어임.
옥수수/강냉이	~떡, ~묵, ~밥, ~튀김.
왕골 – 기직/왕골 – 자리	
외겹 – 실/외올 – 실/홑 – 실	'홑겹 – 실, 올 – 실'은 비표준어임.
외손 – 잡이/한손 – 잡이	
욕심 – 꾸러기/욕심 – 쟁이	
우레/천둥	우렛 – 소리, 천둥 – 소리.
우지/울 – 보	
을러 – 대다/을러 – 메다	

복수 표준어	비　고
의심 - 스럽다/의심 - 쩍다	
- 이에요/- 이어요	
이틀 - 거리/당 - 고금	학질의 일종임.
일일 - 이/하나 - 하나	
일찌감치/일찌거니	
입찬 - 말/입찬 - 소리	
자리 - 옷/잠 - 옷	
자물 - 쇠/자물 - 통	
장가 - 가다/장가 - 들다	'서방 - 가다'는 비표준어임.
재롱 - 떨다/재롱 - 부리다	
제 - 가끔/제 - 각기	
좀 - 처럼/좀 - 체	'좀 - 체로, 좀 - 해선, 좀 - 해'는 비표준어임.
줄 - 꾼/줄 - 잡이	
중신/중매	
짚 - 단/짚 - 뭇	
쪽/편	오른~, 왼~.
차차/차츰	
책 - 씻이/책 - 거리	
척/체	모르는 ~, 잘난 ~.
천연덕 - 스럽다/천연 - 스럽다	
철 - 따구니/철 - 딱서니/철 - 딱지	'철 - 때기'는 비표준어임.
추어 - 올리다/추어 - 주다	'추켜 - 올리다'는 비표준어임.
축 - 가다/축 - 나다	
침 - 놓다/침 - 주다	
통 - 꼭지/통 - 젖	통에 붙은 손잡이.
파자 - 쟁이/해자 - 쟁이	점치는 이.
편지 - 투/편지 - 틀	
한턱 - 내다/한턱 - 하다	
해웃 - 값/해웃 - 돈	'해우 - 차'는 비표준어임.
혼자 - 되다/홀로 - 되다	
흠 - 가다/흠 - 나다/흠 - 지다	

　이상에서 〈한글 맞춤법〉과 〈표준어 규정〉의 1부인 '표준어 사정 원칙'에 대하여 살펴보았다. 글을 쓰는 것에 대한 관심이 높아지고 있는 가운데 지나치게 내용과 논리에만 관심을 가질 것이 아니라 형식에 대한 관심

도 가져주기를 권하고 싶다. 정확한 어법의 구사는 글 쓴 사람의 얼굴이 될 수도 있기 때문이다.

　우리가 언어를 구사하는 것은 결과적으로 더욱 효율적으로 그리고 더욱 명확하게 자신의 의사를 전달하기 위한 것이 목적이다. 그러나 현실은 그렇지 못해서 언제나 자신의 의사에 반한 결과로 해석되기도 하고 또 작은 실수 하나가 큰 문제가 되어 돌아오기도 한다. 이러한 문제를 해결하기 위한 가장 기본적인 방법 중 하나가 정확한 언어 구사임을 인식하는 것이 필요하다는 생각이다.

참고문헌

강창석(1995), "한글과 한글 표기법 이론의 체계화에 대하여", 〈국어학〉 25. 국어학회.

국립국어연구원(1997), 〈표준 국어 대사전〉, 두산동아.

김민수(1973), 〈국어정책론〉, 고려대학교 출판부.

_____(1987), "국어 표기법 논쟁사", 〈국어생활〉 9, 국어연구소.

김세중(1992), "표준어 규정과 한글 맞춤법의 몇 가지 문제", 〈말과 글〉 51, 한국교열기자회.

김주필(1990), "'표준어 모음'의 심의 경위와 해설", 〈국어생활〉 22, 국어연구소.

김하수(1997), "남북한 통합 맞춤법에 대한 구상", 〈한글 맞춤법, 무엇이 문제인가〉, 태학사.

남태현(1992), 〈실무자를 위한 새 한글맞춤법―띄어쓰기와 교정의 실제〉, 연암출판사.

리의도(1983), "띄어쓰기 방법의 변해온 발자취", 〈한글〉 182, 한글학회.

미승우(1993), 〈새 맞춤법과 교정의 실제〉(증보판), 어문각.

박병학(1995), "맞춤법과 실제 발음", 〈말과글〉 63, 한국교열기자회.

박종갑(1996), "띄어쓰기의 효과적인 방법에 대하여", 〈국어국문학연구〉 24, 영남대 국문과.

박홍길(1994), 〈국어 정서법 연구〉, 태화출판사.

사회과학원 언어학연구소(1971), 〈〈조선말규범집〉해설〉, 사회과학출판사.

서정수(1996), 〈국어문법〉(수정증보판), 한양대학교 출판원.

서정욱(1997), 〈국어 정서법의 이론과 실제〉(수정증보판), 문창사.

신창순·지춘수·이인섭·김중진(1992), 〈국어 표기법의 전개와 검토〉, 한국정신문화연구원.

안병희(1998), "한글 맞춤법의 역사", 〈국어생활〉 13, 국어연구소.

엄태수(2001), "한글 맞춤법의 원리에 대한 검토", 〈시학과 언어학〉 1, 시학과 언어학회.

연규동(1998), 〈통일시대의 한글 맞춤법〉, 도서출판 박이정.

연세대학교 언어정보개발연구원 편(1995), 〈연세 한국어 사전〉, 두산동아.
우형식(1997), 〈국어정서법〉(수정증보판), 부산외대 출판부.
유목상(1988), "'한글 맞춤법' 해설", 〈국어생활〉 13, 국어연구소.
이기문(1983), "한국어 표기법의 변천과 원리", 〈한국어문의 제문제〉, 일지사.
이성구(1996), 〈국어정서법〉, 애플기획.
이은정(1988), 〈개정한 한글 맞춤법・표준어 해설〉, 대제각.
이익섭(1990), "표기법", 〈국어연구 어디까지 왔나〉, 동아출판사.
______(1992), 〈국어표기법 연구〉, 서울대 출판부.
______(1997), "로마자 표기법의 성격", 〈새국어생활〉 7-2, 국립국어연구원.
이희승・안병희(1989). 〈한글맞춤법 강의〉(고친판), 신구문화사.
정희원(2000), "새 로마자 표기법의 특징", 〈새국어생활〉 10-4, 국립국어연구원.
조영희(1988), 〈새 한글맞춤법 띄어쓰기의 이론과 실제〉, 신아출판사.
최병선(1996), "국어 음절간 자음군의 발음 연구", 〈한국학논집〉 28, 한양대 한국학연구
            소.
______(1999), "국어 표기법과 발음 교육", 〈한국어교육〉 14, 한국어문교육학회.
______(2005), 〈좋은글의 시작, 올바른 맞춤법〉, 동광출판사.
최태영(1989), 〈한글맞춤법 강해〉, 숭실대학교 출판부.
한국방송공사(1993), 〈표준 한국어 발음대사전〉, 어문각.
한글학회(1989), 〈한글 맞춤법 통일안(1933~1980)〉, 한글학회.
_______(1992), 〈우리말 큰사전〉, 어문각.
허 웅(1988), "맞춤법・표준말과 국어생활", 〈국어생활〉 13, 국어연구소.

ㄱ

ㄷ

표준 발음법
로마자 표기법

표준 발음법

제1장 총   칙

제1항 표준 발음법은 표준어의 실제 발음을 따르되, 국어의 전통성과 합리
성을 고려하여 정함을 원칙으로 한다.

제2장 자음과 모음

제2항 표준어의 자음은 다음 19개로 한다.

ㄱ ㄲ ㄴ ㄷ ㄸ ㄹ ㅁ ㅂ
ㅃ ㅅ ㅆ ㅇ ㅈ ㅉ ㅊ ㅋ
ㅌ ㅍ ㅎ

제3항 표준어의 모음은 다음 21 개로 한다.

ㅏ ㅐ ㅑ ㅒ ㅓ ㅔ ㅕ ㅖ
ㅗ ㅘ ㅙ ㅚ ㅛ ㅜ ㅝ ㅞ
ㅟ ㅠ ㅡ ㅢ ㅣ

제4항 'ㅏ ㅐ ㅓ ㅔ ㅗ ㅚ ㅜ ㅟ ㅡ ㅣ'는 단모음(單母音)으로 발음한다.
[붙임] 'ㅚ, ㅟ'는 이중 모음으로 발음할 수 있다.

제 5 항 '야 얘 여 예 와 왜 요 워 웨 ㅠ ㅢ'는 이중 모음으로 발음한다.

　다만 1. 용언의 활용형에 나타나는 '져, 쪄, 쳐'는 [저, 쩌, 처]로 발음한다.

　　가지어 → 가져[가저]　　찌어 → 쪄[쩌]　　다치어 → 다쳐[다처]

　다만 2. '예, 례' 이외의 'ㅖ'는 [ㅔ]로도 발음한다.

　　계집[계 : 집/게 : 집]　　　　계시다[계 : 시다/게 : 시다]
　　시계[시계/시게](時計)　　　　연계[연계/연게](連繫)
　　메별[메별/메별](袂別)　　　　개폐[개폐/개페](開閉)
　　혜택[혜 : 택/헤 : 택](惠澤)　　지혜[지혜/지헤](智慧)

　다만 3. 자음을 첫소리로 가지고 있는 음절의 'ㅢ'는 [ㅣ]로 발음한다.

　　닐리리　　닝큼　　무늬　　띄어쓰기　씌어
　　틔어　　　희어　　희떱다　희망　　　유희

　다만 4. 단어의 첫음절 이외의 '의'는 [ㅣ]로, 조사 '의'는 [ㅔ]로 발음함도
허용한다.

　　주의[주의/주이]　　　　　협의[혀븨/혀비]
　　우리의[우리의/우리에]　　강의의[강 : 의의/강 : 이에]

제 3 장　음의 길이

제 6 항　모음의 장단을 구별하여 발음하되, 단어의 첫음절에서만 긴소리가
나타나는 것을 원칙으로 한다.

　(1) 눈보라[눈 : 보라]　　말씨[말 : 씨]　　밤나무[밤 : 나무]
　　　많다[만 : 타]　　　　멀리[멀 : 리]　　벌리다[벌 : 리다]
　(2) 첫눈[천눈]　　　　　참말[참말]　　　쌍동밤[쌍동밤]
　　　수많이[수 : 마니]　　눈멀다[눈멀다]　떠벌리다[떠벌리다]

　다만, 합성어의 경우에는 둘째 음절 이하에서도 분명한 긴소리를 인정한다.

반신반의[반 : 신 바 : 늬/반 : 신 바 : 니]   재삼재사[재 : 삼 재 : 사]

[붙임] 용언의 단음절 어간에 어미 '-아/-어'가 결합되어 한 음절로 축약되는 경우에도 긴소리로 발음한다.

보아→봐[봐 :]   기어→겨[겨 :]   되어→돼[돼 :]
두어→둬[둬 :]   하여→해[해 :]

다만, '오아→와, 지어→져, 찌어→쩌, 치어→쳐' 등은 긴소리로 발음하지 않는다.

제 7 항 긴소리를 가진 음절이라도, 다음과 같은 경우에는 짧게 발음한다.

1. 단음절인 용언 어간에 모음으로 시작된 어미가 결합되는 경우

감다[감 : 따] ― 감으니[가므니]   밟다[밥 : 따] ― 밟으면[발브면]
신다[신 : 따] ― 신어[시너]   알다[알 : 다] ― 알아[아라]

다만, 다음과 같은 경우에는 예외적이다.

끌다[끌 : 다] ― 끌어[끄 : 러]   떫다[떨 : 따] ― 떫은[떨 : 븐]
벌다[벌 : 다] ― 벌어[버 : 러]   썰다[썰 : 다] ― 썰어[써 : 러]
없다[업 : 따] ― 없으니[업 : 쓰니]

2. 용언 어간에 피동, 사동의 접미사가 결합되는 경우

감다[감 : 따] ― 감기다[감기다]   꼬다[꼬 : 다] ― 꼬이다[꼬이다]
밟다[밥 : 따] ― 밟히다[발피다]

다만, 다음과 같은 경우에는 예외적이다.

끌리다[끌 : 리다]   벌리다[벌 : 리다]   없애다[업 : 쌔다]

[붙임] 다음과 같은 복합어[1]에서는 본디의 길이에 관계없이 짧게 발음한다.

밀-물   썰-물   쏜-살-같이[2]   작은-아버지

---

1) 학교 문법 용어에 따른다면 이 '복합어'는 '합성어'가 된다.

제 4 장   받침의 발음

제 8 항   받침소리로는 'ㄱ, ㄴ, ㄷ, ㄹ, ㅁ, ㅂ, ㅇ'의 7개 자음만 발음한다.

제 9 항   받침 'ㄲ, ㅋ', 'ㅅ, ㅆ, ㅈ, ㅊ, ㅌ', 'ㅍ'은 어말 또는 자음 앞에서 각각 대표음 [ㄱ, ㄷ, ㅂ]으로 발음한다.

닭다[닥따]　　키읔[키윽]　　키읔과[키윽꽈]　　옷[옫]
웃다[욷 : 따]　　있다[읻따]　　젖[젇]　　빚다[빋따]
꽃[꼳]　　쫓다[쫀따]　　솥[솓]　　뱉다[밷 : 따]
앞[압]　　덮다[덥따]

제10항   겹받침 'ㄳ', 'ㄵ', 'ㄼ, ㄽ, ㄾ', 'ㅄ'은 어말 또는 자음 앞에서 각각 [ㄱ, ㄴ, ㄹ, ㅂ]으로 발음한다.

넋[넉]　　넋과[넉꽈]　　앉다[안따]　　여덟[여덜]
넓다[널따]　　외곬[외골]　　핥다[할따]　　값[갑]
없다[업 : 따]

다만, '밟-'은 자음 앞에서 [밥]으로 발음하고, '넓-'은 다음과 같은 경우에 [넙]으로 발음한다.

(1) 밟다[밥 : 따]　　밟소[밥 : 쏘]　　밟지[밥 : 찌]
　　밟는[밥 : 는→밤 : 는]　　밟게[밥 : 께]　　밟고[밥 : 꼬]
(2) 넓-죽하다[넙쭈카다]　　넓-둥글다[넙뚱글다]

제11항   겹받침 'ㄺ, ㄻ, ㄿ'은 어말 또는 자음 앞에서 각각 [ㄱ, ㅁ, ㅂ]으로 발음한다.

닭[닥]　　흙과[흑꽈]　　맑다[막따]　　늙지[늑찌]

---

2) 이를 '쏜살같-이'로 분석한다고 생각할 수 있으나, 고시본대로 둔다.

삶[삼 :]　　　　젊대[점 : 때]　　읊고[읍꼬]　　　읊대[읍따]

다만, 용언의 어간 말음 'ㄺ'은 'ㄱ' 앞에서 [ㄹ]로 발음한다.

맑게[말께]　　　묽고[물꼬]　　　얽거나[얼꺼나]

제12항　받침 'ㅎ'의 발음은 다음과 같다.

　　　1. 'ㅎ(ㄶ, ㅀ)' 뒤에 'ㄱ, ㄷ, ㅈ'이 결합되는 경우에는, 뒤 음절 첫소
　　　리와 합쳐서 [ㅋ, ㅌ, ㅊ]으로 발음한다.

　　　놓고[노코]　　　좋던[조 : 턴]　　쌓지[싸치]　　　많고[만 : 코]
　　　않던[안턴]　　　닳지[달치]

[붙임 1] 받침 'ㄱ(ㄺ), ㄷ, ㅂ(ㄼ), ㅈ(ㄵ)'이 뒤 음절 첫소리 'ㅎ'과 결합되
는 경우에도, 역시 두 음을 합쳐서 [ㅋ, ㅌ, ㅍ, ㅊ]으로 발음한다.

　　　각하[가카]　　　　　먹히다[머키다]　　　　밝히다[발키다]
　　　만형[마텽]　　　　　좁히다[조피다]　　　　넓히다[널피다]
　　　꽂히다[꼬치다]　　　앉히다[안치다]

[붙임 2] 규정에 따라 'ㄷ'으로 발음되는 'ㅅ, ㅈ, ㅊ, ㅌ'의 경우에도 이에
준한다.

　　　옷 한 벌[오탄벌]　　　낮 한때[나탄때]　　　꽃 한 송이[꼬탄송이]
　　　숱하다[수타다]

　　　2. 'ㅎ(ㄶ, ㅀ)' 뒤에 'ㅅ'이 결합되는 경우에는, 'ㅅ'을 [ㅆ]으로 발음
　　　한다.

　　　닿소[다쏘]　　　　　많소[만 : 쏘]　　　　싫소[실쏘]

　　　3. 'ㅎ' 뒤에 'ㄴ'이 결합되는 경우에는, [ㄴ]으로 발음한다.

　　　놓는[논는]　　　　　쌓네[싼네]

[붙임] 'ㄶ, ㅀ' 뒤에 'ㄴ'이 결합되는 경우에는, 'ㅎ'을 발음하지 않는다.

않네[안네]   않는[안는]
뚫네[뚤네 → 뚤레]   뚫는[뚤는 → 뚤른]
* '뚫네[뚤네 → 뚤레], 뚫는[뚤는 → 뚤른]'에 대해서는 제20항 참조.

4. 'ㅎ(ㄶ, ㅀ)' 뒤에 모음으로 시작된 어미나 접미사가 결합되는 경
   우에는, 'ㅎ'을 발음하지 않는다.

낳은[나은]   놓아[노아]   쌓이다[싸이다]   많아[마 : 나]
않은[아는]   닳아[다라]   싫어도[시러도]

제13항 홑받침이나 쌍받침이 모음으로 시작된 조사나 어미, 접미사와 결합되
        는 경우에는, 제 음가대로 뒤 음절 첫소리로 옮겨 발음한다.

깎아[까까]   옷이[오시]   있어[이써]   낮이[나지]
꽂아[꼬자]   꽃을[꼬츨]   쫓아[쪼차]   밭에[바테]
앞으로[아프로]   덮이다[더피다]

제14항 겹받침이 모음으로 시작된 조사나 어미, 접미사와 결합되는 경우에
        는, 뒤엣것만을 뒤 음절 첫소리로 옮겨 발음한다(이 경우, 'ㅅ'은 된
        소리로 발음함).

넋이[넉씨]   앉아[안자]   닭을[달글]   젊어[절머]
곬이[골씨]   핥아[할타]   읊어[을퍼]   값을[갑쓸]
없어[업 : 써]

제15항 받침 뒤에 모음 'ㅏ, ㅓ, ㅗ, ㅜ, ㅟ'들로 시작되는 실질 형태소가 연
        결되는 경우에는, 대표음으로 바꾸어서 뒤 음절 첫소리로 옮겨 발음
        한다.

밭 아래[바다래]   늪 앞[느밥]   젖어미[저더미]
맛없다[마덥따]   겉옷[거돋]   헛웃음[허두슴]
꽃 위[꼬뒤]

다만, '맛있다, 멋있다'는 [마싣따], [머싣따]로도 발음할 수 있다.

[붙임] 겹받침의 경우에는, 그 중 하나만을 옮겨 발음한다.

　　　넋없다[너겁따]　　　닭 앞에[다가페]
　　　값어치[가버치]　　　값있는[가빈는]

제16항　한글 자모의 이름은 그 받침소리를 연음하되, 'ㄷ, ㅈ, ㅊ, ㅋ, ㅌ, ㅍ, ㅎ'의 경우에는 특별히 다음과 같이 발음한다.

　　　디귿이[디그시]　　　디귿을[디그슬]　　　디귿에[디그세]
　　　지읒이[지으시]　　　지읒을[지으슬]　　　지읒에[지으세]
　　　치읓이[치으시]　　　치읓을[치으슬]　　　치읓에[치으세]
　　　키읔이[키으기]　　　키읔을[키으글]　　　키읔에[키으게]
　　　티읕이[티으시]　　　티읕을[티으슬]　　　티읕에[티으세]
　　　피읖이[피으비]　　　피읖을[피으블]　　　피읖에[피으베]
　　　히읗이[히으시]　　　히읗을[히으슬]　　　히읗에[히으세]

제 5 장　음의 동화

제17항　받침 'ㄷ, ㅌ(ㄾ)'이 조사나 접미사의 모음 'ㅣ'와 결합되는 경우에는, [ㅈ, ㅊ]으로 바꾸어서 뒤 음절 첫소리로 옮겨 발음한다.

　　　곧이듣다[고지듣따]　　　굳이[구지]　　　미닫이[미다지]
　　　땀받이[땀바지]　　　밭이[바치]　　　벼훑이[벼홀치]

[붙임] 'ㄷ' 뒤에 접미사 '히'가 결합되어 '티'를 이루는 것은 [치]로 발음한다.

　　　굳히다[구치다]　　　닫히다[다치다]　　　　묻히다[무치다]

제18항　받침 'ㄱ(ㄲ, ㅋ, ㄳ, ㄺ), ㄷ(ㅅ, ㅆ, ㅈ, ㅊ, ㅌ, ㅎ), ㅂ(ㅍ, ㄼ, ㄿ, ㅄ)'은 'ㄴ, ㅁ' 앞에서 [ㅇ, ㄴ, ㅁ]으로 발음한다.

먹는[멍는]　　　국물[궁물]　　　깎는[깡는]　　　키읔만[키응만]

몫몫이[몽목씨] 긁는[긍는]　　　흙만[흥만]　　　닫는[단는]

짓는[진 : 는]　　　옷맵시[온맵씨] 있는[인는]　　　맞는[만는]

젖멍울[전멍울] 쫓는[쫀는]　　　꽃망울[꼰망울] 붙는[분는]

놓는[논는]　　　잡는[잠는]　　　밥물[밤물]　　　앞마당[암마당]

밟는[밤 : 는]　　　읊는[음는]　　　없는[엄 : 는]　　　값매다[감매다]

[붙임] 두 단어를 이어서 한 마디로 발음하는 경우에도 이와 같다.

책 넣는다[챙넌는다]　　　흙 말리다[흥말리다]　　　옷 맞추다[온마추다]

밥 먹는다[밤멍는다]　　　값 매기다[감매기다]

제19항　받침 'ㅁ, ㅇ' 뒤에 연결되는 'ㄹ'은 [ㄴ]으로 발음한다.

담력[담 : 녁]　　　침략[침냑]　　　강릉[강능]　　　항로[항 : 노]

대통령[대 : 통녕]

[붙임] 받침 'ㄱ, ㅂ' 뒤에 연결되는 'ㄹ'도 [ㄴ]으로 발음한다.[3]

막론[막논→망논]　　　백리[백니→뱅니]　　　협력[협녁→혐녁]

십리[십니→심니]

제20항　'ㄴ'은 'ㄹ'의 앞이나 뒤에서 [ㄹ]로 발음한다.

(1) 난로[날 : 로]　　　신라[실라]　　　천리[철리]

　　광한루[광 : 할루]　　　대관령[대 : 괄령]

(2) 칼날[칼랄]　　　　물난리[물랄리]

　　줄넘기[줄럼끼]　　　할는지[할른지]

[붙임] 첫소리 'ㄴ'이 'ㅀ', 'ㄾ' 뒤에 연결되는 경우에도 이에 준한다.

닳는[달른]　　　뚫는[뚤른]　　　핥네[할레]

---

3) 예시어 중 '백리', '십리'를 '백 리', '십 리'처럼 띄어 쓸 수 있겠으나, 현용 사전에서 이들을
　하나의 단어로 처리한 것도 있으므로, 고시본대로 두기로 한다.

다만, 다음과 같은 단어들은 'ㄹ'을 [ㄴ]으로 발음한다.

　　　의견란[의 : 견난]　　　임진란[임 : 진난]　　　생산량[생산냥]
　　　결단력[결딴녁]　　　　공권력[공꿘녁]　　　　동원령[동 : 원녕]
　　　상견례[상견네]　　　　횡단로[횡단노]　　　　이원론[이 : 원논]
　　　입원료[이붠뇨]　　　　구근류[구근뉴]

제21항　위에서 지적한 이외의 자음 동화는 인정하지 않는다.

　　　감기[감 : 기](×[강 : 기])　　　옷감[옫깜](×[옥깜])
　　　있고[읻꼬](×[익꼬])　　　　꽃길[꼳낄](×[꼭낄])
　　　젖먹이[전머기](×[점머기])　　문법[문뻡](×[뭄뻡])
　　　꽃밭[꼳빧](×[꼽빧])

제22항　다음과 같은 용언의 어미는 [어]로 발음함을 원칙으로 하되, [여]로
　　　　발음함도 허용한다.

　　　되어[되어/되여]　　　　　피어[피어/피여]

[붙임] '이오, 아니오'도 이에 준하여 [이요, 아니요]로 발음함을 허용한다.

제 6 장　경음화

제23항　받침 'ㄱ(ㄲ, ㅋ, ㄳ, ㄺ), ㄷ(ㅅ, ㅆ, ㅈ, ㅊ, ㅌ), ㅂ(ㅍ, ㄼ, ㄿ, ㅄ)' 뒤
　　　　에 연결되는 'ㄱ, ㄷ, ㅂ, ㅅ, ㅈ'은 된소리로 발음한다.

　　　국밥[국빱]　　　깎다[깍따]　　　넋받이[넉빠지]　　　삯돈[삭똔]
　　　닭장[닥짱]　　　칡범[칙뺌]　　　뻗대다[뻗때다]　　　옷고름[옫꼬름]
　　　있던[읻떤]　　　꽂고[꼳꼬]　　　꽃다발[꼳따발]　　　낯설다[낟썰다]
　　　밭갈이[받까리]　솥전[솓쩐]　　　곱돌[곱똘]　　　　덮개[덥깨]
　　　옆집[엽찝]　　　　　　넓죽하다[넙쭈카다]
　　　읊조리다[읍쪼리다]　　값지다[갑찌다]

제24항 어간 받침 'ㄴ(ㄵ), ㅁ(ㄻ)' 뒤에 결합되는 어미의 첫소리 'ㄱ, ㄷ, ㅅ, ㅈ'은 된소리로 발음한1다.

　신고[신 : 꼬]　　껴안다[껴안따]　　앉고[안꼬]　　얹다[언따]
　삼고[삼 : 꼬]　　더듬지[더듬찌]　　닮고[담 : 꼬]　　젊지[점 : 찌]

다만, 피동, 사동의 접미사 '-기-'는 된소리로 발음하지 않는다.

　안기다　　　　감기다　　　　굶기다　　　　옮기다

제25항 어간 받침 'ㄼ, ㄾ' 뒤에 결합되는 어미의 첫소리 'ㄱ, ㄷ, ㅅ, ㅈ'은 된소리로 발음한다.

　넓게[널께]　　핥다[할따]　　훑소[훌쏘]　　떫지[떨 : 찌]

제26항 한자어에서, 'ㄹ' 받침 뒤에 연결되는 'ㄷ, ㅅ, ㅈ'은 된소리로 발음한다.

　갈등[갈뜽]　　　　발동[발똥]　　절도[절또]　　말살[말쌀]
　불소[불쏘](弗素)　　일시[일씨]　　갈증[갈쯩]　　물질[물찔]
　발전[발쩐]　　　　몰상식[몰쌍식]　불세출[불쎄출]

다만, 같은 한자가 겹쳐진 단어의 경우에는 된소리로 발음하지 않는다.

　허허실실[허허실실](虛虛實實)　　절절-하다[절절하다](切切-)

제27항 관형사형 '-(으)ㄹ' 뒤에 연결되는 'ㄱ, ㄷ, ㅂ, ㅅ, ㅈ'은 된소리로 발음한다.

　할 것을[할꺼슬]　　갈 데가[갈떼가]　　할 바를[할빠를]
　할 수는[할쑤는]　　할 적에[할쩌게]　　갈 곳[갈꼳]
　할 도리[할또리]　　만날 사람[만날싸람]

다만, 끊어서 말할 적에는 예사소리로 발음한다.

[붙임] '-(으)ㄹ'로 시작되는 어미의 경우에도 이에 준한다.

할걸[할껄]　　　　　할밖에[할빠께]　　　　할세라[할쎄라]

할수록[할쑤록]　　　할지라도[할찌라도]　　할지언정[할찌언정]

할진대[할찐대]

제28항　표기상으로는 사이시옷이 없더라도, 관형격 기능을 지니는 사이시옷
　　　　이 있어야 할(휴지가 성립되는) 합성어의 경우에는, 뒤 단어의 첫소
　　　　리 'ㄱ, ㄷ, ㅂ, ㅅ, ㅈ'을 된소리로 발음한다.

문-고리[문꼬리]　　　눈-동자[눈똥자]　　　신-바람[신빠람]

산-새[산쌔]　　　　　손-재주[손째주]　　　길-가[길까]

물-동이[물똥이]　　　발-바닥[발빠닥]　　　굴-속[굴 : 쏙]

술-잔[술짠]　　　　　바람-결[바람껼]　　　그믐-달[그믐딸]

아침-밥[아침빱]　　　잠-자리[잠짜리]　　　강-가[강까]

초승-달[초승딸]　　　등-불[등뿔]　　　　창-살[창쌀]

강-줄기[강쭐기]

제 7 장　음의 첨가

제29항　합성어 및 파생어에서, 앞 단어나 접두사의 끝이 자음이고 뒤 단어
　　　　나 접미사의 첫음절이 '이, 야, 여, 요, 유'인 경우에는, 'ㄴ'음을 첨
　　　　가하여 [니, 냐, 녀, 뇨, 뉴]로 발음한다.

솜-이불[솜 : 니불]　　홑-이불[혼니불]　　　막-일[망닐]

삯-일[상닐]　　　　　맨-입[맨닙]　　　　꽃-잎[꼰닙]

내복-약[내 : 봉냑]　　한-여름[한녀름]　　　남존-여비[남존녀비]

신-여성[신녀성]　　　색-연필[생년필]　　　직행-열차[지캥녈차]

늑막-염[능망념]　　　콩-엿[콩녇]　　　　담-요[담 : 뇨]

눈-요기[눈뇨기]　　　영업-용[영엄뇽]　　　식용-유[시굥뉴]

국민-윤리[궁민뉼리]　밤-윷[밤 : 눋]

다만, 다음과 같은 말들은 'ㄴ' 음을 첨가하여 발음하되, 표기대로 발음할
수 있다.

　　　이죽-이죽[이중니죽/이주기죽]　　야금-야금[야금냐금/야그먀금]
　　　검열[검ː녈/거ː멸]　　　　　　　욜랑-욜랑[욜랑뇰랑/욜랑욜랑]
　　　금융[금늉/그뮹]

[붙임 1] 'ㄹ' 받침 뒤에 첨가되는 'ㄴ' 음은 [ㄹ]로 발음한다.

　　　들-일[들ː릴]　　　　솔-잎[솔립]　　　　설-익다[설릭따]
　　　물-약[물략]　　　　불-여우[불려우]　　서울-역[서울력]
　　　물-엿[물렫]　　　　휘발-유[휘발류]　　유들-유들[유들류들]

[붙임 2] 두 단어를 이어서 한 마디로 발음하는 경우에도 이에 준한다.⁴⁾

　　　한 일[한닐]　　　　옷 입다[온닙따]　　서른여섯[서른녀섣]
　　　3연대[삼년대]　　　먹은 엿[머근녇]　　할 일[할릴]
　　　잘 입다[잘립따]　　스물여섯[스물려섣]　1연대[일련대]
　　　먹을 엿[머글렫]

다만, 다음과 같은 단어에서는 'ㄴ(ㄹ)' 음을 첨가하여 발음하지 않는다.

　　　6·25[유기오]　　　　3·1절[사밀쩔]　　　송별-연[송ː벼련]
　　　등-용문[등용문]⁵⁾

제30항　사이시옷이 붙은 단어는 다음과 같이 발음한다.

　　　1. 'ㄱ, ㄷ, ㅂ, ㅅ, ㅈ'으로 시작하는 단어 앞에 사이시옷이 올 때는
　　　　이들 자음만을 된소리로 발음하는 것을 원칙으로 하되, 사이시옷
　　　　을 [ㄷ]으로 발음하는 것도 허용한다.

　　　냇가[내ː까/낻ː까]　　샛길[새ː낄/샏ː낄]　　빨랫돌[빨래똘/빨랟똘]

---

4) 예시어 중 '서른여섯[서른녀섣]', '스물여섯[스물려섣]'을 한 단어로 보느냐 두 단어로 보
　느냐에 대하여 논란의 여지가 있으나, 여기에서는 고시본에서 제시한 대로 두기로 한다.
5) 고시본에서 '등용-문[등용문]'으로 보인 것을 위와 같이 바로잡았다.

콧등[코뜽/콛뜽]　　　　깃발[기빨/긷빨]　　　　대팻밥[대 : 패빱/대 : 팯빱]
햇살[해쌀/핻쌀]　　　　배속[배쏙/밷쏙]　　　　뱃전[배쩐/밷쩐]
고갯짓[고개찓/고갣찓]

2. 사이시옷 뒤에 'ㄴ, ㅁ'이 결합되는 경우에는 [ㄴ]으로 발음한다.

콧날[콛날 → 콘날]　　　　　　　아랫니[아랟니 → 아랜니]
툇마루[퇻 : 마루 → 퇸 : 마루]　　뱃머리[밷머리 → 밴머리]

3. 사이시옷 뒤에 '이' 음이 결합되는 경우에는 [ㄴㄴ]으로 발음한다.

베갯잇[베갣닏 → 베갠닏]　　　　깻잎[깯닙 → 깬닙]
나뭇잎[나묻닙 → 나문닙]　　　　도리깻열[도리깯녈 → 도리깬녈]
뒷윷[뒫 : 뉻 → 뒨 : 뉻]

로마자 표기법

제1장 표기의 기본 원칙

제1항 국어의 로마자 표기는 국어의 표준 발음법에 따라 적는 것을 원칙으로 한다.

제2항 로마자 이외의 부호는 되도록 사용하지 않는다.

제2장 표기 일람

제1항 모음은 다음 각호와 같이 적는다.

1. 단모음

ㅏ ㅓ ㅗ ㅜ ㅡ ㅣ ㅐ ㅔ ㅚ ㅟ

a eo o u eu i ae e oe wi

2. 이중 모음

ㅑ ㅕ ㅛ ㅠ ㅒ ㅖ ㅘ ㅙ ㅝ ㅞ ㅢ

ya yeo yo yu yae ye wa wae wo we ui

[붙임 1] 'ㅢ'는 'ㅣ'로 소리 나더라도 'ui'로 적는다.

(보기) 광희문 Gwanghuimun

[붙임 2] 장모음의 표기는 따로 하지 않는다.

제 2 항 자음은 다음 각호와 같이 적는다.

1. 파열음

ㄱ ㄲ ㅋ ㄷ ㄸ ㅌ ㅂ ㅃ ㅍ

g, k kk k d, t tt t b, p pp p

2. 파찰음

ㅈ ㅉ ㅊ

j jj ch

3. 마찰음

ㅅ ㅆ ㅎ

s ss h

4. 비음

ㄴ ㅁ ㅇ

n m ng

5. 유음

ㄹ r, l

[붙임 1] 'ㄱ, ㄷ, ㅂ'은 모음 앞에서는 'g, d, b'로, 자음 앞이나 어말에서는 'k, t, p'로 적는다.([ ] 안의 발음에 따라 표기함)

　　(보기) 구 미 Gumi　　　　영 동 Yeongdong　　　　백 암 Baegam

　　　　　　옥 천 Okcheon　　합 덕 Hapdeok　　　　호 법 Hobeop

　　　　　　월곶[월곧] Wolgot　　벗꽃[벋꼳] beotkkot　　한밭[한받] Hanbat

[붙임 2] 'ㄹ'은 모음 앞에서는 'r'로, 자음 앞이나 어말에서는 'l'로 적는다. 단, 'ㄹㄹ'은 'll'로 적는다.

　　(보기) 구 리 Guri　　　　설 악 Seorak　　칠 곡 Chilgok

　　　　　　임 실 Imsil　　　　울 릉 Ulleung　　대관령[대괄령] Daegwallyeong

제 3 장 표기상의 유의점

제 1 항 음운 변화가 일어날 때에는 변화의 결과에 따라 다음 각호와 같이 적는다.

1. 자음 사이에서 동화 작용이 일어나는 경우

(보기) 백마[뱅마] Baengma　　신문로[신문노] Sinmunno
　　　 종로[종노] Jongno　　　왕십리[왕심니] Wangsimni
　　　 별내[별래] Byeollae　　신라[실라] Silla

2. 'ㄴ, ㄹ'이 덧나는 경우

(보기) 학여울[항녀울] Hangnyeoul　　　알약[알략] allyak

3. 구개음화가 되는 경우

(보기) 해돋이[해도지] haedoji　　같이[가치] gachi
　　　 맞히다[마치다] machida

4. 'ㄱ, ㄷ, ㅂ, ㅈ'이 'ㅎ'과 합하여 거센소리로 소리 나는 경우

(보기) 좋고[조코] joko　　　놓다[노타] nota
　　　 잡혀[자펴] japyeo　　낳지[나치] nachi

다만, 체언에서 'ㄱ, ㄷ, ㅂ' 뒤에 'ㅎ'이 따를 때에는 'ㅎ'을 밝혀 적는다.

(보기) 묵호 Mukho　　　집현전 Jiphyeonjeon

[붙임] 된소리되기는 표기에 반영하지 않는다

(보기) 압구정 Apgujeong　　　낙동강 Nakdonggang
　　　 죽 변 Jukbyeon　　　낙성대 Nakseongdae
　　　 합 정 Hapjeong　　　팔 당 Paldang
　　　 샛 별 saetbyeol　　　울 산 Ulsan

제 2 항 발음상 혼동의 우려가 있을 때에는 음절 사이에 붙임표(-)를 쓸 수

있다.

    (보기) 중앙 Jung-ang   반구대 Ban-gudae
           세운 Se-un   해운대 Hae-undae

제 3 항 고유 명사는 첫 글자를 대문자로 적는다.

    (보기) 부 산 Busan   세 종 Sejong

제 4 항 인명은 성과 이름의 순서로 띄어 쓴다. 이름은 붙여 쓰는 것을 원칙으로 하되 음절 사이에 붙임표(-)를 쓰는 것을 허용한다. (( ) 안의 표기를 허용함)

    (보기) 민용하 Min Yongha (Min Yong-ha)
           송나리 Song Nari (Song Na-ri)

    1. 이름에서 일어나는 음운 변화는 표기에 반영하지 않는다.

    (보기) 한복남 Han Boknam (Han Bok-nam)
           홍빛나 Hong Bitna (Hong Bit-na)

    2. 성의 표기는 따로 정한다.

제 5 항 '도, 시, 군, 구, 읍, 면, 리, 동'의 행정 구역 단위와 '가'는 각각 'do, si, gun, gu, eup, myeon, ri, dong, ga'로 적고, 그 앞에는 붙임표(-)를 넣는다. 붙임표(-) 앞뒤에서 일어나는 음운 변화는 표기에 반영하지 않는다.

    (보기) 충청북도 Chungcheongbuk-do   제주도 Jeju-do
           의정부시 Uijeongbu-si   양주군 Yangju-gun
           도봉구 Dobong-gu   신창읍 Sinchang-eup
           삼죽면 Samjuk-myeon   인왕리 Inwang-ri
           당산동 Dangsan-dong   봉천 1동 Bongcheon 1(il)-dong

종로 2가 Jongno 2(i)-ga   퇴계로 3가 Toegyero 3(sam)-ga

[붙임] '시, 군, 읍'의 행정 구역 단위는 생략할 수 있다.

(보기) 청주시 Cheongju   함평군 Hampyeong   순창읍 Sunchang

제 6 항 자연 지물명, 문화재명, 인공 축조물명은 붙임표(-) 없이 붙여 쓴다.

(보기) 남산 Namsan   속리산 Songnisan
금강 Geumgang   독도 Dokdo
경복궁 Gyeongbokgung   무량수전 Muryangsujeon
연화교 Yeonhwagyo   극락전 Geungnakjeon
안압지 Anapji   남한산성 Namhansanseong
화랑대 Hwarangdae   불국사 Bulguksa
현충사 Hyeonchungsa   독립문 Dongnimmun
오죽헌 Ojukheon   촉석루 Chokseongnu
종묘 Jongmyo   다보탑 Dabotap

제 7 항 인명, 회사명, 단체명 등은 그동안 써 온 표기를 쓸 수 있다.

제 8 항 학술 연구 논문 등 특수 분야에서 한글 복원을 전제로 표기할 경우에
는 한글 표기를 대상으로 적는다. 이때 글자 대응은 제2장을 따르되
'ㄱ, ㄷ, ㅂ, ㄹ'은 'g, d, b, l'로만 적는다. 음가 없는 'ㅇ'은 붙임표(-)
로 표기하되 어두에서는 생략하는 것을 원칙으로 한다. 기타 분절의
필요가 있을 때에도 붙임표(-)를 쓴다.

(보기) 집 jib   짚 jip   밖 bakk
값 gabs   붓꽃 buskkoch   먹는 meogneun
독립 doglib   문리 munli   물엿 mul-yeos
굳이 gud-i   좋다 johda   가곡 gagog
조랑말 jolangmal   없었습니다 eobs-eoss-seubnida

① (시행일) 이 규정은 고시한 날부터 시행한다.

② (표지판 등에 대한 경과 조치) 이 표기법 시행 당시 종전의 표기법에 의하여 설치된 표지판(도로, 광고물, 문화재 등의 안내판)은 2005. 12. 31까지 이 표기법을 따라야 한다.

③ (출판물 등에 대한 경과 조치) 이 표기법 시행 당시 종전의 표기법에 의하여 발간된 교과서 등 출판물은 2002. 2. 28까지 이 표기법을 따라야 한다.